高等教育政策与管理研究丛书

主编：陈学飞　副主编：李春萍

初　编

第 **3** 册

学术生产数量繁荣的制度逻辑
——基于某省地方院校科研评价制度的分析

杨光钦 著

花木兰文化出版社

国家图书馆出版品预行编目资料

学术生产数量繁荣的制度逻辑——基于某省地方院校科研评
价制度的分析／杨光钦 著 -- 初版 -- 新北市：花木兰文化出
版社，2016〔民105〕
目 4+276 面；19×26 公分
（高等教育政策与管理研究丛书 初编 第3册）
ISBN 978-986-404-704-8（精装）
1. 高等教育 2. 教育制度 3. 学术研究
526.08   105012934

ISBN-978-986-404-704-8

9 789864 047048

高等教育政策与管理研究丛书
初编 第 三 册   ISBN：978-986-404-704-8

学术生产数量繁荣的制度逻辑
——基于某省地方院校科研评价制度的分析

作 者 杨光钦
主 编 陈学飞
副 主 编 李春萍
总 编 辑 杜洁祥
副总编辑 杨嘉乐
编 辑 许郁翎、王筑 美术编辑 陈逸婷
出 版 花木兰文化出版社
社 长 高小娟
联络地址 台湾235 新北市中和区中安街七二号十三楼
     电话：02-2923-1455 ／传真：02-2923-1452
网 址 http://www.huamulan.tw 信箱 hml810518@gmail.com
印 刷 普罗文化出版广告事业
初 版 2016 年 9 月
全书字数 234580 字
定 价 初编 5 册（精装）台币 9,000 元

学术生产数量繁荣的制度逻辑
——基于某省地方院校科研评价制度的分析

杨光钦 著

作者简介

杨光钦，洛阳人，博士。系洛阳师范学院二级教授、高等教育研究所所长、硕士研究生导师，北京大学博士研究生校外兼职导师，河南省学术技术带头人、省优秀专家、省高校青年骨干教师、河南省高校哲学社会科学创新团队首席专家等；在《教育研究》《清华大学教育研究》《中国高教研究》等权威核心期刊上发表论文近 50 篇，多篇被《新华文摘》《中国社会科学文摘》《人大复印资料》等转载、摘编；主持完成国家社科基金等省部级以上科研项目 12 项，获省部级优秀科研成果奖 6 项。

提　　要

　　学术生产数量繁荣是目前中国高等教育场域的一种普遍现象，具体表现在高等教育大众化过程中高校知识产品数量的迅速增加。本著立足于对地方院校学术生产场域的考察，以及对数量繁荣与评价制度内在关系的分析，对地方院校学术生产数量繁荣的制度问题进行了研究。

　　高校学术生产数量繁荣，是内在制度与外在制度相互作用的结果。内在学术制度——无论科研奖励、职称评审等正式的内在制度，还是教师的学术精神、学术责任等非正式的内在制度，对学术生产数量繁荣均有直接影响；同时，外在学术制度因其高度的相似性，以及由此形成的制度趋同和盲目攀比、盲目漂移的制度惯习，对学术生产数量的迅速增加也具有重要的催化和促进作用。

　　内在和外在学术制度虽然促使了学术生产数量的繁荣，但并没有促使学术质量的提升。究其原因，与现有学术制度的缺陷不无关系。高度统一、低效、资源配置场域的潜规则等制度缺陷，源于学术生产机制的模式化；项目、经费等学术资源遭遇垄断的制度弊端，源于学术资源的权力化。学术生产数量繁荣的背后隐藏着诸多危机，学术质量难以得到有效提升，学术生产的公平性面临严峻挑战，育人为本的教学中心地位受到冲击，科研评价的同质化现象趋于严重，知识生产的功利现象较之以往更加明显。

　　基于研究，论著提出了加快学术制度环境创新的若干对策和建议。

序　言

　　这是一套比较特殊的丛书，主要选择在高等教育领域年轻作者的著作。这不仅是因为青年是我们的未来，也是因为未来的大师可能会从他们之中生成。丛书的主题所以确定为高等教育政策与管理，是因为政策与管理对高等教育的正向或负向发展具有重要、甚至是决定性的意义。公共政策是执政党、政府系统有目的的产出，是对教育领域社会价值的权威性分配。中国不仅是高等教育大国，更是独特的教育政策大国和强国，执政党和政府年复一年，持续不断的以条列、规章、通知、意见、讲话、决议等等形式来规范高等院校的行为。高等教育管理很大程度上则是政治系统产出政策的执行。包括宏观的管理系统，如党的教育工作委员会及各级政府的教育行政部门；微观管理系统，如高等学校内部的各党政管理机构及其作为。

　　这些政策和管理行为，不仅影响到公众对高等教育的权利和选择，影响到教师、学生的表现和前途，以及学科、学校的发展变化，从长远来看，还关乎国家和民族的兴盛或衰败。

　　尽管高等教育政策和管理现象自从有了大学即已产生，但将其作为对象的学术研究却到 19 世纪和 20 世纪中叶才在美国率先出现。中国的现代大学产生于 19 世纪后半叶，但对高等教育政策和管理的研究迟至 20 世纪 80 年代才发端。虽然近些年学术研究已有不少进展，但研究队伍还狭小分散，应然性研究、解释性研究较多，真实的高等教育政策和管理状况的研究偏少，理论也大多搬用国外的著述。恰如美国学者柯伯斯在回顾美国教育政策研究的状况时所言："问题是与政策相关的基础研究太少。最为主要的是对教育政策进行更多的基础研究……如果不深化我们对政策过程的认识，提高和改进教育效果是无捷径可走的。仅仅对政策过程的认识程度不深这一弱点，就使我们远远缺乏那种可以对新政策一些变化做出英明预见的能力，缺乏那种自信地对某个建议付诸实施将会有何种成果做出预料的能力，缺乏对政策过程进行及时调整修正的能力"。（斯图亚特.S.纳格尔.政策研究百科全书，北京：科学技术文献出版社，1990:458）这里所言的基础研究，主要是指对于高等教育政策和管理实然状态的研究，探究其发生、发展、变化的过程、结果、原因、机理等等。

编辑本丛书的一个期望就是，凡是入选的著作，都能够在探索高等教育政策和管理的事实真相方面有新的发现，在探究方法方面较为严格规范，在理论分析和建构方面在前人的基础上有所创新。尽管这些著作大都聚焦于政策和管理过程中的某个问题，研究的结果可能只具有"局部"的、"片面"的深刻性，但只要方向正确，持续努力，总可以"积跬步以至千里,积小流以成江海"，逐步建构、丰富本领域的科学理论，为认识、理解、改善政策和管理过程提供有价值的视角和工具，成为相关领域学者、政策制定者、教育管理人员的良师和益友。

主编　陈学飞

目次

前　言

　　学术生产数量繁荣是当下国际高等教育领域出现的一种较普遍的现象。我国改革开放以来尤其是进入 21 世纪以来，高校学术生产数量繁荣现象尤其明显，其主要表现是：其一，学术生产数量繁荣的场域从过去的少数大学，其中主要是研究型大学，扩大至整个高等教育系统的所有院校；其二，各个院校承担的科研任务越来越多，学术产品的类别和数量呈现出倍数增长的势头。

　　学术产品数量和类别的增长，本是一件大快人心的好事，某种程度上看，这是新时期高等教育发展尤其是高等教育大众化背景下，大学发展的一种标志、一种象征。数量的倍数增长，提升了大学的学术竞争力，扩大了大学的社会影响力。然而，一旦人们对数量繁荣现象进行逻辑地沉思之时，便不难发现，在学术生产数量迅速增长的背后，几乎各个大学尤其是地方院校，都面临着程度不同的学术产品质量下滑的生产困扰。学术垃圾、学术泡沫现象比比皆是，科研项目、学术论文等学术产品的复制、低水平重复等现象不胜枚举。甚至更为严重的，几乎各层各类院校都存在学术剽窃、学术抄袭、学术造假等学术公害情况。

　　针对这些问题，国家教育部以及有关学术机构，纷纷发出倡议，呼吁学术规范，强化学风和学术道德建设。特别是，进入新世纪以后，强化学术生产的规范化建设从来就没有中断过。但是，学术垃圾现象和学术剽窃之风，似乎并没有因为这些学术规范化的倡议和各种学术规范的文件出台而得到彻底遏制。

学术生产场域中造假、抄袭、剽窃乱象，何以层出不穷、难以遏制？要解读这一问题，单从"学术规范"这一个视角似乎已经很难找到确切的答案。那么要破解这一难题，究竟需要选择怎样的分析视角呢？造假、抄袭、剽窃、泡沫，显然是学术生产数量繁荣中很容易裹挟的非本质、非主流的现象。也就是说，当学术生产数量大量增加时，很容易会让一些非规范的学术产品趁机混入学术生产场域之中，从而使得学术领域出现学术泡沫等生产乱象。所以，要分析学术场域中的生产乱象行为，就需要首先考察当下学术生产乱象与学术生产数量急遽增长之间，究竟存在怎样的一种逻辑关系。

为了说明这一问题，首先对学术生产的产品数量和质量的关系做一说明。量和质本来不存在必然的对立。就学术产品的数量和质量而言，二者的关系是一个辩证的统一体，它们都是学术繁荣不可或缺的一个问题的两个方面。学术质量体现的是学术产品的内在属性，是学术精神的根本所在。真正的学术繁荣，必然是数量与质量的统一。没有一定的学术产品数量，当然称不上是学术生产的繁荣；但是，没有学术质量的提升，同样也不能说就是学术生产的繁荣。只有当学术产品的质量和数量得以完美的统一，才能称为是学术生产的真正繁荣。然而，现实的情况却是，人们在强调数量繁荣的同时，往往表现出对学术产品质量的"淡化"、对质量的漠视，甚至表现出对学术精神和学术本质的不敬。这就使得质量和数量这一对孪生兄弟，往往并不处于和谐相处的矛盾统一体之中，而是时常处于矛盾的对立状态之下。也就是说，当学术生产数量倍数增加时，往往会伴随着学术生产的伪行为、伪产品的出现，并由此导致诸多学术生产的所谓乱象发生的情况。

为什么学术生产数量的急遽增长，会导致学术生产的伪行为、伪产品等学术乱象发生呢？人们知道，学术生产场域诸多乱象的出现，无不与学术精神遭受践踏有关，也无不与学术质量遭受忽视有关。"多"和"乱"本来不具有天然的同生同长的逻辑关系，也就是说，学术生产数量的增长与学术生产乱象行为并无必然的正相关关系。但是在特定的制度环境下，二者之间却构成了难以破解的同生同长的关系性难题。这个特定的制度环境不是别的，正是上上下下、各个学术领域形成的重量轻质的科研评价规则和学术判准惯习。一个显然的事实是，在当下的学术生产领域，无论是何种类型和层次的大学组织，也无论是大学组织中何种学科的学者群体或个体，大家最为关注的往往是学术产品的数量，而对学术产品质量却往往漠然置之。特别是一些地方院校，重量轻质的学术生产倾向十分明显。这一点，仅从近十余年以来一些地方院校形成的科研评价的制度导向和评价思潮中，就可以得到明显的印证。近年来，研究型大学具有"追求一流"、向国际名牌大学的学术生产看齐的倾向，地方院校存在向研究型大学的科学研究看齐的倾向。就地方院校的科学研究来说，其科研评价是大学管理的一个重要领域，有效的科研评价是促进地方院校学术发展的支撑力量。但是，地方院校的学术生产以及其科研评价一定要有自身的特点。由于地方院校学术生产的独特性，尤其是，由于地方院校的科研评价，时常有着借用西方或者综合大学科研评价办法的"拿来主义"的"惯习"，使得人们对地方院校科研评价的独特性往往缺乏清晰的认识。以至于今，地方院校的学术生产定位难以准确，符合地方院校学术发展需要的科研评价体系未能形成，符合地方院校科研评价特点的理论框架更没有成熟。这一状况，一方面容易导致地方院校学术生产和科研评价模式缺乏自身的内在特质，进而导致地方院校的学术生产和科研评价过程的形式化趋向的难以遏制；另一方面，也容易引发地方院校不顾自身的场域位置去片面追求科研数量而忽视科研的质量。

　　为什么"拿来"的、缺乏自身特点的科研评价模式，会导致重量轻质的结果呢？出于好奇和工作需要，笔者在数年以前曾对中国一所地方高校（本著简称为 L 学院）科研评价重量轻质的问题进行过初步研究。当时面临的背景是，综合类大学的一些理科 [1]教授们的年薪收入几乎是笔者所在学校教授一年收入的两倍甚至数倍；那是因为，那些综合类大学的理科教授们，其中的少部分成了学术资本的"老板"，他们居于大学场域中的"学术寡头位置"，作为"联系人"或者"第一作者"，被 SCI 收录的学术论文，每篇能够获得学校万元以上的科研成果奖励。而地方院校的教授尤其是文科教授却常常在冷板凳陪伴下的静思中，日益沦为寂寞的"知识工作者"和"知识雇佣者"。由于 L 学院所在省的一些综合性大学教师收入的提高与科研奖励制度有关，所以，L 学院的科研管理部门就采取了向本省 H 大学学习的办法，将 H 大学制定的科研管理制度移植到了 L 学院。当时的科研制度，奖励的主要依据就是 SCI、EI 收录的论文数量。

　　两年以后，当一批理科教授享受学校给予的 SCI 论文奖励时，L 学院的文科教授们也感到了被大学组织边缘化的莫大哀怨，并对学校的科研奖励政策

1　即理工科.和文科概念一样，均是通俗的概念名称，包括理科和工科.

给予批评。大批文科教授呼吁学校应该给予文科学术成果以同样的奖励。然而，奖励须有依据。文科科研奖励的依据该是什么，标准又该是什么，科研奖励的走向又该如何，这是学校必须面对和思考的问题之一。于是，学校责成科研管理部门全面调研这一问题。笔者作为当时的一名科研管理者，几乎参与了科研政策调研和科研文件制定的全过程。在调研过程中，文科教授显然把科研奖励的标准和依据瞄向了 SCI 奖励模式，即仍然按照核心期刊发表论文的数量进行奖励。

经过一年多的争论，L 学院的学术精英们形成了一定的共识。大家认为：地方院校不同于研究型大学，对地方院校教师的科研成果进行奖励对教师的学术生产具有激励的作用；地方院校借助"SCI 模式"，依据核心期刊论文数量对教师科研进行评价，对研究者进行科研奖励，不失为是有效的客观标准之一；尤其是在大学科研管理实践中，"SCI 模式"与依据核心期刊论文数量进行奖励有一定的存在依据。应当说，检验一篇论文水平的高低，某种程度上就是要看它在什么样的刊物上发表。甚至可以说，在大多数情况下，判定论文水平的高低就是由刊载论文的刊物水平的高低决定的等等。面对现实，这些"共识"具有存在的一定合理性，对地方院校发展也具有一定的实践意义。

问题在于，由于整个学界的浮躁而导致的唯"核心期刊风"，其负面效应究竟如何加以克服？尤其是，主要依据核心期刊论文的数量而不顾及论文自身质量的科研奖励，所滋生的学术浮躁的温床又如何消除？这些评价和奖励模式所引发的数量繁荣背后的诸多潜在危机又如何化解？在当时并没有引起教师的普遍关注。

客观地说，大学重视学术生产数量并无必然过错。因为，对于大学而言，多多益善的学术产品的生产，是确保大学在面临市场竞争情况下的客观要求。而且，学术产品数量的增长，并不一定损害学术质量的提升。但是，在量化评价的制度环境和条件下，仅仅依据学术产品数量的奖励规则，恰恰正是导致拙劣学术产品层出不穷的滥觞。这一现象引起了富有责任感的一些大学领导的注意，L 学院领导在特定的场合反复强调，并要求学校的科研管理者和科研工作者，在重视学术生产产品数量的同时，必先重视产品的质量。以此，警惕学术生产场域中的学术败德行为的泛滥。

然而，目前流行的普遍性的学术评价制度，似乎无法令人和大学组织有效地抑制学术败德行为的产生。甚至可以说，某些学术败德现象与既有的学术评价制度还有着一定的因果关系。目前的学术评价制度或者叫科研评价制度，包括职称评审、科研奖励、学术人才评选等，这些制度对大学发展所起到的重要推动作用，应该给予充分的肯定。但是，从实践层面来看，制度中的某些教条主义因素，也导致了学术生产中一些腐败问题的产生。有人也因此认为，既有的科研评价制度，正是学术生产的腐败、泡沫等现象产生的主要根源。

为什么有人会认为既有的科研评价制度与学术腐败、学术泡沫等败德行为存在一定的内在关系呢？究其主要原因，大概与学术管理机构习惯于将极其复杂的科研评价问题简单化和片面化，因而造成了科研评价只重数量、不顾质量，以及由此引发的多种不合理性、不公平性有关。事实上，由"量化评价"引发的负面效应，的确正日益严重地影响、干扰着科研评价正功效的作用发挥。运用量化对科研进行评价的非精确性，以及由于量化引发的科研评价的"马太效应"，在某些方面已经冲击了学校三大职能特别是人才培养职能的正常发挥。

尤其是，作为以教学为中心的教学主导型的地方学院，科研起步比较晚，科研队伍和科研意识相对也比较弱，普遍缺乏独立的富有特色的行之有效的科研评价的理论方法系统、经验性知识系统和科学的指标体系。在这样的背景下，学校各学科学术精英"共谋"的结果，只能是采取"拿来主义"的办法，即依据国际"SCI"、"SSCI"、国内"CSSCI"、"核心期刊"等科研成果载体的层次，以及综合性大学的科研量化奖励办法，对教师的研究项目、论文、成果等现实性的科研成果，进行对应的"量化评价"。

L 学院经过一年多的酝酿、讨论，最终由"共谋"到"共识"，于 2004 年初制定出台了《科研奖励条例》。依据条例，学科之间的论文奖励标准趋于平衡，科研项目的资助实行双倍配套。在短期内，这种办法明显促进了学校科研事业的"发展"：项目数量特别是高级别项目数量成倍增加，在核心期刊发表的论文数量也明显提高，出现了学术生产数量繁荣的景象。引发笔者反思的是，在学术生产数量繁荣的背后，是否存在负面的问题？是否真的如人们所说的潜藏着更深刻的学术生产危机？这些反思，成为诱发笔者进入地方院校科研评价场域、深刻认识地方院校学术生产的制度性问题的最直接的诱因。

在科研评价的现实背景下，笔者置身于所掌握的资料之中，时常面临着思考的困境：科研评价的价值和功用是什么？目前的科研评价何以出现如此多的负面功效？科研评价的功利主义向度的根源究竟是什么？地方院校的科研评价何以存在低效率、无效率甚至是负效率的情况？其评价办法是否存在问题？若说有问题，存在什么问题？是方法本身的问题，还是方法移植不当的问题，抑或还是评价制度层面的问题？若说是评价方法的问题，那么评价方法该做如何完善？有没有最好的学术产品检测"识别器"？若说是学术评价制度的问题，何以当下评价制度的出台日趋频繁、学术规范的呼声日趋高涨，而学术生产领域的腐败、浮夸、造假、剽窃、重复、泡沫等等问题反而有增无减？若要消解这些问题，究竟需要采取怎样的举措？若说不是评价制度的问题，那么，外在的影响因素又是什么？

特别是，面对众多学者对大学学术规范和科研评价制度存在问题所提出的尖锐批评，笔者还常常陷入系列问题的追问之中：什么样的学术产品是最好的？怎样才能盛产优秀的学术产品？什么样的学术生产效率最高、效益最好？什么才是最好的产品检测"识别器"？大学场域中学术权力的结构特征是什么？影响地方院校学术生产的权力要素有哪些？其权力结构是如何形成的？权力、资本、资源、环境、惯习、关系，对地方院校科研评价的功利化向度究竟产生怎样的影响？

这些问题显然都是符合逻辑的有效命题。然而徜徉在这些问题场域中，莫可名状的惶恐和不安时时折磨着笔者。教师的使命和现实的呼唤迫使笔者不得不对既有的思考进行细密化的梳理。这些细密化的思考和梳理结果，让本著有了应具的厚重和耐人寻味的内容。

就研究内容而言，本著主要定位于对高校学术生产的实践场域探索，着力聚焦影响高校学术生产数量繁荣的制度性要素，孤军执锐于科研管理制度创新研究。著者主要选取了国内某省若干所高校的科研评价政策为实证案例，对大学学术生产实践场域以及学术生产数量繁荣与评价制度的内在关系作主体性反思。研究的主要方面包括：第一，对学术生产等核心概念的基本内涵及其相互关系进行了简要梳理。如学术生产即在学术场域中，知识分子对知识产品加工、生成的一种知识再制和知识创新行为等。通过对核心概念的界定，力求厘清学术生产的真实要义和科研评价的价值所在，解读数量繁荣与既有制度之间的内在关系，分析科研评价制度的本质和价值依归。第二，聚焦并描述了学术生产场域知识产品呈现增长的主要现象。通过选取若干所大学科研评价政策案例，对大学组织出现的学术生产数量繁荣现象做精细描述。这里所谓的数量繁荣，是指大学学术生产场域出现的知识产品数量成倍增加的现象。第三，分析促使学术生产数量倍增的制度因素。所谓制度，即广为人知的、由人创立的行为规则，它包括直接促使学术生产数量繁荣的内在制度，诸如科研奖励制度、职称评审制度、人才遴选制度等正式化的内在制度和教师养成的学术精神、学术责任、内在规范等非正式的内在制度；也包括自上而下迫使大学组织被动执行的外在制度，诸如大学办学必须的经费拨付制度等。第四，对科研评价制度作网络式的结构分析。主要分析内在制度及其构成，内在制度的特征及其影响，内在制度成为学术资本的原因等。透视学术生产蕴含的文化资本特征，以及学术资本对学术生产数量增长的影响方式及程度。大量摄取非正式的内在制度对学术生产数量繁荣产生影响的案例。与此同时，还特别关注并重点研究了学术生产数量繁荣的外在制度及其影响因素问题。第五，对学术生产制度的优略进行深化讨论。寻找科研评价的制度性缺陷与学术生产危机间的内在逻辑，挖掘学术生产制度遭遇的困境与学术生产危机之所在，探讨学术生产数量繁荣背后可能存在的潜在的学术生产风险。第六，强化对策与建议研究。通过研究提出科研评价制度的新理念，创新科研评价模式，构建结构式的科研评价制度新框架，形成创新科研管理制度的若干对策和建议。

本著还形成了若干基本观点：第一，当下中国学术生产数量繁荣，主要是大学内在学术制度影响的结果。科研奖励制度、职称评审制度等正式化的内在制度，对其繁荣具有直接的促进作用。同时，教师的学术惯习，如学术精神、学术责任等非正式的内在制度，也发挥着积极的催化作用。第二，外在制度对学术生产数量繁荣具有重要的鞭策作用，这种鞭策源于制度性压力的生成；压力不仅导致了大学学术目标的漂移，还导致了大学组织对政府资源的严重依赖。第三，制度依赖影响了大学组织的行为模式，产生了目标模糊等问题，进而促使了学术制度趋同。由于学术制度的趋同，导致了学术生产数量繁荣泛化现象的产生。第四，现有的某些学术制度，虽然带来了一定的数量繁荣，但是，它却遏制了学术质量的提升，引发了某种学术气象萎靡的危机。日趋严重的学术制度的行政化，是学术管理机制缺乏发展动力的根源。当下大学在重视学术生产数量繁荣的同时，应通过管理制度的创新强化质量的提升。第五，某些大学组织通常偏好于选择能增进其学术数量繁荣和提高利益的评价制度，通过评价制度激励教师更大程度地实现组织利益的提升。但是，评价制度并不总是有助于这样的目标，相同的评价制度在不同的学术生产环境中产生的结果往往并不相同。某些表面合理的评价制度可能会对大学组织和教师个体的学术活动产生不利影响；科研制度体系的非完善化，或者完善的科研评价制度遭遇不良的执行问题，都会导致组织的学术衰败和利益损失。因此，不同的大学组织需要构建特定内涵的科研评价制度。

本著采取了以"要素"为中心的研究思路，即以若干所高校科研评价制度为案例，对大学学术生产数量繁荣的现象进行描述，寻找影响学术生产数量繁荣的各种制度要素，进而运用资源依赖理论和制度趋同理论，分析科研评价制度与学术生产数量繁荣的对应关系；运用场域理论分析制度的制定与形成过程、产生的作用，以及制度运行过程蕴含的权力关系。在此前提下，对大学科研评价量化制度作网状式的结构分析，最后提出创新科研管理制度的对策和建议。

在研究过程中，本著除运用制度趋同理论和资源依赖理论之外，还将社会学的场域理论引入公共管理的研究领域。应该说，用场域理论审视科研评价制度的理论视角具有创新性；与此同时，源于一手的访谈和问卷调查资料是本研究的亮点之一，特别是，本著将重点收集国内外有关对知识分子学术生产评价的资料，这是大学研评价研究领域的文献拓展，凸显了资料来源和引用文献的创新；此外，学术生产数量繁荣的制度问题，是当下科研评价研究领域的一个全新命题，本研究由此出发所提出的一系列新假设，得出的新结论，提出的新建议，凸显了论著选题和观点的创新。

总之，本著力求通过寻找影响学术生产的科学评价制度及其关键性影响要素，进一步理解学术生产和学术评价问题的复杂性；通过寻找因科研评价制度导致学术生产数量繁荣出现的原因，提出高校科研评价制度的创新依据和方略。进而提升学界对高校科研评价场域的研究意识，揭示大学科研评价过程中各个主体之间彼此消长的利益关系，深入分析科研评价与学术生产繁荣背后的制度性原因；为学术生产和科研管理提供制度创新的理论支持，加快科研评价结构性变革的步伐。特别是，促使中国高校进一步凝视并认清自身的学术场域位置，克服科学研究中的浮躁情绪和急功近利等短期行为，营造宽松的科研创新环境和良好的大学学术文化。

第一章 引 论

本章立足于现实的背景，依据研究的问题，重点收集了关于对学术数量繁荣和大学科研评价研究的一些资料。研究者首先肯定了前人既有研究成果的应有价值，并从国外、国内两个维度，分别对既有研究成果的观点，以及这些成果对本研究的借鉴意义作了简要评述。

与此同时，本章对研究中涉及到的相关概念进行了必要界定。包括学术生产、数量繁荣、制度逻辑、科研评价、学术制度等。除规范性定义外，还有作者的操作性定义。此外，对研究中运用的主要研究方法和基本研究路径作了必要的说明。

第一节 国内外研究现状

学术领域关于数量增长与学术质量滑坡问题的讨论，屡见报端；对诸如科研量化评价、科研评价体系以及科研评价产生的社会影响等问题的研究成果，更是汗牛充栋。

纵观国内外学界对学术生产和科研评价问题的研究成果，其视域主要锁定在科研评价的技术层面或热点问题，诸如对数量繁荣背后的学术泡沫的批评、对与数量繁荣有关的科研评价问题的讨论等，对高校科研评价制度问题的讨论也多有涉猎。但是，既有的研究涉及评价制度深层问题的系统化成果并不多见，或者说，对学术生产数量大幅度增长的制度原因，以及这些制度存在的依据和面临的问题，少有进行系统性的讨论。其中，国外的研究成果多是对所在国家科研评价技术问题的研究探索，而少有对特定科研评价制度问题作专题研究。国内的相关研究，多是对科研评价量化利弊的争论，少有触及科研评价深层的"结构"问题，更缺乏对"评价制度"和对评价过程中权力支配因素做专题的深度分析。特别是，针对地方院校学术生产繁荣问题的系统性研究，以及对地方院校科研评价制度和评价场域的研究，几乎是门前冷落车马稀。更多的人惯常于从大学科研评价的表层现象，借助媒体捕捉一些学术热点问题——诸如学术造假、学术剽窃、学术浮躁等个案现象，并作出经验性的表述，发出经验性的心声。而对地方院校学术生产和学术评价过程中充满的错综复杂的资源争夺和权力冲突等现象，以及由于各种权力的交织互动，使得学术生产和学术评价主体间相互作用的制度性问题，未能给予应有的关注。就前人既有的有关学术数量增长、学术质量滑坡以及学术评价制度问题的相关研究成果，笔者从国外、国内两个场域分别加以简要梳理和讨论。

一、国外的相关研究

就国外而言，美国博耶（Ernest I.Boyer）的《学术反思》和《学术评价》，赫希（J.E.Hirsch）提出的 h 指数法和埃赫（Leo Egghe）提出的 g 指数法，以及欧洲各国大学对科研成果评价标准的多元探索，尤其是布迪厄《国家精英》《学术人》所涉及的知识评价场域等等，无不引起了国际学术生产场域的共鸣，并对科研评价的价值取向产生了重要影响。仅从以下三个方面叙述：

（一）对学术数量增长问题的研究

国外大学对学术数量增长的重视由来已久。因为大学排名的一个重要指标就是学术成果的数量，许多人把学术成果数量的快速增长作为大学发展的重要标志之一。哪所大学发表的科研成果越多，说明这所大学的知识创新越多，创新能力越强。然而，事实并非完全如此。学术数量增长过程中出现的质量问题，早在上世纪末期就引起了国际学界的注意。例如，美国埃默里大学英语教授马克·鲍尔莱因（Mark Bauerlein）在《必须遏止泡沫学术的泛滥》（吴万伟译）一文中，针对"过去几十年里科研成果和发现的产量有大幅度增长"的事实，以及"同行评审的学术期刊"数每年以3.26%的速度增长（也就是每 20 年翻一番）的状况，分析了学术领域出现的"在很多时候，质量让位于数量"的现实问题。马克·鲍尔莱因指出了在学术领域，数量泛滥的学术生产的危害性。"虽然精彩的不断进步的科研成果不时出现，但最近几十年也充斥着大量冗余的、琐碎的、劣质的科研，它们占据了期刊和专著的大部分版面。""结果，这些日益泛滥的低引用率论文不是为众多学科贡献新知识，而是仅仅增加了需要评述的文字和数字的数量。即使被人阅读，这些被引用的论文似乎多数没有包含有用的信息。被忽略的科研成果像雪崩一样泛滥对学术界整体产生深远的破坏性影响。这些没有被引用的论文不仅需要多年的现场研究、实验室研究、图书馆研究，还需要同行阅读并提供反馈意见，需要评审者认真评审是否值得发表。而一旦发表出来，这些论文就加入到其他众多相关出版物的大海中，研究者必须阅读或者评价它们和自己研究课题的相关性。年复一年，评审者必须付出的时间和精力成倍增加。这个影响已经击中学术界的心脏。"针对这种情况，马克·鲍尔莱因提出了他的独到见解："只有改变奖励机制，这种论文泛滥的状况才有望终结。我们需要政策制订者和课题资助决策者不仅把注意力放在发表论文给多少钱上，而是找到促进优秀科研成果产生，遏制劣质科研的方法。""需要改变造成期刊泛滥的学界文化"。"将使学术界恢复到关注科研质量的正确轨道上来，重新定位于对知识的清醒追求。"[1]

马克·鲍尔莱因对学术数量增长问题的关注，应该说是富有价值。对学术生产快速增长的原因分析也富有见地。特别是他对"教授们往往不是有效地把多方结果融合进一篇论文中，而是把所有学生的姓名添加在多篇论文中，每篇论文包含某个学生的发现的部分成果。一个著名的物理学家曾用这个策略发表了450篇论文"等现象的关注，有其现实评判意义。最重要的是，马克·鲍尔莱因让人认识到学术生产的泛滥可能导致的一系列严重的问题。但是，马克·鲍尔莱因所讨论的学术生产，只是众人皆可观察到的一个基本学术问题，这样的讨论仅仅是对学术场域中的现象做了简单的描述，对学术生产领域的问题做了简单的评说，至多是传递了作者的一些新视点和新建议。而对于学术生产领域中存在的"质量让位于数量"问题，对论文评奖机制的存在原因，对科研评价中影响因子和被引频次本身可能存在的问题，以及学术数量泛滥的深层制度原因等，还缺乏系统化的探究。

---

1 张立升编著.社会学家茶座第 2 辑[M].济南：山东人民出版社，2011.

（二）科研评价自身的研究

学术数量增长和科研评价有着密切的关系。讨论学术生产数量不可能不涉及科研评价问题。西方的科研评价可以追溯到古希腊和古罗马开始的知识形态的分类。那时的知识被分为关于自然的知识和关于人类社会的知识两大类。后来，关于自然的知识被称为"自然哲学"，而关于人类社会的知识被称为"道德哲学"；到 18 世纪末西方又将"道德哲学"称为"道德科学"，在 19 世纪中叶又将"道德科学"改称为"社会科学"。比如，西方对"社会科学"成果的评价，首先要看其确定的研究问题是否为研究而研究，或者是否为功利而研究。上世纪 80 年代末以来，美国高教界针对二战后美国高校存在将学术狭隘地等同于研究，教学与研究互相争夺教师时间的倾向，就学术概念和学术评价进行了深刻的反思和热烈的讨论。特别是卡内基教学促进基金会前主席博耶（Ernest I.Boyer）相继于 1991、1994年发表了《学术反思：教授工作的重点领域》的研究报告和《学术评价》的讲演后，在美国高教界引起广泛共鸣。[2]指出在狭隘的学术评价引导下，几乎成了金科玉律的"不发表就解聘"（publish orperish）对大学、国家和学生的危害。面对大学发展的新趋势和新需要，博耶在《学术反思》报告中明确指出，应该拓宽学术视野，需要给予学术这一术语以同样熟悉的，但更崇高、更丰富的内涵。并首先提出了学术评价的四条原则，即学者的品质、学术工作的标准、学术证明、过程的可靠性等。博耶作为卡内基教学促进基金会前主席，针对美国高校存在的重研究、轻教学的现象，对学术评价进行的反思，提出完整的大学学术活动内涵，以及博耶提出的学术形式的基本内涵和学术评价的四条准则，不仅对美国，而且对匡正中国学术评价的标准都具有重要的启示意义。

此外，在评价标准、评价方法、评价主体等方面，西方基本形成了一套规范化的措施。就西方学术成果评价的标准而言，"关键是看其取得的社会经济效益，例如美国科学基金会（NSF）严格按照《政府绩效与结果法案》（GPRA）对所资助的研究项目和成果进行价值评议。""欧洲各国大学科研成果评价的标准主要有 4 个方面：研究成果的数量、质量、影响（对其他研究者或知识进步）以及产生的技术、经济或社会效益。而且，各国都坚持成

---

2 顾建民、董小燕.学术评价：美国高校的反思及其启示[J].中国高等教育评估，2002（1）.

果**质量第一**的原则。荷兰大学协会的科研评价,除了要求科研人员提供出版物列表,还要求提供 5 份有代表性的出版物及其质量和声誉的其他指标。"就评价主体而言,"美国的人文社会科学研究成果评价主体主要分为三类:联邦政府、人文社会科学研究者(学术同行)、普通民众"。在**引文规范**方面,国外学界也"形成了一套比较成熟的学术规范体系,它们各有特点和侧重,分别适用于不同领域和类型的论著。这些体例按照参考文献的编排方式,可以分为温哥华体例、哈佛体例、牛津体例。在适用于各个学科或学科集群的论著体例中,最著名的是被美国最具权威性的书评杂志《书单》(Booklist)列为'三巨头'的美国现代语言协会体例(MLA Style)、美国心理学协会体例(APS Style)和芝加哥体例(Chicago Style)"。国外较为全面、完整的规范化学术体系,对规范学术成果的形式,起到了评价的示范性导向作用。此外,"国外学术界对人文社会科学研究成果评价的理论探讨主题主要侧重于两个方面:一方面是对杰出研究成果和杰出研究人才的评价与发掘;另一方面是研究成果对政府决策与人民生活质量的影响力测评"。如"美国学者赫希(J.E.Hirsch)提出的 h 指数(h2index)法和埃赫(Leo Egghe)提出的 g 指数(g2index)法,是对杰出研究人才进行客观评价的科学方法"。"美国历史学家 B.马兹利什(B.Mazlish)曾撰文对科学的质量问题进行研究,认为科学的质量评价主要来自于学术界内部(inside)和社会外部(outside),'内部质量'是指学术同行对研究成果的学术价值与影响进行评价,科学的'外部质量'则可以看做是国民的'生活质量',即该研究成果对提高人民生活水准所作出的贡献大小。"[3]

关于对政府科研规划项目评价的研究,国外的相关资料比较丰富。如美国国家科学基金会(NSF)在科研项目的立项评估方面,集多年探索的经验建立了自己独有的、较为完善的对项目立项评估的监督与评估。NSF 高度重视评估的公正性问题,NSF 通过《政策手册》和《工作人员利益冲突和行为伦理规范手册》等相关规章规范内部人员的工作行为。"每年还对计划官员开展专门培训,要求其关注所有申请项目评估中可能存在的利益冲突,对于评估专家,NSF 在每位评估人收到评估材料时,同时附上 NSF 的评估须知和'利益冲突与保密声明',对评估人的评估公正性提出具体而严格的要

---

3 邱均平、任全娥.国内外人文社会科学科研成果评价比较研究[J].《国外社会科学》,2007(1).

求。"[4]此外，NSF还建立了对价值评估的评估制度。"以科学部各处及其资助计划为单元设立审查委员会（COV），每3-5年对各处及其资助计划的价值评估活动进行评估。"欧盟委员会对第六框架计划项目的立项评估，也十分重视对项目评估的评估。[5]欧盟委员会为了对提交的建议书进行评估，他们先草拟一份合适的独立专家名单，并定期在互联网上公布每个活动，还聘请独立观察员来检查评估过程的工作和执行情况。国外对政府计划项目评估的评价做法，既可以在较大程度上避免由于个人或机构的某种利益而干扰公正评判的产生，同时也可以消除学科保护主义，使交叉学科研究得到充分支持。

（三）科研评价场域的研究

国外学术界对科研评价场域的探讨，主要指向于对学术精英人才的评价。布迪厄本人就是把对知识分子的研究放在了场域的中心位置。对知识分子的研究，其中就关注了渗透于知识分子主体的学术因素。"知识分子是布尔迪厄的一个重要的研究领域。在布尔迪厄的研究中有相当一部分探讨知识生产的场域问题。布尔迪厄（1993d：132）明确指出，他意欲'对知识生产的社会学作出贡献'。"[6]布迪厄说："社会往往认定：一种学术体制的设立，由于其自身的客观化工作，因而是具有客观性和普遍性的；而要把这种体制作为研究的对象，你就必须进行上面所说的反思性复归。"[7]"事实上，一门有关知识界境况的社会学，它的中心问题之一，就是知识分子和所有的社会行动者一样，都是'自发的社会学家'，在把他人转化为客观对象方面技艺都特别娴熟。不过与普通社会行动者不同，知识分子作为话语和阐述方面的职业人员，能够将他们的'自发社会学'——即他们从切身利害的角度出发对社会世界的观点——披上一门科学的社会学的外衣，而他们在这方面的能力则是常人所远远不及的。"[8]

4　王小龙.从外国典型实践看政府科研计划项目立项评估[J].中国科技论坛，2007（5）.

5　王小龙.从外国典型实践看政府科研计划项目立项评估[J].中国科技论坛，2007（5）.

6　[美]戴维·斯沃茨著、陶东风译.文化与权力——布尔迪厄的社会学[M].上海：上海译文出版社，2006：249.

7　[法]皮埃尔·布迪厄[美]华康德著.实践与反思——反思社会学导引[M].北京：中央编译出版社，1998：98.

8　[法]皮埃尔·布迪厄[美]华康德著.实践与反思——反思社会学导引[M].北京：中央编译出版社，1998：97.

布迪厄的《国家精英》《学术人》等著作中，几乎都涉及到了对知识的评价场域问题。之后，对布迪厄场域理论的推崇者与研究者不计其数。[美]戴维·斯沃茨、华康德都是主要的研究者。国外的这些成果让我们进一步认识到场域理论的价值。虽然如此，这些研究也只能被视为是对学术生产与科研评价的"涉及"，而远远称不上是具有专门意义上的对学术生产与科研评价问题的研究。

二、国内的相关研究

就国内的相关研究成果来看，可从微观和宏观两个研究层面来审视：微观层面的研究，或如曹建文的"学术评价不能简单量化"等对评价方法、评价指标和评价体系的研究，或如章开沅的"必须要改革刚性的学术评价机制"等对评价机制、评价制度的研究，大都彰显了学者们的创新性思考。宏观层面的研究，如孙笑侠的《论实质性学术评价》，邓正来的《学术与自主——中国社会科学研究》，以及《人民日报》《光明日报》发表的系列讨论科研评价的文章，可谓观点新颖、洞察深刻，诸多极富创见性的成果，是本研究不可或缺的重要参考。具体体现在以下几个方面：

（一）对数量增长和质量滑坡原因的讨论

随着高等教育的迅速发展，大学学术生产数量增长是一个不争的事实。但是，整个社会关注的重点不仅体现在数量增长方面，而且还把关注的重点置于对学术生产数量增长背后的问题反思上，特别是把视角集中于学术生产的质量下滑和学术评价制度上面。关于学术生产数量的增长和质量下滑问题的讨论，几乎成为各大报刊和网络发出的热门话题，也是专业研究机构经常关注的热点问题。例如，中国科学技术信息研究所就我国科技论文的数量和质量情况，就做过统计分析。根据该所统计，我国科技论文无论是发表数量，还是被引用次数，都在快速增长。如 2010 年美国发表 SCI 论文 39.01 万篇，排在世界第一位；中国发表 SCI 论文 14.84 万篇（含港澳地区），排在第二位。也就是说，我国的论文发表数量已经进入世界前列。但是，就引用情况而言，2011 年，我国论文被引用总量仍然排在世界第七位。[9]特别是，单篇论文的被引用次数，我国在世界上的排名仅在第 126 位。这就是说，因为我国发表的

---

9 张贺.学术期刊"繁荣"背后：徒有数量 鲜见质量[N].人民日报，2011-12-22.

科技论文存在大量的"泡沫"情况，因此并没有得到国际同行的高度认可。[10] 除论文之外，著作之类的质量问题也引起学界的关注。例如，就学术译著而言，一些学者认为，其"繁荣"的背后，就存在选题品位低下、翻译质量不高等令人担忧的质量问题。[11]

除了对质量下滑现象的关注之外，不少学者对质量下滑的原因，也进行了独到的分析。熊丙奇认为，大学学术生产，"其中一个重要问题就是学术成果追求数量，而非质量，高校教授们正在沦为'学术民工'，为了完成指标，一心想着发论文，申报课题，申请经费，而无心扎实地做学问。"熊丙奇还认为，源头在于高校正在把工作的重点从"课堂教学"转向"科学研究"。他认为，"这类'科研'仅是盲目追求数量，成为高校牟利的工具。"在学术功利化、学术泡沫化的环境下，很难有货真价实的创新。[12]

一些学者在追问催生学术数量异样繁荣的原因时，还分析了数量繁荣背后的学术管理和评价体制的弊端。他们认为，在学术领域实行行政管理，是导致学术虚假繁荣问题的根本原因。而目前以论文和著作数量多少为衡量标准的学术评价及激励机制，则是导致学术异样繁荣的直接诱因。一些学者认为，以论文和著作数量多少为衡量标准的学术评价及激励机制，"在实行初期，激励了高校教师的科研积极性，但当学术与学者身价、收入直接挂钩，学术评价成为高校社会地位及调节内部利益关系的主要依据时，学术评价的功利性、短视性和种种偏颇便随之产生，致使不少学术研究忽视质量，片面追求数量和速度。"[13]

针对目前我国学术生产制度存在的主要缺陷，有的学者也作了多视角的讨论。他们认为，学术的泡沫与目前的计划学术不无关系。"计划学术很容易鼓励吹牛，吹牛就导致泡沫学术。"而"现在最大的悖论之一就是，在计划经济时代我们倒还不搞计划学术，而在我们已经告别了计划经济的时代，却反而来大搞计划学术了。计划学术的直接产物，就是量化考核。

---

10 江晓原.我们要虚假的学术繁荣干什么呢？——从唯科学主义到学术量化考核[J]，《民主与科学》，2006（01）.

11 于殿利.学术译著"繁荣"背后的忧心现象：选题品位低下[N].中国社会科学报，2011-12-22.

12 张琳.熊丙奇：如今很多高校教授正在沦为"学术民工"，http://news.xqnwh.com/2011/1218/2247.html.

13 田栋栋.中国学术论文交易繁荣，学术评价体制备受诟病[N].北京：中国青年报，2010-02-04.

试想一想，如果没有计划学术，为什么还要追求那个量呢？所有对量的追求，都是来自计划"。并认为"今天的量化考核，主要是着眼于防止学者偷懒"，"这是典型的工科思维方式"。"计划学术直接来自计划经济，而计划经济这个思想直接来自唯科学主义。唯科学主义告诉你这样一个信念，认为自然科学能够把整个世界都解释清楚并加以征服，一切事情都可以事先规划好。但这个信念本身就是有问题的。自然界和人类社会即使有规律，是不是能全部被掌握，什么时候才能全部被掌握，都还是问题。如果眼下还不能全部掌握，那就意味着不能搞计划学术。西方对学术普遍采用'播种·观察模式'，就是因为他们承认不能全部掌握产生知识成果的规律。"[14]

有的学者针对学术领域存在的问题，还提出了自己的诸多建议。他们认为，要解决学术领域存在的问题，需要亟待"建立科学的学术评价体制，实现学术界从官本位到学术本位的转变"。"学术界还应建立'学术信用体系'，把个人信用行为记录在案，并在学术界共享，比如对于信用不好的个人或单位，在文章发表、著作出版、课题申请、奖项申报等过程中进行重点审查。对违规者加大处罚力度，增加违规成本"等等。[15]

上述的讨论，对学术生产中存在的质量问题的认识，显然具有重要的现实意义；既有的观点对改变目前的学术评价现状，抑制学术的片面数量生产，也都具有振聋发聩的作用。但是，由于既有的成果，主要寓于"评论"的层面。从某种程度上讲，这些"议论"还不属于严格意义上的"研究"。特别是，在对数量繁荣和质量下滑现象的分析时，还缺乏必要的理论支撑和比较充分的现实论据。因此，这就使得既有的成果，无论从理论层面还是从实践层面，均缺乏了对学术生产场域研究的厚重之感。

（二）对学术评价问题的微观研究

关于学术评价的微观讨论国内尤为集中。微观层面的评价研究主要集中在以下几个方面：一是对以借鉴为主的评价方法、评价指标和评价体系的研究。其特点是针对科研评价的弊端立足于破，其成果特点也是破多立少。2006

14 江晓原：我们要虚假的学术繁荣干什么呢？——从唯科学主义到学术量化考核[J].民主与科学，2006（01）.

15 田栋栋.中国学术论文交易繁荣，学术评价体制备受诟病[N].北京：中国青年报，2010-02-04.

年11月20日曹建文《学术评价不能简单量化》一文说："量化的学术评价方式，曾对推动学术发展起过重大历史性作用，但目前在执行过程中往往存在重量轻质现象，量化评价方式正在成为学术浮夸的"催化剂"。[16]曹卫东在《人民日报》（2006年11月9日）上也曾撰文指出，"我国的高等院校和科研机构都在积极推进量化考核，在这一考核体系下，学者的研究成果被量化为一个个具体的数字，表面上看，这种方法简单易行，是一种合理甚至公平的学术评价机制；但事实上，这样做是把复杂的智力劳动简化为单一的机器生产，抹杀了个人创造潜能的多样性。""这种过度量化的学术评价体系，使学术界出现畸形的恶性竞争，严重阻碍着学术的繁荣发展。当务之急要积极寻求学术评价的制度创新，尽快驱除数字化的幽灵，营造自由、自信的学术氛围和积极、宽容的社会氛围。"[17]

二是对评价机制、评价制度的研究。章开沅在《必须要改革刚性的学术评价机制》一文中说，高校学术研究出了问题，并不都是师生和大学的错误。学术道德的丧失、学术规范的缺失，与量化的职称评审制度和学术评价标准有着密切的关系。一切以数量多少来衡量一个人才的质量高低。这种量化的评审制度和评价标准，让大学师生疲于奔命，是导致学术造假的根源之一。[18]还有的学者认为"学术评价体系改革应确保学术评价程序的公开、公平、公正和透明，充分发挥学术共同体的作用，重视同行评议，排除非学术因素干扰"。[19]余三定在《关于我国新时期学术评价讨论的评述》一文曾对目前的学术评价机制问题进行了深入的分析和批评："当前，一些部门和科研机构对学术成果的评价过于简单化和片面化，片面地将某项数据作为基地评估、成果评奖、项目立项、学科与专业建设、人才培养等方面的考核指标，这在无形中产生了许多负面影响。从眼前来看，会造成学术界病态的'学术评价崇拜'。原本作为一种手段的学术评价机制反而成为学术研究的目的。从长远来看，过度抬高这种学术评价机制，有悖于学术研究的原初目的和终极追求，会消解学术研究的崇高性和严肃性。在过分重视学术评价的压力下，许多学者背离了独立思考、坚持真理的价值操守，主动迎合这种学术评价体系，结果造成原本是守护人类精神家园的人却失去了精神家园。这种学术评价机

---

16 曹建文.学术评价不能简单量化[N].光明日报，2006-11-20.

17 曹卫东.量化崇拜难出学术大师[N].人民日报，2006-11-9.

18 章开沅.必须要改革刚性的学术评价机制[N].人民日报，2009-4-3.

19 曹建文.学术评价不能简单量化[N].光明日报，2006-11-20.

制，不论对学术还是对学者都是一种伤害。"[20]此外，一些职能部门领导的观点也具有代表性。如时任教育部人文社科司副司长袁振国在回答学术腐败屡禁不止的根本原因时曾这样认为：一是受市场经济负面因素的影响，社会上存在着一定程度的浮躁和急功近利的氛围，少数个人、单位甚至管理部门不顾科学发展规律，急于出成果，急于出政绩；二是目前的评价分配制度与学术成果的数量关系过于紧密，学术成果的数量往往直接与个人职务晋升、岗位聘任、工资奖金直接挂钩，与单位的绩效考核、领导政绩挂钩，与科研项目评审、科研经费分配挂钩；三是学术自律与学术监督机制尚待完善，民主、宽松、开放、和谐的学术环境尚需加强和完善；四是极个别科研工作者学术责任意识淡漠，丧失了追求真理的科学精神，学术道德滑坡。我们将从以下方面着手改革和完善学术评价机制，真正实现由"量"到"质"的学术评价标准转型：建立以质量为导向的评价标准；建立符合各学科特点的分类评价标准；建立健全科学合理的评审制度；建立科学合理的评审监督机制；鼓励积极健康的学术批评。[21]

三是以学术期刊作为科研评价向标和依据问题的研究。余三定在《关于我国新时期学术评价讨论的评述》一文中，围绕新时期我国学术评价中"关于'CSSCI'的争论"做了比较详细的述评。他引用《光明日报》记者薄洁萍的文章道："在当前学术界自主性评价地位不强、评价制度不完善的情况下，各科研和教育主管部门、各高校简单地把来源期刊与优秀期刊划了等号，把期刊评价等同于论文评价，把引文数据、来源期刊作为论文评价、期刊评价、作者评价、学术机构评价的最重要甚至唯一的标准，所谓'以刊评文'愈演愈烈。"[22]眼花缭乱的众多研究，几乎是对科研评价的齐声讨伐。然而，不能只破不立，而应有破有立。因为，科研评价毕竟有其自身的功能。就功用而言，科研评价与其它领域的评价一样，是发挥激励、竞争机制，实现管理目标的重要手段。通过公开、透明的科研评价标准、评价程序及评价结果，可以营造民主、公平、竞争的学术环境。尽管大学教师的科研评价是一项极其复杂、细致的工作，甚至，从某种程度上说，也很难找到一个统一的、为各方面都能接受的客观评价标准。但是，科研评价毕竟是科研管理工作的重要

---

20 余三定.关于我国新时期学术评价讨论的评述[J].云梦学刊，2011（2）.

21 周晓燕.专访教育部社会科学司副司长袁振国：学术评价要由量到质转型[J].人民论坛，2006（21）.

22 薄洁萍.聚焦"中文社会科学引文索引"：不能承受之重[N].光明日报，2010-5-18.

组成部分，是推动大学学术事业持续健康发展的有力举措，是促进大学科研资源优化配置，提高学校科研管理水平的重要手段和保障。因此，大学把教师科研评价纳入到大学办学活动和管理工作中，应是现代大学管理不可缺少的一个环节。一定程度上可以说，科研管理的工作基础和核心任务就是评价。只有准确地判断教师的科研贡献和学术水平，并将之作为制定管理政策的依据，才能真正激发教师学术创新，提高科研效益，更好地提升大学办学水平。在科研管理活动中，能否正确评价大学组织内教师的科研业绩，不仅直接影响着组织内部教师的工作态度和人员素质，也直接影响着大学自身的学术声誉和科研发展的水平，影响着大学科研的持续创新能力。同时，科研评价的过程也是管理者学习的过程，通过科研评价，可以对教师的科研活动的各个层面进行深入的客观分析和研究，增进对科研活动独特性的认识和了解，提高科研管理的水平和质量，并逐步形成科学规范的科研管理运行机制，减少科研决策的盲目性和随意性，实现资源的优化配置和科研事业的可持续发展。基于这种认识，笔者虽然有时也会为呼吁、叫停科研评价的学者们暗自加油。但是，多年从事科研管理实践的理性认识和参与科研项目、奖励评审的经验表明，科研评价的规范不仅是必要的，科研评价活动的有效性策略也是必须的。正如叶继元在《学术评价何以必要与可能》一文中说："自有近现代学术研究以来，学术评价便一直存在。要不要学术评价似乎是个'公理'性的问题，无须再证明。"[23]问题的关键在于如何使得科研评价更加有效。

由此可知，从既有的研究中，不仅看到了知识分子群体既具忧患又存无奈的意识，也看到了既有的研究对于解决甚至认识现实实践问题的苍白无力，由此可以推及并预测到本研究的应有意义。因为上述三个微观层面的问题研究，仅仅限于科研评价技术创新的思考，或是评价办法、评价模式、评价体系研究，或是对学术期刊存在的问题研究。虽然也涉及到对学术评价机制、评价制度研究，但是，其研究的深度和广度还远远不够。不仅如此，而且按照布迪厄的社会学场域理论，既有的这些研究无不都是"实体性"的研究，均没有触及到科研评价的"制度"因素或者深层次"结构主义"的问题，如对影响科研评价的权力支配问题分析不足，涉及的内容并不丰富，领域也相对狭窄，对影响学术繁荣的制度逻辑缺乏深层解释等等。因此，既有的研究难以找到解决科研评价低效的真正根源。

---

23 叶继元. 学术评价何以必要与可能[N]. 光明日报，2010-08-03.

（三）对学术评价的宏观层面研究

从**宏观层面**来看，孙笑侠撰写的《论实质性学术评价》一文，对学术评判和判断的三个关键问题所做的归纳，体现了作者应有的睿智眼光和学者的责任感。"谁有权评判？即评判主体问题；根据什么评判？即评判标准问题；如何展开评判，即评判程序问题"应该说提出了大学科研评价的核心问题。此外，对科研评价问题讨论最为激烈的文章，恐属近十年以来《光明日报》《人民日报》上发表的系列关于科研评价讨论的理论文章。这些文章有的从评价制度"完善论"出发积极倡导合理化建议；有的则从休克论出发，建议科研评价休止论。一些学者或者出于无奈与愤激，或者出于为尽快肃清学术生产领域的问题等其他因素的考虑，极力呼吁、叫停科研评价。如余三定、袁玉立说："教育行政部门要坚决治理学术评价过度症！我的基本观点是，在目前学术生态平衡遭学术评价过度症严重破坏的现实情况下，必须下重药、猛药。我郑重建议：必须淡化、弱化学术评价，甚至建议暂停学术评价（比如暂停 5-10 年），以改良学术风气，恢复学术的生态平衡。"[24]也有学者认为："由于当下许多'学术评价'并没有达到促进学术繁荣发展的评价目的，甚至相反出现阻碍学术发展的异化现象，因此不少学界朋友对是否需要学术评价产生了怀疑：或认为不需要有组织的学术评价，仅需要个人间的学术批评；或主张需要学术评价，但取消学术"评比"；或认为在目前并不完善的学术条件和环境下，不可能有客观、科学的评价，不如一律取消评价，全少暂停一段时间。"[25]对学术评价的网络声讨比比皆是，甚至可说是国内社会几十年难以目睹的怪现状。尤其令人匪夷所思的是，近年来，关于大学科研评价的研究话题之多、话语言辞之激烈、发表媒介的随处可见已经成为一种令人烦恼的风景。[26]

学术规范制度的政令接连不断，学术规范的呼声一浪高过一浪，然而，大学学术生产不仅没有因此取得应有的真正繁荣和发展。而且，学术生产领域一度出现的学术造假、学术泡沫、学术腐败等等现象，也没有因此而得到

---

24 余三定、袁玉立.学术不端与学术规范、学术管理对谈[J].学术界，2010（7）.

25 叶继元.学术评价何以必要与可能[N].光明日报，2010-08-03.

26 说明：笔者通过网络进行的初步查询和统计，单 2000 年以来，至少 500 余种期刊、报纸均刊发过关于科研评价的论文，通过中国知网可以查询到的有关科研评价方面的论文多达 4300 余篇。

些许消解；科研评价与权力寻租、学术资源分赃、职务晋升之间形成的隐性内联关系一直无从破解；特别是，在学术市场领域，"学术资本主义化"带来的科研评价的"逐利"之风甚至还有愈演愈烈之势。由于地方院校学术资源的稀缺性，地方院校科研评价面临的学术资源配置情况尤其复杂，资源"分赃"和"掠夺"现象尤为激烈。

总之，从宏观上看，无论是学者对大学学术生产和科研评价的自主性缺失的著述，也无论是《人民日报》《光明日报》发表的系列抨击科研评价的文章，虽然观点新颖，洞察深刻，但是，由于缺乏对"评价制度"和评价结构问题进行研究，更没有对评价过程中支配权力因素进行独到的分析，因而没有抓住目前科研评价中的一些看似边缘却又十分要害的影响因素，最终大都成为一些观点性展示的振臂高呼，对真正解决学术生产和科研评价的低效问题终究没有起到明显的现实指导作用。部分学者们在研究中引入场域概念的成功经验对科研评价制度研究是一种有益的启示。事实上，目前场域的概念已经广泛引用到经济、教育乃至社会研究的各个领域。但是，场域概念在学术生产与科研评价研究领域还不多见。目前，大学科研评价的研究领域最关注的问题多是技术层面的实体性问题，而恰恰忽略了存在于科研评价活动过程中的错综复杂的关系性或者说是结构性问题研究。在大学学术生产与科研评价制度的研究领域，场域理论的应用恰恰是一个不足和欠缺。当然，这里所说的欠缺主要是说系统的研究还没有见到。而零星的渗入式的研究已经见于学者们的著述之中。如针对与学术生产与科研评价有关的学术腐败的原因，有学者认为："学术腐败在学术产品的生产过程、出版过程、社会化过程等诸环节中均有表现，并且大有愈演愈烈之势。权力场域的强势存在是学术腐败深层制度诱因；以个别权力制约权力使学术腐败禁而不止、歼而不灭；根除学术腐败，必须调动大众的力量，以大众的权力制约权力。"[27]王华生在文章中写道："当前的学术评价大多数都属于'小众化评价'，如在职称评定过程中对学术论著的评价与审定，在科研项目申报过程中对前期成果的审查与评定，以及对核心期刊的审查与审定等，大都属于'小众化评价'；而当前学术评价中的学术监督也大都属于'小众化监督'，即以个别权力制约权力。'小众化评价'的评价结果的可靠性差，缺乏公正性和科学性；'小

---

27 王华生.权力场域的强势存在：学术腐败的深层制度诱因[J].河南大学学报（社会科学版），2010（05）.

众化监督'——即以个别权力制约权力，则缺乏透明度，容易被少数人所左右和控制，从而成为导致学术评价过程中种种学术腐败现象产生的重要制度诱因。要根除学术腐败，就必须在学术评价大众化的基础上，真正实现权力监督的大众化，即以大众权力来制约权力，以公众舆论、社会力量来监督和引导学术鉴审和评价，让权力真正在阳光下运行。"[28]显然，作者在这里已经触及到了权力场域对学术评价制度所产生的影响，认识到了"学术活动中的权力渗透"的方方面面的现象以及可能的后果。如权力向学术生产过程的渗透、向学术出版过程的渗透，以及权力向学术评价和学术社会化过程的渗透等，成为导致学术的异化与腐败的直接动力。特别是，在科研项目评审和成果评奖中的权力渗透，使得"著名学者"越来越远离学术，越来越重视学术权力，权力逐步向学术生产的深层渗透。这些认识具有一定的深刻性，特别是对科研评价领域问题的认识也难能可贵。只是，作者的研究并没有深入到对学术生产与科研评价研究的更深层次的领域去更深入地解释权力场域的作用机理，而且，也不是对如同布迪厄所说的关系的总和的细密化的本质性问题的剖析，而更多的是建立在感性的认知上的经验式散论，因而，针对权力场域对学术生产与科研评价所可能产生的影响的研究仍然显得比较单薄和不足。

有的学者针对学术生产与科研评价毫无批判地向西方舶取经验和引进理论的行为，以及中国知识分子对西方知识的毫无"自主性"的接受现象，从权力场域理论的视角做了深入的分析。对西方一些学术制度在中国的移植所引发的与原本的目的相违背的结果，也通过案例做了翔实的现实性分析：

> "比如说，西方国家大学和研究机构规定了一种旨在提高学术研究水平的要求相关人员必须在年内发表一定数量的论文和论著的制度，而且这种制度是与聘用制度紧密勾连在一起的。晚近以来，中国的一些大学和研究机构也将这种制度移植了进来，但是他们在引进这种制度之前却并没有做认真地分析，甚至不意识这种制度的有效实施还必须仰赖于其他学术制度的支援和配合。比如说，一些学术项目的立项乃至获得，通常情况下乃是为某些重点高校或重点

---

28 王华生.权力场域的强势存在：学术腐败的深层制度诱因[J].河南大学学报（社会科学版），2010（05）.

院系所垄断的；同时我们知道，项目的获得意味着研究者肯定能够获得一定的出版经费或补贴；而面对当今中国出版社因企业化而出现的一种重赚钱而轻质量的取向，那些能够获得项目资助的知识分子与那些因所在单位的地位低下或不善人际关系而得不到项目资助的知识分子相比，在一定程度上就更容易出版论著——亦即更容易满足上述'数量'制度的要求。在这种情况下，不仅许多知识分子，而且一些院校也为了获得每年的研究项目经费而大搞社会'公关'，结果知识分子用于这种'公关'的精力和时间则大大超过了他们可以用来研究的精力和时间。可见，原本旨在提高学术研究水平的制度，一定程度上经由在中国的移植而变成了一种激励知识分子去'争夺'项目经费的制度。更糟糕的是，这种制度在中国实施的过程中，一方面与知识分子职称评定相勾连，而另一方面则与其强调数量甚于质量的倾向紧密相关，所以在一定程度上也导致了一些知识分子采取剽窃、抄袭和拼凑的手段来满足这种制度所规定的要求，有的做法甚至到了触目惊心的地步。"[29]

这里，学者邓正来对中国知识分子移植西方学术制度所导致的科研资源分赃夺取的现实所做的分析，可谓一针见血；对中国现行科研管理体制和科研评价机制的问题所做的正本清源的揭示性说明，可谓富有见地；对不尊重科学的内在学术要求而采取的简单的科研量化评价办法所引发的学术抄袭后果的批判，可谓铿锵有力。然而即使如此，我们仍难从中体味出学术场域中大学学术生产与科研评价过程现实存在的错综交织的权力关系及其相互间发生的影响，更没有看清各种权力主体在发挥各自权力的功用时的行为轨迹，因而，也难以真正了解大学学术生产与科研评价制度的真实逻辑和内在的本质诉求。权力无处不在，除了主体间所拥有的权力的轻重不同、权力的使用技巧和发挥功用的大小各有差别之外，其发挥利益性取向的功用和目的几无区别。在地方院校的学术生产与科研评价领域，权力的存在是客观的现实；权力主体的多元化也是不争的事实。分析权力主体间的关系和行为及其权力的发挥可能产生的影响，不仅可以揭示地方院校学术生产与科研评价过程中各个主体之间彼此消长的利益关系，也可以深刻分析出无序和无效的学术生产与科研评价的机制性原因。

---

29 邓正来.学术与自主——中国社会科学研究[M].北京：北京大学出版社，2008：44.

任何权力的存在都有其自身独特的功用和目的，研究学术生产与科研评价制度，自然不能撇开对权力场域中权力功用的理解，因为，在大学学术生产与科研评价过程中，不同的主体所拥有的权力不等也不同。正是这种不等也不同的权力之间的相互作用，才引发了科研资源配置的种种行为。针对权力的功用，布迪厄及其后来的追随者也多有研究。布迪厄对权力功用的理解富有独特性："任何一种权力都不可能满足于仅仅作为一种权力而存在，它不可能仅仅作为一种没有任何依托的力量，一种失去了任何存在理由的力量"。[30]事实上，古往今来，一切权力的存在都有其目的性，也都有其存在的依据。即使知识分子的知识生产与消费也同样存在权力运作的行为。"布尔迪厄对知识分子场域的分析表明了知识分子如何被定位于一个竞争性的舞台中，这个竞争舞台有自己的结构与动力学，这种结构与动力学既塑造了知识分子的知识行为，也塑造了他们的政治行为。场域分析的用途在于提示我们对于知识分子行为影响方面不能完全通过阶级的背景或地位或者知识分子在机构中的位置加以充分把握。相反，场域分析要求研究者在探索为了争夺稀缺资源以及符号承认——他们对于知识分子的环境是非常重要的——而进行的斗争的机制的时候，考察所有这些层面。"[31]科研评价场域的各种形式——项目评审、成果评审、职称评审、人才选聘等等，无不都是知识分子的精英们参与竞争的竞技选项。在这每一个竞技选项中，寓于主体之中的权力都将以"共谋"的或者"主导"的方式，在特定的舞台上发挥着特定的作用。

总之，在大学学术生产与科研评价过程中，既存在"关系运作"的结构性因素，也存在不同主体间的权力冲突和潜在的权力竞技。大学学术生产与科研评价的目的虽然主要在于推进大学的实质性繁荣和发展，但是潜在的与学术有关的争夺资源的现象也十分明显。所以，借助场域概念对这些非本质的学术生产与评价制度进行分析，有利于看清大学学术生产与科研评价制度中存在的深层次问题，有利于达到维护大学学术生产与科研评价的本源的和根本的目的。因此，在学术生产与科研评价制度研究的领域，场域或者权力场域的理论宜适时介入；在学术场域或者场域理论的应用研究领域，学术生产与科研评价制度也应时常得到关注。

30 布尔迪厄著，杨亚平译.国家精英——名牌大学与群体精神[M].商务印书馆，2004：459.

31 美国学者戴维·斯沃茨著，陶东风译.文化与权力：布尔迪厄的社会学[M].上海译文出版社，2006：328.

　　然而目前，相关的科研评价制度研究成果所能涉及的场域问题的研究成果却十分稀缺；既有的场域问题研究涉及到的科研评价制度尤其是对地方院校学术生产与科研评价制度的研究成果更是零星的点缀。由此使得既有的成果既没有体现出学术场域中大学学术生产与科研评价制度中的交织现状，也未能有效揭示出大学学术生产与科研评价低效的深层原因，更不能为完善学术生产与科研评价制度提供富有说服力的根据。对学术生产制度的深层问题进行研究的缺失与成果缺位，不能不说是地方院校学术生产与科研评价研究领域的一大缺憾；地方院校学术生产与科研评价制度缺乏创新的努力方向和精神动力，也不能说与此毫无关系。

　　以笔者的观察、思考和体会，大学学术生产与科研评价制度的核心问题，并不完全在于机制安排、制度制定上，一定程度上则在于机制的运行、制度的执行上。重要的是，国内外既有的成果引发了本研究的思考：何以相同的学术生产与评价制度在不同的学术背景、文化环境中产生的却是不同的结果。尤其重要的是，在不同的学术背景、文化环境中，欲产生与国外同样有效的学术生产与评价结果，究竟应该怎样创新大学科研的评价策略。由此可知，探讨制度执行过程中学术生产与科研评价的内在质性问题，关注并从深层上分析地方院校学术生产与科研评价过程中的"关系系统"，将寓于各类主体中的权力及其相互交织下的制度影响因素进行系统性的探讨，也许会对解决地方院校学术生产与学术评价中的一系列问题起到振聋发聩的作用，至少在某些方面会起到某些程度的警示和引发思考作用。然而，正是对学术生产与科研评价的机制的运行和制度的执行，以及学术生产与科研评价过程中各种权力支配因素的分析，过去的成果却显得不足。而这，正是笔者基于与学术生产数量繁荣有关的学术生产与科研评价制度问题进行研究的原因。

第二节　概念的界定

　　与上述问题相对应，需对研究中的相关概念进行必要的界定。与任何问题研究一样，研究过程会涉及并生成诸多概念。而且，在对概念界定时，笔者主要是对研究中涉及到的一些核心概念进行先行界定。所谓核心概念，即研究中时常出现并起逻辑贯穿作用的一级概念，包括学术生产、数量繁荣、制度逻辑、科研评价、学术制度等。此外，研究中涉及到的重要问题，需要进行深化研究时还涉及到的其它概念，如学术场域、学术资本、学术惯习等。

有的概念除规范性定义外，还有作者的操作性定义。对一些不证自明的"公理体系"的概念如"大学"、"地方院校"等，也不再集中进行界定，而仅与研究中涉及到的二级概念在适当的时候作即时的解释性说明，或者作注释性的说明。对核心概念的集中界定，既能够相互比较，又便于相互的区别，在比较中加深人们对各个概念的理解和把握。

一、核心概念

（一）学术生产

学术是一个概念比较宽泛的词语。"学术"一词我国古已有之。《辞海》（1999 年版）在解释"学术"一词时，将其定义为"指较为专门、有系统的学问"。现代意义上的所谓"学术"，是包括"学"与"术"这两个差异甚大的概念集合，即梁启超所说的，"学者术之体，术者学之用"。因此我们难以由此得到一个明晰的"学术"概念。目前人们所谈的"学术"概念，实际是引自西方的 Academic 一词。而在西方，Academic 一词包含的意思并不只是"较为专门、有系统的学问"，而泛指高等教育和研究，即是由受过专业训练的人在具备专业条件的环境中进行非实用性的探索。或者说，学术是学者在"象牙塔"中进行的"为学术而学术"的知识创新工作。本文所说的学术，专指研究或科研。

生产一词也具有丰富的内涵，"文化领域是知识生产，精神领域是欲望生产，政治领域是权力生产，社会变成一个巨大的生产机器"。生产，成为当代社会的关键词。"这个词对于今日中国人而言似乎别具意味：我们曾经深陷'生产'之笼，如今，我们期待这个迷失在历史深处的词语重新获得活力"。在学术领域，"'生产'的内在语义，就是生成、流变、活力，它符合当代知识分子气质：永不停息地思考和批判"。[32]本文中的**"生产"**，系指知识分子对知识产品进行加工并促其生成的一种活动方式或知识**再制**和**复制**行为。学术生产的概念，可以解释为在学术场域中知识分子对知识产品加工、生成的一种知识再制和复制行为，其生成过程及其生成的结果，或是知识产品，或说是学术成果、科研成果。在本研究中，学术成果和科研成果可以互用。其不同之处在于，两个概念在成果创新方面的程度轻重略有区别，即科研成果具有更大的知识创新价值和更多的主体性的行为因素。但是，知识产

---

32 汪安民主编.生产[M].桂林：广西师范大学出版社，2004：2.

品的概念，与科研成果或学术成果的概念，在本研究中的使用有明显区别。所谓知识产品，即是学术生产的一种结果。也就是说，只有那些有价值的知识产品，才能称其为是"学术研究成果"，简称为学术成果或者"科研成果"。

（二）数量繁荣

指高等教育大众化进展过程中，大学学术生产场域出现的知识产品数量成倍增加的现象。其主要表现是，基于知识产品类型和层次多样化的基础上的知识产品数量的成倍增加。尤其是各层次的科研项目、学术论文、学术著作，以及科研成果奖励等学术生产场域的知识产品数量的增加，各种学术交流活动数量的频繁、活跃等。在本研究中，"数量繁荣"与"数量增长"、"数量增加"具有相近的含义，在本研究中可以交互使用。

（三）制度逻辑

所谓制度，即"由人制定的规则。它们抑制着人际交往中可能出现的任意行为和机会主义行为。制度为一个共同体所共有，并总是依靠某种惩罚而得以贯彻"。[33] "制度是广为人知的、由人创立的规则，它们的用途是抑制人类可能的机会主义行为。它们总是带有某些针对违规行为的惩罚措施。制度要有效率，就应该简单、确切、抽象、开放和适度稳定"。[34]柯武刚等在《制度经济学》关于对制度还做了如下的注释："文献中的'制度'一词有着众多和矛盾的定义。不同学派和时代的社会科学家们赋予这个词以如此之多可供选择的含义，以致于除了将它笼统地与行为规则性联系在一起外，已不可能给出一个普适的定义来。但是，我们在本书中贯彻始终的定义——指各种带有惩罚措施、能对人们的行为产生规范影响的规则——看来已作为公认的定义出现于当代制度经济学家当中。"[35]即"制度是行为规则，并由此而成为一种引导人们行动的手段"。[36]

---

33 [德]柯武刚、史漫飞著，韩朝华译.制度经济学：社会秩序与公共政策[M].北京：商务印书馆，2001：32.

34 [德]柯武刚、史漫飞著，韩朝华译.制度经济学：社会秩序与公共政策[M].北京：商务印书馆，2001：116.

35 [德]柯武刚、史漫飞著，韩朝华译.制度经济学：社会秩序与公共政策[M].北京：商务印书馆，2001：32.

36 [德]柯武刚、史漫飞著，韩朝华译.制度经济学：社会秩序与公共政策[M].北京：商务印书馆，2001：112.

在《制度经济学：社会秩序与公共政策》一著中，柯武刚等人从制度起源的角度出发，将制度分为**外在制度**和**内在制度**。**内在制度**是从人类经验中演化出来的。它体现着过去曾最有益于人类的各种解决办法。**外在制度**是被自上而下地强加和执行的；外在制度配有惩罚措施。[37]"内在制度被定义为群体内随经验而演化的规则，而外在制度则被定义为外在地设计出来并靠政治行动由上面强加于社会的规则"。[38]从构架方式的视角看，制度可以分为指令性制度和禁令性制度，"指令性制度主动地指示和命令人们去干什么，它创立一种由领导人强加的行动秩序。禁令性制度在干什么上给行动者留下了很大的自由，但禁止某些有害的行为类型（遵循"汝不应……"思路的消极指示）"。[39]也就是说："制度的内在性和外在性之间的区分与制度的**起源**有关，而制度的非正式性和正式性的区分则与实施惩罚的**方式**有关"。[40]学术制度，亦即学术规则、学术规范。本研究之所以借助柯武刚等人观点，是因为柯武刚等人对制度的定义和分类，主要基于对社会秩序和公共政策的分析，而这与本研究涉及的研究对象具有一致性。

逻辑，意指运行的规律、依据或者内在的规定性和必然性的结果。逻辑有两种不同层次和角度的含义：（1）逻辑是一种顺序，也是一种规律；（2）逻辑需要归类，归类然后总结。如思维的规律、客观的规律、处理事情的方式规矩等。制度逻辑，也即制度作用下的必然结果，或者制度运行的内在规律、依据和必然结果。

（四）科研评价

科研评价亦称科研评估，是科学研究管理工作中的一个重要环节。"评价是某一主体依据和运用一定的价值标准对客体进行的价值实现程度的测评和判断。"[41]评价又称评估，即衡量、判断、估计的过程。"评估"与"评价"

37 [德]柯武刚、史漫飞著，韩朝华译.制度经济学：社会秩序与公共政策[M].北京：商务印书馆，2001：36-37.

38 [德]柯武刚、史漫飞著，韩朝华译.制度经济学：社会秩序与公共政策[M].北京：商务印书馆，2001：119.

39 [德]柯武刚、史漫飞著，韩朝华译.制度经济学：社会秩序与公共政策[M].北京：商务印书馆，2001：116.

40 [德]柯武刚、史漫飞著，韩朝华译.制度经济学：社会秩序与公共政策[M].北京：商务印书馆，2001：127.

41 戚涌、李千目.科学研究绩效评价的理论与方法[M].北京：科学出版社，2009：8.

常常被中国学者当成内涵相同而运用略有不同的两个术语。"一般来说，在经济、财政、金融等实务中，采用'评估'，既为动词，又为名词；而在系统分析、学术研究中，多用'评价'，但多为名词，而较少用作动词。""作为动词而言，其意义是评判价值；作为名词而言，其意义则是对价值进行评判的结论。"按照这种分析，科研属于学术的范畴，宜用"评价"而不宜用"评估"。[42]科研评价的定义有广义和狭义之分。广义的科研评价是用系统的方法搜集和分析科研信息资料，在此基础上对科研的社会价值，包括科研活动的社会价值和科研成果的价值作出判断的过程。因此，有学者认为，所谓科研评价，就是指对科研活动的有效性、可靠性、科学性及其价值的评定，是对科研工作者创造性劳动的仲裁，有时也指对科研价值过程的评判和反思科研价值评判的过程。[43]

在这个定义中，包含四个要点：第一，科研评价对象可以是研究者本人，也可以是科研现象和活动，还可以是科研成果等；第二，科研评价的本质是对科研的社会价值作出判断，包括政治价值、经济价值和文化价值；第三，科研评价的前提是建立在系统地搜集和科学地分析资料基础之上的；第四，科研评价的目的是为了提高科研水平，促进科研事业发展。除了广义上的概念外，科研评价还有狭义上的理解，狭义的科研评价，是根据科研目标对教师获取的科研成果作出价值判断的过程。科研评价的狭义概念指明了科研评价的对象主要是科研成果，评价的基准是科研任务和目标，评价的本质是进行科研价值判断，评价的目的是为检查科研工作完成的情况或者是为了学术资源分配，以及评先评优和人才遴选需要。本研究中的科研评价概念主要是指狭义上的科研评价。

笔者认为：**科研评价**是指在获取大量和准确的科研信息的基础上，按照一定的科研价值标准，对科研主体及其研究活动和既定成果的各要素、各方面所进行的价值判断的社会活动。在这里，我们特别强调几个关键性因素：第一，科研评价对象包括学术生产者、科研现象、科研活动，还包括科研成果等；第二，不论是对人才的评价还是对科研成果的评价，必须建立在信息收集相对完整的基础上，信息不完整，科研评价就难以准确；第三，这里的

---

42 侯定丕，王战军.非线性评估的理论探索与应用[M].合肥：中国科学技术大学出版社，2001：2.

43 张迎辉等.科技评估基础理论介绍[J].中华医学科研管理杂志，2003（2）.

信息既包括研究主体的研究活动信息，又包括与既定成果相关的各因素的信息，如研究者的学术思想、学术道德等；第四，强调研究主体的学术活动过程是不可忽视的评价方面，既定的成果以及既定成果的相关影响因素，是评价的关键内容；第五，强调科研评价的社会性，也就是说，科研评价会受到社会因素的多方面影响，诸如政治观点、经济利益、权力文化等各个方面，科研评价需要综合考虑以上多种因素。

在本研究中，学术制度和科研制度可以互用；学术激励制度和科研评价制度可以互用。

二、其它概念

（一）学术场域

场域（field）即关于空间的隐喻，是布迪厄学术轨迹中的一个核心概念。所谓场域，即是传统实践观中的社会实践场所或者**空间**。布迪厄把场域定义为：位置之间客观关系的网络或图式。"从分析的角度来看，一个场域可以被定义为在各种位置之间存在的客观关系的一个网络（network），或一个构型（configuration）"，"场域是诸种客观力量被调整定型的一个体系（其方式很像磁场），是某种被赋予了特定引力的关系构型，这种引力被强加在所有进入该场域的客体和行动者身上。场域就好比一个棱镜，根据内在的结构反映外在的各种力量"，"场域同时也是一个冲突和竞争的空间，这里可以将其类比为一个战场"。[44]布迪厄认为，场域具有如下的特征，即：场域是一个为争夺资源而激烈竞争的场所；场域还具有相对独立性、结构性和界限的模糊性。可以这样理解"场域"概念：场域中存在各种**位置**；有占据相应位置的个体、群体或机构等**主体**；有占据相应位置的个体、群体或机构所掌握的**资本**；有占据相应位置的个体、群体或机构及其掌握的资本所形成的客观的**关系网络**。

本研究中的**学术场域**是大学场域中的子场域，它是指**占有特定位置的学术主体，秉持各种学术资本而与其他秉持学术资本的主体之间形成的特定的关系性网络或空间**。这里的**主体**，可以指学术权力授予方的个体、群体或机构，可以指学术权力被授方的个体、群体或机构。

---

44 [法]皮埃尔，布迪厄[美]华康德著.李猛、李康译.实践与反思——反思社会学导引[M].北京：中央编译出版社社，1998：18.

（二）学术惯习

惯习（habitus，即生存心态），是场域理论的核心概念。华康德为布迪厄的惯习做了如下定义："惯习是一种结构形塑机制（structuring mechanism），其运作来自行动者自身内部，尽管惯习既不完全是个人性的，其本身也不是行为的全部的决定因素。""惯习就是生成策略的原则，这种原则能使行动者应付各种未被预见、变动不居的情境……（就是）各种既持久存在而又可变更的性情倾向的一套系统，它通过将过去的各种经验结合在一起的方式，每时每刻都作为各种知觉、评判和行动的母体发挥其作用，从而有可能完成无限复杂多样的任务"[45]"惯习"与"场域"展示的是相似的思想活动。惯习就是一种社会化了的主观性"。[46]它具有多重内涵，但大致可以包括以下几层含义：第一，惯习不是天赋的或是自然形成的东西；第二，惯习是一种特定的形塑机制（structuring mechanism），其具体操作源于行动者身体的内部机制和机能；第三，惯习具有能动的实践意义，惯习不是习惯（habit），惯习作为一种技艺（art）存在的生成性或创造性能力，是存在于人们的性情倾向系统之中的某种创造性艺术；第四，惯习是一种社会结构化了的行动者的主观性，是体现于个体身体而实现的集团结构和心态的个人化，也可以说是经由长期的社会化而获得的生物性个人的"集体化"内容，每一个行动者既具有作为行动个体的特殊化，同时身上也具有整个社会或时代的内容和特征的规定性，是时代精神的产物。高宣扬把惯习译为"生存心态"。[47]本研究依据语言惯例仍用"惯习"一词，而究其内涵理解则取高宣扬"生存心态"之意。所谓**学术惯习**，即知识分子从事学术生产的一种"生存心态"。

（三）学术资本

所谓**资本（capital）**，布迪厄认为："资本是一种积累起来的劳动（它以物质化形式或是'肉体化'、身体化形式存在）。当行动者或行动者群体在私有的——也就是独占排外的——前提下占有利用它时，他们便可以因此占有

---

45 [法]皮埃尔　布迪厄、[美]华康德著.李猛、李康译.实践与反思——反思社会学导引[M].北京：中央编译出版社，1998：19.

46 [法]皮埃尔　布迪厄、[美]华康德著.李猛、李康译.实践与反思——反思社会学导引[M].北京：中央编译出版社，1998：170.

47 高宣扬著.布迪厄的社会理论[M].上海：同济大学出版社，2004：2.

利用具有物化形式，或者体现为活生生的劳动的社会能量。"[48]布迪厄的资本的含义极其宽泛。他划分了多种资本类型，如政治资本、文化资本、符号资本、社会资本、法律资本等等。资本表现为三种根本的类型（每一类下还可以进一步划分出层次更低的类型），这就是经济资本、文化资本和社会资本；除了这些，我们还必须加上符号资本。三种不同资本之间可以交换和转化，即布迪厄所谓的"兑换"（conversion）问题。[49]本研究中资本概念与布迪厄所指的宽泛的资本概念相似。即资本就是因具有很高的价值而成为争夺对象，并能发挥"社会权力关系"功能的一种稀缺**资源**。[50]这里能够称得上"资本"的资源，需要同时具有几个关键要素或者条件，即：价值之高，具有稀缺性即是争夺对象；最为重要的是，能发挥"权力关系"的功能。

所谓"学术资本"，是一个与知识产品的生产以及与知识分子身居的学术场域有关联的概念。学术资本是知识分子在学术场域的最主要财富。任何知识分子精英欲获得自己的利益，就必须进入相应的游戏场域并在相应的权力关系中开展自己的行动，场域因此成为学术利益冲突和学术利益争夺的战场。本研究涉及到的学术资本包括经济资本、文化资本、社会资本和符号资本。

第三节　研究方法与路径

一、研究方法

大学科研评价场域与学术生产制度是一个混合性的复杂问题。为了便于在复杂情况下能找到解决难题的钥匙，笔者运用以下几种研究方法：一是，质的研究方法。通过阶段性的深度访谈，收集相关资料。二是，实证研究和混合分析方法。一方面通过收集大量的科研数据作为分析的依据；另一方面

---

48 [法]皮埃尔·布迪厄、[美]华康德著，李猛、李康译.实践与反思——反思社会学导引[M].北京：中央编译出版社 1998：303-304.

49 [法]皮埃尔·布迪厄、[美]华康德著，李猛、李康译.实践与反思——反思社会学导引[M].北京：中央编译出版社，1998：161.注释：其中，文化资本是布迪厄社会学中极为重要的问题。所谓文化资本是指借助不同的教育行动传递的文化物品。它又有三种表现形态：（1）身体化的形态：是文化资本的第一种形态，体现在人们身心中根深蒂固的那些性情倾向之中；（2）客体化的形态，体现在那些文化物品之中；（3）制度化的形态，体现在那些特定的制度安排上.

50 [美]戴维·斯沃茨著、陶东风译.文化与权力——布尔迪厄的社会学[M]. 上海：上海译文出版社，2006：49.

拟采用客观的分析理路，避免在研究中融入过多研究者个人的主观感受以及价值取向。特别是，拟通过采用案例分析的理路，找出科研评价制度潜在的危机所在。三是，问卷调查法。根据研究的问题拟精心设计调查问卷，并针对案例学校的教师和研究域内的科研管理人员，发放若干调查问卷。

（一）质的研究方法

"质的研究是以研究者本人作为研究工具，在自然情境下采用多种资料收集方法对社会现象进行整体性探究，使用归纳法分析资料和形成理论，通过与研究对象互动对其行为和意义建构获得解释性理解的一种活动。"[51]笔者认为，运用质的研究方法，不仅能够达到应有的研究目的，而且，利于对科研评价制度的深层机理性问题的认识。依照研究设计，笔者分两个阶段进行了访谈：

第一个阶段，笔者选取了 H 省 2009 年 7 月至 2011 年 7 月这一特定区间和区域内的科研评价案例。因为，在这一区间，适逢笔者参与了 H 省某地方院校文科领域的科研成果奖励评审、科研项目评审、教师职称评审等多项科研评价活动，就其研究对象而言，既具有代表性，也是科研评价的领域的重点。为了对这些案例进行深度地分析，笔者还选择了七位被访谈对象（见附录 1-1：访谈提纲目录 1-4），他们分别是：L 学院的 S 教授，科研处 E 教授，一位资深的研究者、百万项目经费的获得者 X 教授，名落孙山的项目申报人 J 博士，省项目评审的工作者 Y 主任，参加评审的专家 W 教授，还有一位当年项目申报的"局外人"H 博士。在收集资料的过程中，笔者采取了单独访谈的办法。并且在首次进入现场时，分别向被访谈者说明了本人的访谈用意、研究的目的等。由于被访谈者大多是本单位的同事或者"熟人"，因此，在访谈现场都比较顺利地处理了与被访谈者之间的关系。经过近十余次的访谈，收集到了数万字的原始信息。

第二阶段，依据研究的需要，笔者针对影响大学学术生产数量繁荣的制度问题，访谈了 H 省属大学的 8 名访谈对象（见附录 1-2：访谈提纲目录 5-6）。他们分别是 B 大学副校长 Z 教授，Z 大学特聘教授、文化研究中心汪老师，H 大学某学院院长李教授，L 学院博士丁教授、田博士；X 学院科研处处长张教授和周老师、吴老师。这 8 名老师均是教授或者副教授，其中教授 6 名，副

---

51 陈向明著.质的研究方法与社会科学研究[M].北京：教育科学出版社，2000：12.

教授 2 名。教师岗位包括特聘教授在内有 3 人,管理岗位包括校级领导、科研处、学科建设办公室、大学院系院长或者主任等双肩挑人员 5 名。根据对 8 名老师的访谈,整理出了大约 12 万字的访谈资料。文章中引用的"某老师语",就是被访者谈到的看法。

两个阶段访谈的重点并不一样。第一阶段的访谈目的,重在对科研评价场域中,学术生产主体之间对学术资源依赖的权力冲突进行场域分析;第二阶段的访谈目的,则主要对学术生产制度给予学术数量的繁荣所产生的影响进行探讨。两个阶段的访谈重点虽有不同,但是,其目的均指向于学术繁荣的内在机理的分析,或者对制度场域分析,或者对制度环境分析。

仅以第一阶段访谈为例,假如,在这些研究对象中,大学学术生产的权力场域对各个科研评价领域的影响的"事实"是客观存在的,那么按照建构主义理解,这种客观存在的事实是相互的——既具有学术场域对组织场域的影响,也有组织场域对学术场域的影响;同时也是多向度的——不仅具有负方向的影响,也有正方向的影响;且这种影响的"事实"不存在"正确"与否,而只存在"适度"与否的问题。

在此过程中,研究是一个交往各方不断辩证对话而共同建构研究结果的过程;研究结果是由不同主体通过互动而达成的共识。研究目的不是为了控制或预测客观现实,也不是为了改造现实,而是为了理解和建构——在社会、组织、专家、项目申报的行动者,以及其他介入评价活动的个体等等相互之间建构起理解的桥梁。力求通过构建研究者个人与科研评价组织者、评价专家、申报人及其他有关群体等被研究主体之间的对话和互动关系,来超越被研究者的各个群体或者个体对科研评价中存在的权力场域这一现实问题的"无知"与"误解",唤醒评价者在评价过程中被压抑的真实意识,逐步解除那些给他们带来痛苦和挣扎的权力因素的影响,提出新的审视问题的角度。使得科研评价的各类群体或者个体通过与作为研究者的"我"进行辩证对话,使其获得各自的自知和自我反思的能力,使其在认知、情感和行为上变得更加自主、更加客观、更具公平的意愿、更加愿意自己承担应有的责任;同时也使得评价专家在权力的高压面前变得更加有支撑力量,让更多申报项目的行动者具有更加的自觉、自省、自律意识。

其二,无论第一阶段进行的访谈,还是第二阶段进行的访谈,研究者对学术生产领域的活动均有直接或者间接的参与经历,并且熟悉其中各个被研究群体的一些当事人，因此，符合质的研究环境"在自然环境而非人工控制环境中进行研究"的要求；且收集资料相对方便，既可以采取开放型访谈，也方便采取参与型和非参与型观察，还有可能进行实物分析。

具体而言，笔者研究的现象即学术评价制度对学术生产数量繁荣的影响，以及学术评价的制度场域无处不在、并产生交互式多向度影响的事实，研究的问题即学术生产数量繁荣与学术评价制度之间的隐性关系，研究的背景即研究者对研究对象的熟悉程度，抽样的确定即研究者选取特定区域、特定时间内的案例等，相对于其它研究方法，更适宜于运用质的研究方法进行研究，并且均作了较充分的前期思考和研究准备。

例如，在选择研究现象之前，笔者曾经对自己研究的兴趣所在，引起兴趣的问题与原因，研究问题的真实意义和特殊性，以及个人的"终极关怀"都做了较长时间的认真、细致地思考；在审视研究的背景知识的时候，对目前学术界已经完成的有关研究成果进行了多方面的文献检索，并且可以确切地说在此领域的研究者虽有，但是空白之处仍然较大。

此外，在研究的伦理道德方面和资料的收集方法上也做了深入的反思。如：研究如何避免涉及当事人员不愿公开的观点及其个人的学术行为，如何处理研究者与诸被研究者群体之间的关系，如何选择访谈对象并按照怎样的适度原则交代访谈对象的个人信息，特别是如何既不使参与研究的被访谈对象的个人前景和个人生活受到负面的影响，又不使研究者本人因为暴露所揭示问题的敏感性、隐秘性而限于危险的环境之中；进而，如何在访谈资料作出隐秘性的技术性处理的情况之下又能不使研究的信度和效度降低，针对研究所需的资料收集问题，应该如何设计和设计出怎样的最佳、最有效的访谈方案，如此等等，本人都作了初步的技术性思考。总之，质的研究是本研究运用的一种最为理想的研究方法。

（二）实证研究和混合分析方法

把质的研究作为主要的研究方法的同时，笔者还混合性地运用了一些逻辑分析和思辨方法以作为研究的辅助性方法。例如，在以下各章的具体分析中，笔者将使用更为具体的解释性分析方法。文中的诸多观点在某种程度上来自访谈者的基本假定，在某种程度上又源于笔者个人分析基础上的综合。通过采用一般化解释性的分析理路，试图在具体的研究中重构布迪厄的社会实践理论——该理论在文中的大多数地方的应用都是隐含性的，有时则深藏在对问题的研究的过程中。出于这一原因，笔者透过每一个具体的研究问题较为深入地领会这一理论优势。

此外，笔者还采用了一种客观的分析理路，努力避免在研究中融入过多的笔者个人的主观感受，以及笔者自己的价值取向。对假设的证实应当来自于分析、重构和解释，而不是子虚乌有。大学科研评价制度存在的问题、经验或长处和局限性应该通过内在的逻辑对其自身进行评判，而不是采用来自其它先验式的框架去评判。这种分析理路的最终目的，在于通过研究过程，验证布迪厄的社会实践理论、制度趋同理论等运用的合理性以及理论使用的有效性。

最后，笔者采用了一种案例分析的理路，试图通过一些案例找出科研评价制度存在的潜在危机。说明如何通过提出地方院校科研评价的制度创新遭遇的难题，明确指出当前地方院校对科研评价理论的认识性缺陷，从而激发人们进一步对地方院校科研评价**观念**上的、**结构**上的和**理论**上的研究。

（三）问卷调查法

根据研究的问题拟精心设计调查问卷，并针对案例学校的教师和研究域内的科研管理人员，前后累计发放了 3000 份的调查问卷。并对调查问卷作了系统的统计和整理，著中标明的有关统计数据，便是源于问卷所得。

（四）研究方法的反思

研究中的案例都是如前述的访谈对象们身体力行过的实践性行为的浪花。在这里，笔者无意对访谈对象提供的学术生产的某些现实行为进行任何的哪怕有些许的批评；相反，笔者为自己对访谈对象透漏出的"秘密"的"泄露"行为深感自责和不安。虽然，事先已经告知被访谈者自己的研究目的。同时，因为访谈对象谈出了心中对大学学术生产制度和科研评价认识上的矛盾，使得笔者多了几分对他们的崇敬。他们内心深处积淀的那份对学术的崇拜，是当下社会最可宝贵的精神财富！他们解释的学术权力运作现象，甚至运作中的某些功利交易行为，是学术生产和学术评价的机制性问题，是学术生产环境与学术评价制度作用的结果，而不是任何学术生产者个人有意挑战学术道德的结果。如果说某些运作行为，甚至不端的行为与学术的本然行为的冲突来自于学者自身的原因，那么，笔者可以说，这些缘由至多是学术生产者自己为了学术的目的、更加安全地生活、尽可能多地赢得一些机会和资源，或者为组织赢得一些必须的荣誉、声誉的结果。在笔者看来，这种看似功利性的追求，也具有一定超功利性的目的。笔者的研究所反思的，仅仅是那些"共谋者"形成的群体意识的根源，仅仅是对权力场域下影响大学科研评价低效问题的反思。基本设想是：运用质的研究方法和混合分析方法，依据场域理论、制度趋同理论和资源依赖理论，对地方院校学术生产数量繁荣和制度场域进行分析，对学术场域的制度交织状况和制度依赖等关键要素给予学术生产繁荣的影响及其原因作较为透彻的说明；力求解决对地方院校科研评价理论认识方面的困惑和实践中的偏颇；以此为提升地方院校科研评价的效率提供有限的理论和政策的支持依据。

二、研究的具体思路

（一）研究的思路

第一，以两所院校的学术生产为主要案例，对大学学术数量繁荣的表现进行说明；第二，寻找与现象对应的制度因素，包括大学教师职称评审制度和科研奖励制度，并列举制度的核心内容；第三，分析教师职称评审制度和科研奖励制度促进学术数量繁荣的原因，即运用资源依赖、场域理论和制度趋同理论，分析科研评价制度与学术生产数量繁荣的对应关系，同时关注外在制度和内在制度等不同制度所产生的不同影响；第四，运用场域理论分析制度的制定与形成过程、产生的作用和原因，以及制度运行过程蕴含的权力关系；第五，对制度环境问题进行分析，如功利的社会背景、功利的大学管理制度。其中，场域理论、制度趋同理论等理论的运用，仅仅作为一种分析工具；研究中并非针对某一问题进行专章的集中理论讨论。而仅仅是，将理论运用融化于各个需要的章节和内容之中。

（二）研究的框架结构

论文核心内容的框架建构如下：前言及其前两章内容主要交代研究的背景，提出研究问题，界定核心概念，阐明研究目的和意义，进行文献评述，并确定和分析研究的理论依据。从第三章开始，就提出的问题进行逐一的研究和回答。其中第三章，通过案例，对大学学术生产数量繁荣的表现进行说明，并结合案例对学术生产数量繁荣现象的产生过程做简要的分析。第四章，对学术生产数量繁荣的内在制度逻辑进行研究。第五章，对学术生产数量繁荣的外在制度原因进行分析。接着第六章，分析制度存在的缺陷，并指出学术生产数量繁荣背后存在的潜在危机。第七章，从大学学术治理的视角，对学术生产的实践和理论问题进行了深度的反思。第八章，得出研究结论，对本研究提出的若干问题进行了回答（参考图1-1）。

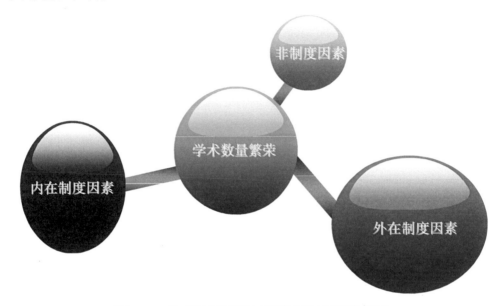

图 1-1：学术数量繁荣与制度问题三维空间图

三、研究的目的与意义

（一）研究的目的

目前，地方院校学术生产与科研评价制度之间的内关系，缺乏先验的图式和非特定化，由此决定了地方院校的学术生产和科研评价结果的非逻辑性，也决定了学术生产和科研评价结果的可塑性和公平公正的非确定性。进行本研究的首要目的，就是要力求寻找影响学术生产的科学评价制度及其关键性影响要素，帮助人们理解学术生产和学术评价问题的复杂性。其次，希望通过本研究引起学界对地方院校的科研评价机制、评价制度和学术生产关系等问题引起关注，以最大限地寻找因科研评价制度问题导致学术泡沫出现的原因。其三，本研究通过借助布迪厄的社会分析理论和新制度主义的制度趋同理论，引发人们对地方院校学术资源相互依赖、社会外部控制、项目规划霸权、大学组织适应性、学术个体和团体之间共谋等问题的多角度思考。

换句话说，本研究的目的不是为了要歇斯底里般地对科研评价的技术性规范化问题的思考，而是意在引发人们对技术层面背后的制度性问题的思考。

（二）研究的意义

总的假设是，科研评价制度对教师能在多大程度上实现其学术繁荣和利益提升，以及其它方面的目标有着巨大影响，人们通常偏好于选择能增进其学术繁荣和提高利益的制度。但是制度并不总是有助于这样的目标。某些制度可能会对组织和个体产生不利影响，制度体系的衰败或者执行问题会导致学术的衰败和利益的损失。因此，有必要分析制度对于繁荣的涵义和影响。

1、理论意义

其一，通过本研究，有利于解决对地方院校的科学研究的理论认识方面的困惑和实践中偏颇的根源，为地方院校的学术生产和科研管理提供理论和政策的支持依据，进而发挥其促使地方院校学术评价结构变革的催化剂作用。其二，长期以来，大学科研评价制度领域最关注的问题多是技术层面的实体性问题，而恰恰忽略了存在于科研评价活动过程中的错综复杂的关系性问题研究。事实上，在大学科研评价过程中，既存在"权力运作"的关系性因素，也存在不同主体间的权力冲突和潜在的权力竞技。本研究有利于提升对地方院校科研评价场域的研究意识，有利于揭示大学科研评价过程中各个主体之间彼此消长的利益关系，也有利于分析科研评价与学术生产繁荣背后的机制性和制度层面的原因。

2、实践意义

其一，目前不少高校已经把科研评价制度作为大学科研管理工作的重要内容，无论是论文奖励、职称评审、项目申报和鉴定、资源配置和经费管理，在整个科研制度场域中占据着越来越重要的位置。但是，就大多数地方院校来看，科研评价制度仍缺乏理论依据和实践的范式，不平衡、不成熟、不规范等失范的非逻辑评价行为依然是学界的诟病，最常见、最成熟、最规范的评价活动，仅仅是为了职称评审需要，至多也是在学科建设和管理中，能够合理分配资源、选择优先资助项目等，其科学性、公平性、效率性，至今仍面临着严峻的挑战。因此，本研究有利于进一步明确科研评价制度场域中的主要问题，充分认识完善科研评价制度的紧迫性和重要性；进一步明确地方院校与名牌大学的职能性区别，凝视并认清学校自身的学术场域位置，克服科学研究中的浮躁情绪和急功近利等短期行为，营造宽松的科研创新环境和良好的大学文化。其二，本研究有效地借用了新的理论和方法，深化了对地方院校的内在机理、内在功能的认识；从而有利于提醒评价组织者尽可能结合高校各学科的特点，明确科研评价中的主要问题和科研评价的终极目的，不断完善科研评价制度，规范科研评价行为。

总之，本研究积累了大量的关于学术生产和评价制度方面的第一手访谈资料。特别是，运用场域理论和制度趋同理论思路，力求解释大学学术生产繁荣背后存在的内在机制因素、评价制度因素、资源配置方式因素等等，拓宽了地方院校科研评价的研究领域，有利于帮助人们了解大学学术生产繁荣的实质所在和制度逻辑。

第二章 研究的理论视角与依据

学术生产数量、科研评价制度与学术场域之间究竟存在怎样的内在关系，这些关系对大学科研评价的结果究竟产生着怎样的影响，需要从理论上找到分析的线索。为了从本源上找到这些问题的答案，笔者拟主要运用布迪厄的社会场域理论、新制度主义的制度趋同理论和资源依赖理论，寻找研究中关键性的分析要素及其要素之间的对应关系，并对学术评价制度、学术场域给予学术生产结果的深层次影响问题进行研究。

第一节 社会实践场域理论

一、场域理论来源

布迪厄是荣获法国国家科学研究中心金质奖章的杰出的社会学家。他的社会学理论和研究方法，是对 20 世纪 30 年代以来曾经塑造过法国知识分子思想的各种不同的哲学思潮批判性地吸收的结果。他广泛涉猎包括人们称之为"3H"的思想大师，即黑格尔（Hegel）、胡塞尔（Husserl）和海德格尔（Hcidegger）[1]的思想精髓，同时汲取另外三位被称为"3M"的"怀疑大师"，即马克思、弗洛伊德和尼采的思想营养，以及吸收巴什拉、萨特、涂尔干、维特根斯坦等范围内的哲学思想的要义，同时立足于早期的田野研究经验，使得他的思想超越了其他思想之间的偏狭与对立，同时保留了从中获得的思想洞见，"发现了一种超越社会科学中经典的唯心主义/唯物主义二元

---

1 高宣扬著.布迪厄的社会理论[M].上海：同济大学出版社，2004：1.

对立的方法"。[2]并以独创性的学术活动和丰腴的理论创作，"在法国和整个西方人文社会科学界掀起一阵阵争论浪潮，推动着当代西方人文社会科学理论和方法论的重大变革，并使对于传统理论和方法论的批判活动，走上一个新的历史阶段，不但为人文社会科学的发展本身开辟了更加广阔的前景，而且也使之更有效地适应着千变万化的当代社会文化发展的需要"。[3]

二、概念之间的关系

在布迪厄的实践理论体系中，有一些具有贯穿性的核心概念，其中最重要的就是惯习（habitus 生存心态）、场域（field）、资本、权力、文化再制等等。要深刻认识并运用其社会理论，首先要理解这些概念在他的各种关系系统中的真正意义。即在弄清楚上述各个概念的基本意涵之后，如高宣扬所说，再一次从整体的角度，将上述概念连贯起来，在其相互关系中进行反思、再反思。对其核心概念之间的关系介绍是必要的。

关于"场域"的概念，可以这样理解：第一，场域中存在各种位置；第二，占据相应位置的个体、群体或机构；第三，占据相应位置的个体、群体或机构所掌握的资本；第四，占据相应位置的个体、群体或机构及其掌握的资本，所形成的客观的关系网络（例如支配关系、对应关系等）。"正是在这些位置的存在和它们强加于占据特定位置的行动者或机构之上的决定性因素之中，这些位置得到了客观的界定，其根据是这些位置在不同类型的权力（或资本）——占有这些权力就意味着把持了在这一场域中利害攸关的专门利润（specific profit）的得益权——的分配结构中实际的和潜在的处境（situs），以及它们与其他位置之间的客观关系（支配关系、屈从关系、结构上的对应关系，等等）"。[4]布迪厄认为场域是充满斗争的。那么，行动者是如何进行斗争的呢？最重要的是凭借资本。场域斗争的实质就是争夺场域中的地位，而一个人在社会中的地位高低主要取决于他（她）所拥有的资本的数量和质量。"在场域中活跃的力量是那些用来定义各种'资本'的东西"[5]

2 [美国]戴维·斯沃茨著，陶东风译.文化与权力：布尔迪厄的社会学[M].上海：上海译文出版社，2006：47.

3 高宣扬著.布迪厄的社会理论[M].上海：同济大学出版社，2004：1.

4 [法]皮埃尔·布迪厄、[美]华康德著.李猛、李康译.实践与反思——反思社会学导引[M].北京：中央编译出版社社，1998：134.

5 [法]皮埃尔·布迪厄、[美]华康德著.李猛、李康译.实践与反思——反思社会学导引[M].北京：中央编译出版社社，1998：98.

　　布迪厄的资本的含义是很宽泛地。他划分了多种资本类型，如政治资本、文化资本、符号资本、社会资本、法律资本等等。其三种根本的类型即：经济资本、文化资本、社会资本。布迪厄认为，三种不同资本之间可以交换和转化，即布迪厄所谓的"兑换"（conversion）。如果说场域概念描述的是社会世界的客观性结构的话，那么惯习（habitus）概念则是偏重于说明行动者的心理状态和身体性情方面。布迪厄指出，惯习是一种经过社会化了的主观性，是社会结构和历史发展积淀于人们的身体所形成的一套性情倾向。高宣扬把惯习译为"生存心态"，即"它是一种贯穿行动者内外，既指导施为者之行动过程，又显示其行为风格和气质；既综合了他的历史经验和受教育的效果，具有历史'前结构'的性质，又在不同的行动场合下不断实时创新；既具有前后一贯的稳定性和持续性，又随时随地会在制约性社会条件的影响下发生变化；既表达行动者个人的个性和秉性，又渗透着他所属的社会群体的阶层性质；既可以在实证的经验方法观察下准确地把握，又以不确定的模糊特征显示出来；既同行动者的主观意向和策划相关，又以无意识的交响乐表演形式客观地交错纵横于社会生活；既作为社会结构长期内在化的结果而以感情心理系统呈现出来，又同时主动外在化而影响着生活和行动过程，并不断再生产和创造新的社会结构；既是行动的动力及其客观效果的精神支柱，也是思想、感情、风格、个性以及种种秉性形态，甚至语言表达风格和策略的基础。总之，Habitus 不是由于长期行动过程而被动地累积构成的个人习惯、惯习或习气，不是停留在行动者内心精神世界单纯心理因素，不是单一内在化过程的静态成果"。[6]可以这样理解三者之间的关系：场域+惯习=资本。就场域与资本之间的关系而言，一种资本总是在既定的具体场域中**灵验有效**，即资本和场域的**匹配性**或者**对应关系**。而场域与惯习之间的关系，则是"本体论契合"的关系，又是双向建构的关系。布迪厄在具体的研究中把"惯习"、"资本"、"场域"三个中心概念相互联系起来，提出了一个分析公式："**[（惯习）（资本）] + 场域 = 实践**"。[7]简单来说，行动者（个体和群体）在社会化经验积累与内化过程中形成惯习，并且掌握着一定形式与数量的资本，那么，实践就可以简单理解为行动者在惯习作用下，根据所拥有的资本，在特定的场域中发生的前反思的策略行为。

6　高宣扬著.布迪厄的社会理论[M].上海：同济大学出版社，2004：3.

7　苏峰山等.意识、权力与教育：教育社会学理论论文集[M].台湾：南华大学教育社会学研究所，2002：121.

三、场域理论特色

建构的结构论，认识上的反思性以及关系性的思考，是布迪厄社会理论思考三个主要特色：第一，关于建构的结构论。布迪厄曾给他的著作归类为"结构主义的建构论"和"建构主义的结构论"，亦即强调他的理论中，客观主义和主观主义的关联是辩证的。布迪厄的这一理论特性也被人们归为"生成结构主义"genetic structuralism）或者"创生结构主义"（generativestructuralism）。第二，认识上的反思性。布迪厄一再强调社会、行动、思想以及社会研究本身必然是涉及象征的使用，而社学研究又必然是反思性（reflexive），因此他也常称自己的社会研究为反思的象征形成社会学，或是反思社会学（reflcxivc sociology）（Bourdieu and Wacquant，1992）。[8]社会科学的反思性涉及两个方面。一是对于社会科学家自身的反思，另一则是对于社会科学知识生产的社会历史条件的分析。反思性概念的范围包括自我指涉、自我意识、叙述或文本的构成要素之间的循环关系，等等。第三，方法论上的关系主义。从关系的角度出发研究社会事物，是布迪厄社会理论体系的根本立场，也是他的所有理论的出发点。布迪厄主张关系的首要地位，认为社会科学并无必要在要么结构要么行动这两个极端之间进行选择，因为社会现实既包括行动也包括结构，以及由二者相互作用所产生的历史，而这些社会现实的材料存在于关系之中。"除了对结构生成的分析，以及强调反思性之外，贯穿布迪厄思想的另一个基本特色，就是关系性原则，探讨主观与客观因素在实践过程中，相互渗透和相互转化的现象和逻辑"。[9]关系性特征是场域的根本性特征，关系性方法为处理文化、生活方式、阶级分析以及流行文化之类的实质性立场提供了基础。布迪厄使用场域概念的用意之一就是，根据场域思考，亦即从关系的角度来思考，从而为"关系分析"提供了一个框架。而"关系"是现实社会无处不在的权力要素构成的网络或构造，"现实的就是关系的"；在布迪厄看来，场域概念本身包含着一种对社会世界理解的关系性原则。由此出发，"布迪厄给场域的定义就是各种位置之间的客观关系的网络或构型"。[10]

8　苏峰山等.意识、权力与教育：教育社会学理论论文集[M].台湾：南华大学教育社会学研究所，2002：119.

9　苏峰山等.意识、权力与教育：教育社会学理论论文集[M].台湾：南华大学教育社会学研究所，2002：120.

10　宫留记.布迪厄的社会实践理论[M].开封：河南大学出版社，2009：49.

四、理论运用缘由

本研究之所以借用布迪厄的权力场域理论，是因为布迪厄的社会实践理论和他所运用的场域、文化资本、符号权力等一系列概念，尤其是权力场域这一布迪厄社会学著作中最重要的元场域理论概念，以及针对国家精英群体的知识分子行为的分析理论和方法，对本研究有着特别的借鉴意义。

（一）知识分子的分析理论的启示

应该说，知识分子的分析理论在布迪厄社会学研究中占据核心的位置。他对知识分子的分析，对知识分子作为文化生产专家与符号权力的创造者的核心作用的分析，以及对于知识分子与政治关系的分析，都是针对知识分子的知识行为场域的分析典范。他论证的所有的实践，不论指向物质的对象还是象征的对象，本质上都是与"利益"相关的。利益是实践的最终目的。而他所说的"利益"观念，不仅指物质的商品，也包括非物质的如观念的商品。他建构的"实践的科学"，这种科学把"所有的实践"都分析为"指向物质的或符号的利益的最大化"，"符号的利益与物质的利益被视作两种同样客观的利益形式。行动者追求符号的以及物质的利益并在特定的条件下把他们加以转化。"[11]布迪厄对知识分子场域做了最得意的分析。这些分析表明了知识分子如何被定位于一个竞争性的舞台中，其意义在于提示人们"对知识分子行为的影响方面不能完全通过社会阶级的背景或地位或者知识分子在机构中的位置加以充分把握。相反，场域分析要求研究者在探索为了争夺稀缺资源以及符号承认——它们对于知识分子的环境来说是非常重要的——而进行的斗争的机制的时候，考察所有这些层面。"[12]

（二）概念的价值与借鉴意义

布迪厄提出的一些关键性概念对本研究也富有借鉴意义，特别是惯习、场域、文化资本、符号权力、文化再制等概念，展示的也是与本研究相似的思想活动。它们呼唤研究者走向一种关于行为与结构的研究场域。而场域又

---

11 [美]戴维·斯沃茨著，陶东风译.文化与权力：布尔迪厄的社会学[M].上海：上海译文出版社，2006：49.

12 [美国]戴维·斯沃茨著，陶东风译.文化与权力：布尔迪厄的社会学[M].上海：上海译文出版社，2006：328.

"通过把个体、群体以及机构定位于一个更大的结构关系的母体之内而遵循相似的运动轨迹。"[13]

场域是布迪厄学术轨迹中的一个核心概念，它是一个争夺珍贵资源的控制权的竞技场，是一个争夺的空间。场域的概念"为研究更加机构化层面上的文化活动提供了帮助。"[14] **"位置"**的概念十分重要，它也是布迪厄场域理论中的一个重要概念。因为位置的不同会导致观点的不同，因而也会导致争斗的手段不同。场域就是"位置之间客观关系的网络或图式。这些位置的存在、它们加诸于其占据者、行动者以及机构之上的决定作用都是通过其在各种权力（或资本）的分布结构中的现在的与潜在的情境客观地界定的，也是通过其他位置之间的客观关系（统治、从属、同一等）而得到界定的"[15] **"文化资本"**、**"符号权力"**都是其"实践的科学"中的核心概念。所有资本包括经济资本以及其它形式的资本，如文化资本都在这里投资。"文化资本"是一种不能还原为经济资本、却可以与经济资本进行相互转化的权力形式；"文化资本"的概念表明，文化可以成为一种权力资源。"符号劳动表明了布迪厄在分析社会分层的时候赋予知识分子（符号的生产者）的关键性作用"，"符号劳动通过把利益关系转化为超功利的意义而创造着符号权力。"[16]

（三）关系性思维方法的启迪

如前文所述，关系性思维是布迪厄作为科学的社会学观念的核心，根据场域思考，亦即从关系的角度来思考，场域概念本身包含着一种对社会世界理解的关系性原则。用"关系的"或者"结构主义的"思维模式代替实体主义，具有根性的研究价值。他用"关系的"或者"结构主义的"思维模式代替实体主义，认为这种思维模式对所有科学思想而言都是根本性的。这种研究方法"不是通过实体而是通过关系来识别现实"。"由于这种关系被日常感觉经验的现实所遮蔽"，所以它们是眼睛所看不见的。而必须被科学建构为"相

13 [美国]戴维·斯沃茨著，陶东风译.文化与权力：布尔迪厄的社会学[M].上海：上海译文出版社，2006：41.

14 [美国]戴维·斯沃茨著，陶东风译.文化与权力：布尔迪厄的社会学[M].上海：上海译文出版社，2006：327.

15 [美国]戴维·斯沃茨著，陶东风译.文化与权力：布尔迪厄的社会学[M].上海：上海译文出版社，2006：136.

16 [美国]戴维·斯沃茨著，陶东风译.文化与权力：布尔迪厄的社会学[M].上海：上海译文出版社，2006：51.

互外在的各种位置，并通过他们彼此之间的相应距离来得到界定"。[17]布迪厄**用关系主义思维方式**看待世界，其场域概念的来源亦在关系性的思维方式。只是他所建构的关系"始终是竞争关系而不是合作关系，无意识的关系而不是有意识的关系，不平等的关系而不是平等的关系。"[18]

（四）权力场域理论的相似现实逻辑

权力场域是布迪厄的所有场域中最重要的一种。布迪厄说："就其结构而言，权力场域就是力量场域，它是由不同的权力形式或资本类别之间的力量关系决定的。与此同时，权力场域既是不同权力的持有者们为了争夺权力而展开斗争的场域，又是一个竞技的空间（espace de jeu）——在这个空间里，行动者和机构共同拥有大量的足以在各自的场域中占据支配性位置的特殊资本（尤其是经济资本和文化资本），因而他们在某些以维护或者改变彼此之间的力量关系为目的的某些策略上形成对抗。"[19]在知识场域特别是在学术场域，布迪厄也看到了"文化的掌管者"与"文化的创造者"之间相似的对立。场域不仅是为了控制有价值的资源而进行斗争的领域，场域还是把特定的斗争形式加诸行动者的游戏场。场域的斗争总是"围绕着对于特定形式的资本的争夺，如经济资本、文化资本、科学资本或宗教资本。"[20]如果说经济资本的分配与文化资本的分配是现代社会的两个主要的竞争原则的话，那么，作为等级结构的从属原则的文化资本的分配与作为等级结构的占主要地位原则的经济资本的分配，这两种资本类型的根本对立，描绘出布迪厄的权力场域。他所说的权力场域，"是指各种各样的资本拥有者彼此竞争，以求自己拥有的资本能取得支配地位的竞技场"。[21]

总之，笔者基于切身的实践和参与行动，发现**地方院校学术生产场域**，是一种现实的客观存在。所谓**学术生产场域**，是指在学术生产活动中，拥有

17　[美国]戴维·斯沃茨著，陶东风译.文化与权力：布尔迪厄的社会学[M].上海：上海译文出版社，2006：71.

18　[美国]戴维·斯沃茨著，陶东风译.文化与权力：布尔迪厄的社会学[M].上海：上海译文出版社，2006：74.

19　[法]布尔迪厄著，杨亚平译.国家精英——名牌大学与群体精神[M].北京：商务印书馆，2004：457.

20　[美国]戴维·斯沃茨著，陶东风译.文化与权力：布尔迪厄的社会学[M].上海：上海译文出版社，2006：142.

21　宫留记.布迪厄的社会实践理论[M].开封：河南大学出版社，2009：60.

象征特权的"行动者"以及持有各种文化资本的"行动者"之间，配置或者瓜分学术资源的一种竞技场所。

无论是学术生产过程还是其结果，特定的学术场域都存在"关系运作"的因素，也存在不同力量间的冲突和潜在的权力竞技。生产的目的虽然主要在于推进科研的繁荣发展，但是潜在的与学术生产有关的争夺资源的现象也十分明显。所以，借助场域概念对这些非本质的现象进行分析，有利于看清地方院校学术生产中存在的深层次问题，有利于达到维护地方院校学术生产的本源和根本的目的。这正是研究者将场域理论引入学术生产研究领域的原因之一。

根据笔者收集的大量的学术生产的实践性信息和相关资料，权力场域理论无疑应该成为研究和分析地方院校学术生产低效问题的重要理论依据之一。地方院校学术生产领域具有与权力场域高度的契合性，它与权力场域有着对应的相似性，这种高度的契合和相似性的关系，是权力场域理论运用于地方院校学术生产领域并分析地方院校学术生产激励制度中诸多问题的基础。

第二节　制度趋同理论

一、制度趋同理论的源流

制度趋同理论是组织社会学中的新制度学派呼吁重视的一种理论。新制度学派提出的制度趋同理论源于两个背景：一是，在制度学派的早期，代表人塞尔兹尼克曾提出，组织不是一个封闭的系统，它受到所处环境的影响。塞尔兹尼克认为，在研究组织时，需要走出理性模式，超越所谓的效率和组织本身。二是，20世纪60年代盛行的"权变理论"提出每个组织因为环境不同、技术不同、规模不同而异的思路。在这两个背景下，1977年，迈耶和罗恩发表了一篇富有影响的论文《制度化组织：作为神话和仪式的正式结构》，它标志着新制度主义理论的开创性研究。迈耶（John Meyer）从新制度主义理论视角，提出了与"权变理论"现象正好相反的问题，**即为什么不同的组织会有类似的内部制度和机构**，在现代社会中为什么各种组织越来越相似？组织不仅仅是技术需要的产物，而且是制度环境的产物。迈耶认为，各种组织同时生存在制度环境中，是制度化的组织。过去的"权变理论"等研究，只注意到技术环境对组织的影响，对制度环境的影响没有予以注意，因而无法满意解释许多的组织出现的现象。迈耶把从制度环境走向神化般的文化观念的那种现象称为理性神话，认为这种理性神话使大家不得不接受。例如，"假设我们要新办一所大学，在组织设计时我们首先想到的是一个科层制的结构：校长、教务长、分系、分科等。我们不会采用甚至都不会想到古时私塾的组织形式。从这个意义上说，科层制度成为我们思想组织建构的一个基本框架，成为一个理性神话，一个人们自然接受的社会事实。"[22]迈耶认为，制度环境走向理性神话基于两个原因：第一，社会关系越来越密集，人们逐渐把一个具体领域的问题和逻辑延伸为一个大的、具有普遍意义的问题和逻辑。由于社会关系相互作用的密度越来越大，一个小的领域开始演化，愈演愈烈，在演化过程中一些观念制度被神化了。第二，组织环境和组织程度越来越复杂。当一个社会的组织程度越来越高时，就特别容易产生一个很大的、很神秘的东西，因为它已经超越了个人所能驾驭的能力范围。另外，组织所面对的法律环境、文化环境和其他的观念制度也具有很高的组织程度，有利于这种理性神话的制造。[23]数年之后的 1983 年，迪马久和鲍威尔在《美国社会学评论》上又发表了一篇《铁的牢笼新探讨：组织领域的制度趋同性和集体理性》的著名论文，他标志着新制度主义趋同理论学派有了重要推进。迪玛奇奥和鲍威尔关心的问题与迈耶和罗文那篇文章关心的内容是一样的，即为什么组织具有趋同性。"他们的基本理论思路是，趋同现象起源于组织面临的制度化环境。那么是什么动力驱使组织趋同，在组织行为和形式上越来越相似呢？他们指出，在历史上，组织的产生与理性的选择、效率机制关系非常大。"[24]

　　迪马奇奥和鲍威尔的理论是迈耶和罗恩理论的发展。迈耶和罗恩（Meyer and ltowen，1977）与迪玛奇奥和鲍威尔（ DiMaggio and Powell，1983）所发文章，虽然有很多相同的地方，研究的是同样的现象，都是试图解释制度的趋同性，他们讲的机制也基本是一样的，从广义上讲都是合法性机制，而且都与效率机制做了对比。但是，"迈耶强调一个大的制度环境的重要性，这个制度环境影响了人们和组织的行为模式，他强调的是一种自上而下的制度

22 周雪光著.组织社会学十讲[M].北京：社会科学文献出版社，2003：76.

23 周雪光著.组织社会学十讲[M].北京：社会科学文献出版社，2003：76.

24 周雪光著.组织社会学十讲[M].北京：社会科学文献出版社，2003：86.

化过程。而迪玛奇奥和鲍威尔强调的更多是组织和组织之间的网络关系、组织之间的相互依赖性甚至组织内部的运行机制。"[25]这是迪玛奇奥和鲍威尔比迈耶的研究进步的地方。

二、制度趋同理论的内涵

关于组织趋同性的思想内涵，迪玛奇奥和鲍威尔认为：当代社会里制度趋同化的驱动力与韦伯讲的驱动力已有不同。制度趋同化的驱动力之一是国家制度，另一个就是专业组织。他们的分析基于这样一种假设，即组织存在于其他类似组织所构成的"组织域"（organizational field）中。之所以导致了制度的趋同性或者说组织形式、组织行为的趋同性，源于三个机制的作用，即强制机制、模仿机制、社会规范机制（见表2-1：制度趋同性的三种机制）。在他们看来，制度趋同变迁的每一种机制都有它自身的前因："（1）强制趋同性来源于政治影响力和合法性问题；（2）模仿趋同性产生于对不确定性所作的合乎公认做法的反应；（3）社会规范趋同性与专业化相关联。"[26]

表2-1：制度趋同性的三种机制

	强　制	模　仿	规　范
适应的因素	依赖性	不确定性	责任、义务
媒介	政策、法规	创新、可见性	专业化、证书
社会基础	合法性	文化支持	道德

来源：Richard L.Daft. *Essentials of Organization Theory and Design*. Cincinnati,Ohio：South-Western College Publishing，1998：334.（转引自包海芹《制度同形化与政策扩散》）

第一个机制是强制性机制。例如，组织必须遵守政府的法律、法令，不然就会受到惩罚。法律制度具有强迫性，在学术界也是如此。强制性的趋同来源于所依赖的其他组织和社会文化期待施加于组织的正式和非正式压力。这种压力可能被感知为一种力量，如劝说或邀请别人共谋。"迈耶和罗恩（Meyer&Rowan，1977）令人信服地指出，随着理性化的国家和其他大的理

---

25 周雪光著.组织社会学十讲[M].北京：社会科学文献出版社，2003：91.

26 张永宏主编.组织社会学的新制度主义学派[M].上海：上海人民出版社，2007：28.

性组织把它们的支配扩展到社会生活的更多领域时，组织结构就会越来越体现国家制度化和合法化的规则。结果，在特定领域中的组织越来越同质，而且也越来越根据与更大的制度相一致的仪式来安排。同时，组织在结构上越来越少受技术活动约束的决定，和输出控制的联系也越来越少。"[27]

第二个机制是模仿机制（mimetic），即各个组织模仿同领域中成功组织的行为和做法。模仿的一个重要条件是环境的不确定性。当组织的技术难以理解时，当目标模糊时，当环境不确定，或当环境产生象征性的不确定时，组织自身无力选择行为最佳方案时，就会根据成功了的组织的做法来塑造自身，以减少不确定性。组织模仿的趋同机制又有两种：一种是竞争性模仿，另外一种是制度性模仿。"所谓竞争性的模仿是指一个领域中的组织模仿自己的竞争对手，是在竞争的压力下产生的模仿。"[28]

第三个机制是社会规范机制（normative）。所谓社会规范，即如道格拉斯所说是社会规范产生一种共享观念或共享的思维方式。社会规范主要产生于专业化。拉逊（Larson，1977）和科林斯（Collins，1979）把专业化定义为：一种职业中的成员为了明确其工作条件和方式、控制"生产者的产品"（Larson，1977：49-52）、为自身职业自主权确立认知基础和合法性而进行的集体斗争。专业和组织一样要受强制和模仿压力的支配。而且，当一个组织中有很多种不同的专业人员时，他们就显示出和其他组织的专业同行的相似性。此外，在许多情况下，专业活动创造的专业力量与国家赋予的专业力量一样强大。专业化的两个方面是趋同性的主要来源：一是大学的专业生产的认知基础上的正规教育和合法化；二是跨组织的专家网络的增长和深入发展，新组织模式就是靠专家网络快速传播的。迪玛奇奥和鲍威尔提出了两个命题，第一个命题是：组织间的依赖关系导致组织的趋同。也就是说，组织间的依赖程度越高，这两个组织之间的类似程度就越高。他们提出的另外一个命题是，组织目标越模糊不清就越能导致组织间的趋同。所谓机制，按照埃尔斯特（Elster）的解释，它是指两个事物间可能存在的因果关系。这种关系是"经常发生的、易于识别的因果关系"（Elster，1998）。[29]迪玛奇奥和鲍威尔提出的三种机制的命题之一就是："组织间的依赖关系导致组织的趋

27 张永宏主编.组织社会学的新制度主义学派[M].上海：上海人民出版社，2007：29.
28 周雪光著.组织社会学十讲[M].北京：社会科学文献出版社，2003：88.
29 周雪光著.组织社会学十讲[M].北京：社会科学文献出版社，2003：16.

同。也就是说，组织间的依赖程度越高，这两个组织之间的类似程度就越高。"

"当组织之间的关系越来越紧密的时候，尤其是当资源集中在某个组织的时候，不同的组织都必须和这个组织打交道。因此，组织之间的联系、人员之间的交往、信息的交换就越来越多。这个时候各个组织接受信息的渠道就越来越窄，受这个组织的影响越来越大。这些现象和资源依赖的渠道和方式有关。他们强调的主要是一种观念上的演变，是一种制度的模仿、制度的学习。不同组织之间的结构越相似，资源的交换就更容易。"[30]迪玛奇奥和鲍威尔提出的三种机制的另一个命题是："组织目标越模糊不清就越能导致组织间的趋同"。第一个原因是，"如果组织目标不清晰，它很难为自己的生存找到合理的说法。例如，一所大学都不清楚要培养什么样的人才，它怎样争取社会资源呢？所以在这种情况下，它就需要利用合法性机制，把象征性的东西做得非常好，符合所有的公共道德，做得到社会承认的事情，以便得到制度环境的认同。这个过程也就导致它要接受社会承认或认可的制度。所以大学、政府部门对制度环境的变化非常敏感。"第二个原因是"当组织目标不清楚的时候，组织内部的矛盾就会非常多。这个时候组织就越来越依赖外部制度的介入来避免内部矛盾的激化。"[31]

无论是迈耶和罗恩还是迪马奇奥和鲍威尔，他们无不呼吁重视被忽视的环境的一面：制度化信仰、规则和职能，也无不强调"合法性"机制的重要性。事实上，制度环境对组织的影响主要是通过"合法性机制"起作用的。"合法性（legitimacy）这个概念来源于韦伯。韦伯实际上指出了合法性的三种主要来源：继承的合法性、个体魅力带来的合法性和外在强制性权威赋予的合法性。"[32]在新制度主义理论看来，合法性的概念主要是强调在社会认可的基础上建立的一种权威关系。"这里'合法性'不仅仅是指法律制度的作用，而且包括了文化制度、观念制度、社会期待等制度环境对组织行为的影响。合法性机制的基本思想是：社会的法律制度、文化期待、观念制度成为被人们广为接受的社会事实，具有强大的约束力量，规范着人们的行为。"[33]所谓合法性机制，即"是诱使或迫使组织采纳在外部环境中具有合法性的组

---

30 周雪光著.组织社会学十讲[M].北京：社会科学文献出版社，2003：89.

31 周雪光著.组织社会学十讲[M].北京：社会科学文献出版社，2003：90.

32 马克斯·韦伯著，林荣远译.经济与社会（上卷）[M].北京：商务印书馆，2006：241.

33 周雪光著.组织社会学十讲[M].北京：社会科学文献出版社，2003：74.

织结构或做法这样一种制度力量。也就是说，各种组织受制度环境制约，追求社会承认，采取合乎情理的结构或行为，我们称这种因果关系为合法性的机制或合乎情理的逻辑。组织生存在制度环境里，它必须得到社会的承认，为大家所接受。在这种因果关系下产生的行为和做法是受到社会承认的逻辑或合乎情理的逻辑制约的。这一逻辑下产生的组织行为与效率机制下的组织行为是不同的。"[34]

合法性决定着制度环境去怎样地对组织加以影响以及组织采取的对策。"首先，合法性机制使得组织不得不接受制度环境里建构起来的具有合法性的形式和做法。因此，制度化的过程就是这样一个不断采纳制度环境强加于组织之上的形式和做法的过程。这对组织产生什么影响呢？第一是组织之间的趋同现象，即为了与制度环境认同，各个组织都采用了类似的结构和做法。因为组织所处的大环境是一样的，所以它们的做法都非常相似。第二是组织之间的相互模仿学习，这些模仿行为减轻了组织的动荡，因为它扎根在制度环境里，得到了合法性，不容易受环境的冲击。这样，即便这些组织效率不高，它们也可能生存下去。合法性本身提高了组织的生存能力。"[35]合法性机制是新制度主义理论最为重要的机制，也是社会学理论中的核心概念之一。关于合法性机制，人类学家玛丽·道格拉斯（Mary Douglas）在她的《制度是怎样思维的》一书中对合法性机制做了非常精辟的阐述。道格拉斯认为，"人们不能在真空中思维，而是制度通过人在思维。所以我们必须理解制度是怎样通过人来思维的。""制度不仅影响了人的行为，而且影响了组织的思维和行为。"[36]在日常生活中，制度实际上是一种约定俗成的规则，用来协调人们之间的关系和行为。但如果制度只是作为约定俗成的规则，那么，就会很容易地遭人否定或者遭遇搭便车现象，而这种约定俗成的制度，会经常因为个人私利而绕开而过，这就使得其规则显得十分脆弱。按照固有的自然逻辑，规则一旦建立起来，人人都应遵守。只有人人遵守，制度才能得以真正地存在。而制度得以存在的一个重要条件是它要建立在合法性基础之上。所谓合法性的基础，"就是说它一定是超越了个人的私利，为大家所承认并接受的，是合乎情理和社会

34 周雪光著.组织社会学十讲[M].北京：社会科学文献出版社，2003：78.

35 周雪光著.组织社会学十讲[M].北京：社会科学文献出版社，2003：77.

36 周雪光著.组织社会学十讲[M].北京：社会科学文献出版社，2003：81.

期待的。如果规则建立在功利性的基础上，或者出于实用性，如果只是因为这个规则对大家都有好处我们才接受，那么这种基础上建立的规则永远是不稳定的。这是因为，利益的变化总是要比一个稳定制度的变化要快得多。我们根据现在的利益做了一个规则，明天我们的利益变了，那么这个规则就要重新改变。当制度是建立在功利性的基础上时，这个制度一定是多变的、不稳定的，很难成为一个大家都能接受的制度。"[37]因此，道格拉斯认为，制度不能建立在功利性或实用性的基础之上。恰恰相反，制度必须建立在人们都能接受的基本的理念规范之上，而这种理念规范常常是隐含在自然或超自然世界中，建立在自然规则或超自然世界中的规则才能稳定，大家才都能接受，因为这样的规则超越了我们个人的利益。[38]道格拉斯提出了实现自然化的三种具体机制。第一种机制是制度赋予人们身份，塑造人的思维习惯；第二种机制是制度塑造了社会群体的记忆和遗忘功能；第三种机制，是制度对事物加以分门别类。如大学的分类，综合型大学、专科型学院等等也造成了一个等级制度和相应的行为方式。分类标准一旦出现，就诱使许许多多的组织和人们去模仿相应的行为。制度的思维方式影响人的思维方式和行为，制度塑造了人们的思维。[39]在这里，制度不是一开始就塑造了人们的思维方式和行为，而是通过激励的机制来影响组织或个人的行为选择。这种影响不是决定性的，而是概率意义上的。在这个层面来讲制度，是强调制度具有激励机制，可以通过影响资源分配和利益产生激励，鼓励人们去采纳那些社会上认可的做法。[40]

新制度主义"对合法性的强调，开始于帕森斯（Parsons），如果组织要获得合法性及由此对社会资源的索要，组织追求的价值观的对应面就必须与外部世界价值观相一致，合法性在很大程度上被解释为遵守组织目标的社会性评价。这个假设断定，随着国家结构细致化以及组织对制度规则作出反应，组织长期的生存前景将增加。图2-1概括了这部分的基本观点，同时还包括了组织通过效率而成功这种业已存在的观点。

---

37 周雪光著.组织社会学十讲[M].北京：社会科学文献出版社，2003：82.

38 周雪光著.组织社会学十讲[M].北京：社会科学文献出版社，2003：82.

39 周雪光著.组织社会学十讲[M].北京：社会科学文献出版社，2003：84.

40 周雪光著.组织社会学十讲[M].北京：社会科学文献出版社，2003：85.

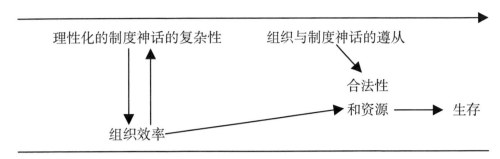

来源: 张永宏主编.组织社会学的新制度主义学派[M].上海: 上海人民出版社, 2007
年 7 月第 1 版, 第 4 页

图 2-1 组织的生存

三、制度趋同理论的运用依据

　　首先, 新制度主义具体研究了组织领域的制度同形化即组织结构趋同现象, 组织行为 (政策选择) 的趋同化, 制度化环境中组织政策行为的趋同性。它集中解答了 "组织何以具备现有形式" 或 "组织在结构上为什么变的越来越相似", 即 "组织同构" 现象。其基本出发点是: 任何一个组织都必须适应环境而生存, 我们必须从组织和环境的关系上去认识组织现象。新制度主义还提出, 环境应是一个广义的概念, 不仅包括技术环境, 也包括制度环境。制度学派的贡献在于: 和效率机制相比, 它从完全不同的角度解释了为什么组织行为会发生趋同现象。[41]显然, 新制度主义提出的制度趋同理论, 能够帮助我们深入了解和详细解释当下我国大学学术生产制度之所以相似和趋同的深层原因。与此同时, 迈耶、迪玛奇奥和鲍威尔的研究工作提出了一系列理论概念、命题和研究思路, 例如制度环境、制度化组织、结构和行为的分离、理性神话等, 这些概念在迈耶之后都被大家广泛接受。[42]即使在今天, 相关概念对研究大学学术生产的方方面面问题, 也具有一定的借鉴价值。

　　其次, 在制度趋同研究方面, 制度理论学者最初关注的是教育组织和其他非赢利组织结构和形式的相似性。迈耶和斯科特观察到, 虽然美国的教育机构是分权的, 教育是州政府的责任, 联邦政府没有管理教育的行政权力, 但是实际上各地教育体制的结构却非常相似, 反映了制度趋同性的现象。他

---

41 周雪光著.组织社会学十讲[M].北京: 社会科学文献出版社, 2003: 106-107.
42 周雪光著.组织社会学十讲[M].北京: 社会科学文献出版社, 2003: 91.

们认为，必须从组织环境的角度去研究、认识各种各样的组织行为。通过研究，迈耶认为原因在于联邦政府在提供财政支持的同时提出各种制度化的要求，联邦政府通过提供财政支持"诱导"各个学区接受其整套规章制度，导致了组织趋同性现象，各个组织（学区）在同时适应同一制度环境时表现出相同的行为。（见包海芹著《国家学科基地政策扩散研究》第三章《制度同形化与政策扩散：：基地政策扩散的解释逻辑》）新制度主义的制度趋同理论，显然对我国大学组织的趋同现象，也有重要的启示意义。

第三，新制度主义在组织层面和领域层面所做的一些预测假设，与本研究的现实具有吻合之处。具体体现在以下几个方面：

（一）关于组织层面上的预测，新制度主义者所做的讨论和假设，便于解释本研究中涉及到的问题。

第一，关于强制趋同性和约束的假设，新制度主义假设：（1）"一个组织对另一个组织的依赖性越强，它在结构、环境和行为重点上就会变得与这个组织越相似。"[43]当一个组织不依赖另一组织时，它就具有抗拒后者需要的巨大能力。依赖地位导致趋同变迁。强制性压力是交换关系的必不可少的成分。（2）"组织A的资源供应越集中，组织A变得与为它提供资源的组织相类似的趋同性变迁程度就越大。如汤普森（Thompson，196.7）所指出的，与那些可以从不同组织获取不同资源的组织相比，依赖相同的融资、员工和合法性来源的组织更加易受影响。在替代资源并不是现成的、或需要努力去寻找的情况下，交易中强势的一方可以强制弱势的一方采纳其做法，以满足强势一方的需要。"[44]第二，关于模仿趋同性的讨论假设。新制度主义假设：（3）"手段和目的之间的关系越不确定，组织模仿被视为成功的组织的程度就越大。""缺乏明确技术的组织会引进制度化的规则和做法。""同质性越大，变化就越小。"[45]（4）"一个组织的目标越模糊，这个组织模仿被视为成功的其他组织的程度就越大。"[46]在大多数情况下，依赖稳定的、合法的程序会增强组织的合法性和生存能力。模仿其他组织要比在对目标进行系统分析的基础上做出决策简单得多，因为这种分析既痛苦又具有破坏性。第三，关于

43 张永宏主编.组织社会学的新制度主义学派[M].上海：上海人民出版社，2007：33.

44 张永宏主编.组织社会学的新制度主义学派[M].上海：上海人民出版社，2007：34.

45 张永宏主编.组织社会学的新制度主义学派[M].上海：上海人民出版社，2007：34.

46 张永宏主编.组织社会学的新制度主义学派[M].上海：上海人民出版社，2007：34.

专业组织的标准化过程的讨论假设。新制度主义假设：（5）"选择管理者和员工时对学历依赖越大，一个组织变得像其领域的其他组织的程度就越大。"（6）"组织管理者参与行业协会和专业学会的程度越大，组织变得像其领域中其他组织的可能性就越大。这个假设和制度解释是相同的，都认为，组织之间和它们成员之间的关系网络越密集，环境的集体组织就越强大。"（Meyer&Rowan，1977）[47]

（二）新制度主义者在领域层面的预测，也便于解释本研究中涉及到的问题。

第一，关于组织趋同变迁指标测量预期的讨论。新制度主义假设：（1）"一个组织领域对单一（或几个相似的）关键资源提供者的依赖程度越大，趋同性的程度就越高。一个领域内部资源的集中化通过将组织置于资源供应者的相同压力下而直接导致同质化，而且与不确定性和目标模糊性互动，增加了它的影响。"[48]（2）"一个领域内的组织和政府机构交易越多，整个领域的趋同性程度就越高。"[49]第二，关于趋同变迁来源于不确定性和模仿的引申讨论。新制度主义假设：（3）"一个领域中明显的替代性组织模式的数量越少，那个领域的趋同性速度就越快。"（4）"一个领域内部技术不确定或目标模糊性的程度越大，趋同变迁的速度就越快。"[50]第三，对专业筛选、社会化和结构化的讨论。新制度主义假设：（5）"一个领域的专业化程度越高，制度趋同变迁的数量就越大。专业化可以用学历要求的普遍性、业务培训项目的稳健性或专业学会和行业协会的活力来测量。"（6）"一个领域的结构化程度越高，趋同程度就越高。"[51]

研究者认为，制度趋同性理论及其提出的上述讨论和假设，有助于解释大学组织和学术制度越来越同质化，大学学术精英群体听任支配的现象，而且它更容易使人理解非理性、权力挫败和创新乏力为什么盛行于组织生活中。特别是，聚焦于制度趋同性能给群体生态学所忽略的关于争夺组织权力和生存的政治斗争增加非常必要的认识。

---

47 张永宏主编.组织社会学的新制度主义学派[M].上海：上海人民出版社，2007：34.
48 张永宏主编.组织社会学的新制度主义学派[M].上海：上海人民出版社，2007：35.
49 张永宏主编.组织社会学的新制度主义学派[M].上海：上海人民出版社，2007：35.
50 张永宏主编.组织社会学的新制度主义学派[M].上海：上海人民出版社，2007：35.
51 张永宏主编.组织社会学的新制度主义学派[M].上海：上海人民出版社，2007：35.

总之，如包海芹所认为的，新制度理论家对组织研究的贡献在于其对组织环境的重新界定，组织不仅在一定的技术环境中运作，而且还必须在特定的"制度环境"中求取生存，个别的组织必须遵守环境的游戏规则，并进而获取"合法性"才能得以生存。制度环境对组织的影响发生在不同的层面，合法性是组织与环境发生关系的基本途径。但组织自身也具有一定的能动性，它能够根据自身的需要对制度环境做出"特定"反应，以维持自身的生存与发展（参见包海芹《制度同形化与政策扩散》）。

第三节　资源依赖理论

一、资源依赖理论的内涵

资源依赖理论是本研究的另一个理论支撑。所谓**依赖**，"可以定义为特定投入或者产出对组织有重要作用的产品，和被相关的、较少的几个组织控制的程度。不管对该资源集中控制的程度如何，对组织来说，不重要的资源是不能够导致依赖的产生的。同样的，不管这一资源有多么重要，除非被相对较少的组织所控制，中心组织一般都不会对那些组织产生依赖。当存在供给或者潜在顾客的来源时，任何单个组织的力量都被相应地削减了。我们所描述的依赖是由于相互交换的进程和组织获得资源并主要与环境进行交换的需求造成的。于是，依赖性可以衡量某一组织所处环境中的外部组织或者群体的力量的强弱。这是衡量这些组织受重视的程度，以及它们成为重要性因素和作为组织决策因素的可能性。"[52]

资源依赖理论，即是指一个组织最重要的生存目标，就是设法减低对外部关键资源供应组织的依赖程度，并且寻求一个可以影响这些供应组织之关键资源能够稳定掌握的方法。根据资源依赖理论，"组织生存的关键在于获得资源和维持资源的能力"，[53] "对资源决定权控制的集中和资源对组织的重要性共同决定了中心组织对任何特定的其他群体或者组织的依赖程度"。[54]

52 [美]杰弗里·菲佛、杰勒尔德.R.萨兰基克著.组织的外部控制——对组织资源依赖的分析[M].北京：东方出版社，2006：58.

53 [美]希拉·斯劳特等.学术资本主义：政治、政策和创业型大学[M].北京：北京大学出版社，2008：62.

54 [美]杰弗里·菲佛、杰勒尔德.R.萨兰基克著.组织的外部控制——对组织资源依赖的分析[M].北京：东方出版社，2006：58.

"为了生存，组织需要资源。一般来说，为了获得资源，组织必须与控制资源的组织相互交往。在这一意义上，组织就会依赖它们的环境。由于组织对自己所需的资源并没有控制力，资源需求就会成为问题和具有不确定性。控制资源的组织有时是不可依赖的，尤其是这些资源稀缺时。组织为了获取资源而与其他组织进行交易，资源控制权使得其他组织具有对组织的控制权。组织的生存在一定程度上取决于组织对环境偶然性进行管理的能力，因此，大多数组织行动的焦点在于通过交换的协商来确保所需资源的供给。"[55]

二、资源依赖理论的观点

资源依赖理论认为，大学组织更应该被视为一种"连结"。大学组织是具备大量权力和能量的社会能动者，其中心问题是谁将控制这些能量以及实现什么样的目的。"给像大学这样的组织提供资源的人有能力对这些组织行使很大的权力。简而言之就是：'谁付钱，谁点唱'。""资源提供者可以用以影响组织的资源交换有两个方面：即交换的相对量与所给予接受的资源的临界度。""相对量用所提供的资源份额来测定。只从一方那里接受资源的组织会严重地依赖于这一提供者，而这一提供者，只要他愿意，就可以对该组织行使很大的权力。""临界度是指在这种资源缺乏的情况下组织能继续行使职责的程度。""随着财政的变化，一种**倍数效应**产生了。通过倍数效应，并不太大的收入变化转化为大学教师时间分配上的重大改变。""作为关键的组织行为者，大学教师受到变化的环境条件的极大影响。人们对他期待和他们对自己的期待的性质上的变化比大学收入比例的变化更为显著。""从某种意义上来说，教学科研人员是变革的牺牲品，但他们常常是默许的。""大学尝试获得其他收入。但是替代品经常附带其他条件；他们要求履行一定的条款。教学科研人员集体和个人都认为，额外收入最大的潜力来源是与政府和私有部门的经费与合同。**把政府固定拨款（以及学生学费收入）作为已存在的事实，他们把所有边际的（额外的）努力集中于写计划书、申请专利以及发展与维护潜在资助者的关系。**"[56] "丧失了关键收入的大学组织将寻求新的资源，否则大学的稳定性就会受到威胁。而不稳定的环境

55 [美]杰弗里·菲佛、杰勒尔德.R.萨兰基克著.组织的外部控制——对组织资源依赖的分析[M].北京：东方出版社，2006：285.

56 [美]希拉·斯劳特等.学术资本主义：政治、政策和创业型大学[M].北京：北京大学出版社，2008：61-63.

会造成组织的动荡。"[57]由于大学固定拨款被削减,大学内部文科人员特别是远离市场的文科学术人员获得资源更为有限。因此,文科学术人员开始为获得专用的政府资助经费和来自大学内部资助或者说是配套经费而展开竞争。

资源依赖理论提出了四个重要假设:组织最重要的是关心生存;为了生存,组织需要资源,而组织自己通常不能够生产这些资源;组织必须与它所依赖的环境中的因素互动,这些因素通常包含其它组织;组织生存建立在一个控制它与其它组织关系的能力基础之上。资源依赖理论的核心假设是组织需要通过获取环境中的资源来维持生存,没有组织是自给的,都要与环境进行交换。这里所说的大学组织环境并不仅是一个客观、实际存在的东西,而是大学组织及其内部的学术人员通过自己的选择、理解、参与、设定而产生出来的,是大学组织和外部环境交互作用的一系列过程的结果。面对着同一外部环境,不同的大学组织或者同一组织内部的不同学术人员会有不同的选择、理解、参与、设定方式。因此,对环境的认识不同,会影响环境的实际作用,这都充分体现了"塑造的"环境观的特点。在大学组织与环境二者的关系上,大学组织也获得了充分的主动性。一方面,为了对资源需求做出反应,大学组织通过修正、操纵或控制其它组织来维持自身独立,与其它组织建立联系。另一方面,大学组织也要努力控制和改变环境因素。资源依赖理论主张采取一种更明确的实现管理动机的政治方法,在自主和生存之间进行权衡。针对资源依赖理论,唐纳德·帕默等也提出了与资源依赖相左的观点,即**位置**在地理学和组织关系中的重要性。[58]"后来,所有的这些理论都强调环境的重要作用。资源依赖理论和制度理论最新的观点都认为组织通过战略行动来获取环境的支持是可能的;并比种群生态论更多涉及环境和内部决策之间的联系。事实上,制度分析在一定程度上重视的合理性在资源依赖理论中被阐释为通过精英阶层的合作来获取的又一资源。资源依赖与制度理论最新的观点原则上的区别是:前者重视环境的物质条件,而后者则强调环境中文化准则、价值观和社会期望。"[59]"第三种与网络关系的社会联系不同的概

57 [美]希拉·斯劳特等.学术资本主义:政治、政策和创业型大学[M].北京:北京大学出版社,2008:61.

58 [美]杰弗里·菲佛、杰勒尔德.R.萨兰基克著.组织的外部控制——对组织资源依赖的分析[M].北京:东方出版社,2006:19.

59 [美]杰弗里·菲佛、杰勒尔德.R.萨兰基克著.组织的外部控制——对组织资源依赖的分析[M].北京:东方出版社,2006:10.

念，主要是波多尔尼强调社会地位的重要性。地位是根据与特定组织进行交往的组织成本较低来界定的。因此，地位较高的组织就缺乏与地位较低组织组成联盟的动力。在每一个案例中，起着关键作用的是网络结构和历史，而不是所谓的处于网络的交易相互依赖的性质或者重要性。由于这些理论在某种程度上对网络结构和地位进行了研究，因此研究交易相互依赖的减少或者增加，也就是一种解释组织间关系的不同的方式研究是非常有趣和有意义的。"[60]

三、资源依赖理论的运用依据

资源理论能帮助研究者理解学术人员用于"额外"时间以及改变自己固有的学术目标而追求额外的非设定目标的原因。就科研领域而言，"资源依赖理论提出，随着高等教育中非限制经费的压缩，国家体制中的院校将改变寻求资源的模式以争取新的、更加取决于竞争的经费，为了对新的机会作出回应，院校将不得不从基础研究转向更为应用性的科学技术研究。"[61]

资源依赖理论的重要贡献揭示了大学组织及其学术人员与外部环境的资源依赖关系。特别是，它使人们看到了大学组织和学术人员采用各种策略来改变自己、选择环境和适应环境的合理性。因此，用资源依赖理论可以更加有力地解释大学学术生产和科研评价中包括学术人员、专家、组织者在内的各个群体或者个体的行为，进而解释学术生产和科研评价之所以低效的深层次原因。

综上所述，社会实践场域理论和制度趋同理论是本研究重要的理论依据，资源依赖理论是场域理论的重要补充。就本研究而言，社会实践场域理论、制度趋同理论和资源依赖理论具有内在的关系，它们解释的都是因科研项目资源的不足而产生的争夺或依赖行为；它们不仅可以有效用于对科研评价本身的分析，也适用于科研评价的后评价分析。

当然，在此也需要对理论的应用进行必要的反思：无论是布迪厄的社会实践场域理论还是制度趋同理论，抑或是资源依赖理论，都是自西方引入的理论。对学术生产的现实而言，它们既是总结的结果，也是一种解释和说明。

60 [美]杰弗里·菲佛、杰勒尔德.R.萨兰基克著.组织的外部控制——对组织资源依赖的分析[M].北京：东方出版社，2006：21.
61 [美]希拉·斯劳特等.学术资本主义：政治、政策和创业型大学[M].北京：北京大学出版社，2008：58.

笔者无力考察这些理论所关照的西方大学现实世界中的科研生产现象的走向——繁荣的还是更加低迷的，但是，以这些理论对我国地方院校学术生产和科研评价的关照，人们看到的往往却是学术人员获取利益的非秩序化、学术价值的倾斜化、资源套取手段的市场化、权力运作的非规范化等学术生产的暗淡场景。笔者也无力对中西学术生产前景进行比较研究，在这里只能做一种简单的假设：假设西方大学的学术生产并没有因为这些理论而凋敝，甚至名师辈出、大师林立；那么，中国大学的学术生产何以与大师问世无缘，且在其社会深层结构中又存在哪些难以解决的问题？在本研究中，笔者试图说明的问题仅仅是：地方院校的学术生产与科研评价处于不同于综合型大学的特定场域之中；地方院校也处于不同于综合型大学的环境场域和社会结构之中；我国的高等教育也处于不同于西方高等教育的环境场域之中。因此，在分析地方院校的学术生产和科研评价场域时，需要时时观照环境场域和社会结构可能带来的学术生产问题。

第三章 学术生产数量繁荣的主要表现

自上世纪九十年代开始，尤其是新世纪的十余年来，伴随着高等教育大众化的发展，高等教育场域出现了过去少有的学术生产数量繁荣的现象。其主要表现是众多大学出现了知识产品数量成倍增长的现象。尤其是各类别、各层次的科研项目、学术论文、学术著作、专利发明，以及科研成果奖励等知识产品数量的增长现象十分突出，各种学术交流活动异常活跃。不仅综合性大学的学术生产数量呈现出了繁荣的景观，而且，众多地方院校的学术生产数量也出现了过去少有的繁荣现象。

本章选取 H 省某地方院校为主要样本院校——笔者将选取的主要样本院校简称为 L 学院，该校于 2000 年通过合并由专科升至为本科——就 L 院校升本后十年之间的学术论文、科研项目和成果奖励三个类别的知识产品数量增长的主要表现做一简单描述，对该院校学术繁荣进展中，影响知识产品数量变化的一些因素作一简单说明。

第一节　学术论文数量的进展

作为学术生产的一种结果，学术论文是知识产品类别中含有一定研究价值的一类成果，即它是研究人员通过对特定科学领域——如人文科学、社会科学或自然科学等各个学科领域中的问题进行深入探究，并对研究结果作出较为系统的文字性表述的理论文章。"学术论文是某一学术课题在实验性、理论性或观测性上具有新的科学研究成果或创新见解和知识的科学记录；或是某种已知原理应用于实际中取得新进展的科学总结，用以提供学术会议上宣读、交流或讨论；或在学术刊物上发表；或作其他用途的书面文件"。[1]

通常人们把有价值的学术论文称为"科研论文"。因此，在本研究中"学术论文"和"科研论文"是两个可以交替使用的概念。对大学来说，拥有更多的学术论文，是自己的骄傲。因为当下无论是大学排名还是吸引生源和学术资源，都与大学的学术表现有关。而学术表现的优劣，与大学能否生产出更多的有价值的学术论文有关。在 2012 年 3 月全球大学声誉排行榜中，清华大学、北京大学等亚洲大学的声誉之所以呈上升趋势，如清华大学全球声誉排名升至第 30 名，北京大学升至第 38 名。主要便是基于北大和清华两所大学在学术生产场域中所作出的知识创新和学术贡献。而学术论文则是它们知识创新与学术贡献的重要方面。学术卓越表现的追求，不仅重点大学有内在的需要，地方院校也概莫例外。L 学院论文产品数量的进展现象，便是众多大学追求学术卓越的案例之一。

新世纪初期的十年之间，L 学院与其它大学一样，论文产品数量的进展十分迅速。当然，这里所谓的迅速只是相对而言，即：一是从纵向比较上看，即相对于升本前的学术状况而言；二是从横向比较上看，即相对于新升本的同类院校之间的比较而言；三是从坐标结构来看，即繁荣的向度仅仅限定在数量增多这种单一轴线方面。为了说明 L 学院升本以来的学术发展状况，笔者对该校升本之前的学术情况首先作一简要说明。

一、百年老校的学术沧白

升本以前，L 学院已是八十余年的老校。其前身是一所地方师范学校，后更名为省立师范学校。民国时期尤其是建国以后，该校就已颇负盛名。不过那时的名声，多半因为该校有一批敬业的教师和担负了为地方培养师资的任务。根据校志介绍，八十余年来该校始终坚守师范精神，为地方培养了一批又一批的师资。除此之外，其名声还与其传统的革命历史有关。新中国成立以后，学校继续坚持师范大旗，特别是改革开放初期，该校升为专科学校以来，学校领导以不上攀、不旁骛、安其位、守其责的办学理念，坚守师范属性凡数十年，并为整个区域培养了数以万计的中学师资。有学者戏称：在整个区域，凡有识字之民，皆为 L 学校所培养。1988 年，

1　杜兴梅著，学术论文写作[M].广州：广东高等教育出版社，2010.

L 学院被原国家教委评为全国十所优秀师范专科学校之一。由此可知学校在当时的影响之大。

然而，作为地方院校，长期以来以传道、授业、解惑为重任，而少有从事所谓的学术研究人员。也就是说，过去数十年的学校发展，一直都限于培养社会所需要的特定层次的人才上，而并没有要求教师发表所谓的学术研究论文。

根据统计，2000 年升本初期，该校拥有教职工 740 人，专任教师 336 人，其中具有博士学位的 5 人，硕士学位的 77 人；具有教授职称的 16 人，副教授职称 133 人。但是在专科阶段，L 学院教师在公开发行的刊物上发表过学术研究论文的教师仅仅百人有余，全校教师平均每年发表的论文 60 余篇。那时的教师，大多并不进行学术研究，即使有的教师也发表一些论文，大多也是教师们在教育教学实践领域的探索，所谓的科研论文往往多是教师们总结出的所谓教学经验总结或者教育改革文章。而纯粹的专业学术研究虽然也有，但是十分稀少。据资料查询，纯粹的专业学术研究论文每年仅仅 30 余篇。即使颇有声望的教师，几十年来，也多是述而不作。有几位颇负盛望的中文系教师，在为学生授课时，也仅仅带着自编的讲义。所谓讲义，也多是自讲自编。而且，讲课风格各有不同。例如一位文学教师，每每讲授一篇古文作品，往往先娴熟地朗诵其文，接着再为学生传授其理，通透其意；逐章逐句，仔细分析。他讲起课来，地方腔调十足，但听者却赞不绝口，学生受益匪浅。还有一位文学教授，讲授鲁迅作品时，语言幽默，富于启发，对作品的分析往往是入木三分，让学生久久难以忘却。这位教师在大学时代就是文学才子，发了诸多文学评论的论文。但是，到了 L 学院之后，所能看到的"科研论文"也极其有限。所发表的文章多是杂文、散论。据查阅，该教师发表的小品文章已经出版 6 部集子；但是，在其 6 部集子里，纯粹的学术性研究论文未曾见过。这些有名的教授尚且如此认识，其他教师对学术的态度和认识更是难以提及。所以，甚至直到升本之前，整个学校能够发表可称上是真正学术论文的教师仅仅限于少数。当时，学校虽然已经办有学报，也有其它辅助报刊。但即使如此，自 1978 年学校升格为师范专科学校，到 2000 年升格为师范本科院校，其间二十余年，包括学报发文在内，全校教师所发表的研究性的论文，累计只有 1200 余篇。那时，教师评定职称也不完全以论文为判准，国家评选优秀师专也不完全以科研论文为依据。所以，大家对论文发表和"核心"期刊的概念，从不计较。最有影响的，不过是几个有名望的教师参加了教育行政部门组织的教材编写工作。这样，几十年下来，学校虽号称为近乎百年师范，但是，其学术论文的数量，尤其是以今天的学术评价标准来审视其学术生产的现状，很多人认为，与其百年老校的声望十分不相匹配。

二、学术制度纷争下的数量进展

2000 年，L 学院由专科顺利升为本科以后，新任领导提出了"实行跨越式发展"的办学理念，论文发表也自然成为跨越式发展所采取的重要战略之一。2000 年，学校制定了第一份比较系统的科研奖励文件。文件执行以后，学校教师的发表意识开始明显提升。与此相适应，教师职称评审、评先评优、津贴待遇，也与发表论文开始直接挂钩。不过，那时的奖励力度主要倾向于对 SCI 的奖励。对其它论文特别是对文科科研论文的奖励力度，仍然具有象征性的意义。但是，把论文发表与奖励挂钩，则是学校的一个重要改革举措。升本当年，论文发表已初见成效。

据统计，到 2000 年 12 月底，L 学校共发表学术论文 310 篇。其中，文科学术论文 177，含核心期刊学术论文 48 篇，权威核心期刊 5 篇；理科学术论文 133 篇，含核心期刊论文 48 篇，权威核心期刊 22 篇。这一数量变化，是升本之前任何一年都难以比拟的。之后，2001 年和 2002 年，这一政策持续生效。如 2001 年，L 学校共发表学术论文 316 篇，其中，文科学术论文 161 篇，含核心期刊学术论文 47 篇，权威核心期刊 5 篇；理科学术论文 155 篇，含核心期刊论文 53 篇，权威核心期刊 19 篇。2002 年，L 学校共发表学术论文 331 篇，其中，文科学术论文 199 篇，含核心期刊学术论文 68 篇，权威核心期刊 11 篇；理科学术论文 132 篇，含核心期刊论文 73 篇，权威核心期刊 43 篇。

文科、理科的平衡。根据对升本之初的三年科研成果所进行的统计，可以看出，在升本之初的前三年，L 学院文科教师发表在一般学术期刊和核心期刊的论文数量与理科教师大体相当（见图 1、图 2）。

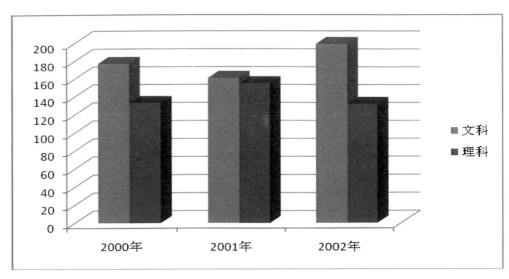

图 1：2000-2002 年文、理科教师发表的一般学术论文比较图

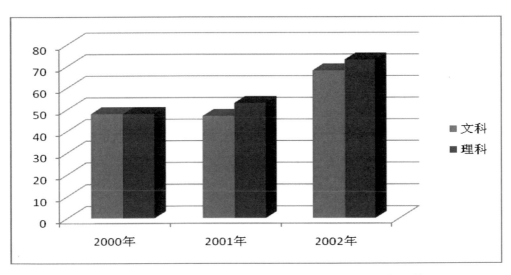

图 2：2000-2002 年文、理科教师发表的核心期刊论文比较图

奖励对发表的影响。由于科研奖励文件重在对理科教师发表在权威期刊或者被 SCI、EI 收录论文进行奖励，所以，和理科教师发表的论文相比，文科教师发表在权威核心期刊上的论文数量却明显低于理科教师发表在权威核心期刊的数量（见图 3）。

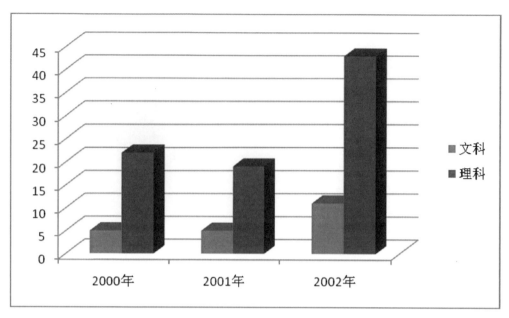

图3：2000-2002年文、理科教师发表的重要核心（SCI、EI、ISTP）论文比较图

在文科教师们看来，文科权威期刊论文不及理科权威核心期刊论文的主要原因，一方面，在于应该给予奖励的论文，学校却没有纳入重要核心期刊论文的奖励范围；另一方面，也在于学校给予文科教师的论文奖励标准明显低于理科的奖励标准。也就是说，学校在科研成果的奖励制度方面，过于偏重于理科权威期刊，而对文科权威期刊论文重视不够。特别是，作为一所以文科专业为主、文科教师人数又多于理科教师人数的院校，文科权威期刊论文却明显少于理科权威期刊论文，显然对文科教师来说，"这是一种制度性的不公平，它让一批有研究能力的文科教师脸面无光"（访谈人语）。以2002年数据为例，当年L学院拥有文科专业27个，文科专职教师269人；理科专业17个，拥有专职教师197人。而2002年理科教师发表的权威学术期刊论文是文科教师的4倍。文科权威期刊论文少于理科权威期刊论文这一现实，无论对教师来说，还是对学校决策层而言，都与学校发展的现状不相吻合。由于决策层面的推动，加以文科教师的强烈呼吁，最重要的是，学校鉴于大学排名的现实需要，决定修订科研奖励文件。

科研评价制度的修订。学校的科研奖励制度，源于上世纪九十年代中期。不过，那时的科研奖励办法乃至2000年的科研奖励制度，都是具有象征性意义的一种奖励制度。一是能够获得科研奖励的人员，全校不过十余人，奖励的人次每年不足 30 篇次；二是奖励的幅度较小，每年每篇权威期刊论文，如光明日报理论版，每篇奖励仅有数百元，一般核心期刊 200 元。所以，在升本以前，学校的科研奖励制度没有引起教师群体的关注。升本后的初期，科研奖励有了调整，但是，也主要限于对自然科学领域的权威期刊，如 SCI、EI 等收录论文进行了较大幅度的提升，而对文科论文的奖励标准并没有提高多少。由于文、理科之间科研奖励标准的拉大，部分理科教师获得的学术收益引起了文科教师的关注。

三年过去了，文科教师面对部分理科教师每篇获取的数千元科研奖励，很多人表示难以接受科研奖励政策的不公。甚至，部分文科权威人士对文、理科之间科研奖励之间存在的悬殊表示了自己的愤怒。这种愤怒情绪，对当时的校级主要领导的情绪产生了一定的影响。尤其是，当时的学校党委书记和院长，均是文科出身。他们对文科科研奖励标准偏低的现状，也表示了应该修订的意见。

在修订文件的过程中，文科教师和理科教师，形成了两大思想阵营：理科教师认为，理科学术论文以及被 SCI、EI 收录的论文，具有通用的奖励标准，全国高校也有普遍的评价奖励依据，提高其奖励力度无可非议。而文科论文没有统一的标准，虽然应该给予适度的奖励，但是，奖励的标准只能低于 SCI，而不能和理科的 SCI 的标准等相提并论。文科教师则认为，无论是文科论文还是理科论文，都是大学科学研究成果的构成部分。学校给予理科的奖励标准，文科教师也应该同样享受。

那么，文科教师的学术论文究竟应该怎样奖励？在多次的讨论和力量角逐中，经过最后平衡，学校决定文科理科的奖励标准同时提升。在此背景下，自 2003 年初开始，学校领导责成科研管理部门着手进行文件修订。科研管理部门经过一年的调研，同时参照本省兄弟院校办法，特别是主要参考了本省 H 大学的科研奖励政策，于 2004 年初出台了新的科研奖励条例，对核心期刊和重要核心期刊的奖励办法作了重大修订。所谓核心期刊，即是期刊中学术水平较高的一类刊物，也就是指那些发表该学科论文较多、使用率（含被引率、摘转率和流通率）较高、学术影响较大的期刊。[2]

2　参见中文期刊要目总览 2000 年版。核心期刊是学术评价体系的一个重要组成部分。L 学院给予奖励的核心期刊，就是通常所说的中文核心期刊，即指被北京大学图书馆每四年出版一次的《全国中文核心期刊要目总览》中列出的期

重要核心期刊，是学院根据核心期刊，并参照兄弟院校遴选的权威核心期刊，遴选出的在各个学科中具有重要影响的期刊。如教育学科遴选出的重要核心期刊分别是《教育研究》、《高等教育研究》、《中国高教研究》、《中国教育学刊》、《课程·教材·教法》等。如根据 L 学院 2004 年修订的科研奖励条例，确定的国家重要期刊刊目共计 120 种，其中文科、理科各 60 种（见附录 3-1：国家重要期刊目录）。

数量增长现象的出现。在科研奖励制度的推动下，论文发表风靡全校，发表的数量和期刊层次也明显提升。最为明显的进展标志是，在短短的十年之间，一是 SCI 和 EI 等高级别论文数量进一步取得明显进展；二是，无论是文科还是理科，论文数量出现了少有的繁荣现象；三是，在高级别期刊上发表论文的人员日趋增加（表 3-1）。

表 3-1：学术论文被 SCI、EI 收录情况统计表（以博士为例）

年度	总篇数	博士发表篇数	占总篇数%	发论文博士人数
2001 年	16	6	37.50%	1
2002 年	35	6	17.14%	2
2003 年	42	10	23.81%	3
2004 年	52	11	21.15%	6
2005 年	75	34	45.33%	8
2006 年	92	21	22.83%	8
2007 年	97	41	42.27%	18
2008 年	115	56	48.70%	18
2009 年	135	73	54.08%	24
2010 年	169	81	47.93%	40
2011 年	232	103	44.40%	40
合　计	1060	442	41.70%	

刊。1931 年著名文献学家布拉德福首先揭示了文献集中与分散规律，发现某时期某学科 1/3 的论文刊登在 3.2% 的期刊上；1967 年联合国教科文组织研究了二次文献在期刊上的分布，发现 75% 的文献出现在 10% 的期刊中；1971 年，SCI 的创始人加菲尔德统计了参考文献在期刊上的分布情况，发现 24% 的引文出现在 1.25% 的期刊上，等等，这些研究都表明期刊存在"核心效应"，从而衍生了"核心期刊"的概念。

SCI 是国际上流行的《科学引文索引》的英文 Science Citation Index 的简称，EI 是《工程索引》的英文 Engineering Index 的简称，SSCI 是《社会科学引文索引》的英文 Social Science Citation Index 的简称。SCI、EI、SSCI 都是国际国内众多高校都十分重视的一种科研评价标准和办法。从某种意义上说，L 学院在传统上属于一所以文、理为主的纯粹教学型院校。特别是，由于受区域和办学层次等方面的影响，能够生产高级别的学术论文，几乎难以想象。而理科教师在升本之后的短短十年之间发表的学术论文中，有 1060 篇被 SCI、EI 收录，这种现象自然引起了全校的惊喜，乃至全省同类高校的关注。特别是，论文的数量，从升本初的年均不足百篇，到十年后的每年一千余篇；核心期刊论文的年发表数量较十年以前提高了将近 6 倍，权威核心期刊论文的年发表数量较十年以前提高了 10 倍以上，论文发表的总量以及论文发表的期刊层次呈现的明显上升趋势，也不得不令人拍案称奇（分别参见图 3-4、图 3-5 和表 3-2、表 3-3、表 3-4）。

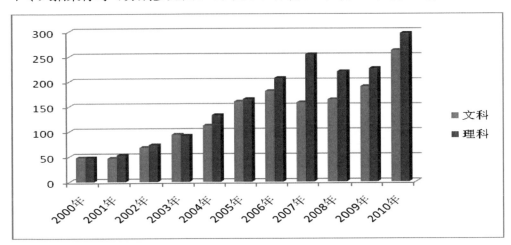

图 3-4：2000-2010 年 L 学校教师发表的核心期刊学术论文示意图

表 3-2：2000-2010 年 L 学校教师发表的一般学术论文统计表
（资料来源：科研处）

年份 类别	2000	2001	2002	2003	2004	2005	2006	2007	2008	2009	2010
文科	177	161	199	266	311	411	522	436	532	552	701
理科	133	155	132	141	208	316	407	379	365	365	473
合计	310	316	331	407	519	727	929	815	897	917	1174

表 3-3：2000-2010 年 L 学校教师发表的核心期刊论文统计表
（资料来源：科研处）

年份 类别	2000	2001	2002	2003	2004	2005	2006	2007	2008	2009	2010
文科	48	47	68	94	112	160	181	158	164	190	262
理科	48	53	73	92	133	165	207	254	220	226	296
合计	96	100	141	186	245	325	388	412	384	416	558

表 3-4：2000-2010 年发表的重要核心期刊（SCI、EI、ISTP）论文统计表
（同上）

年份 类别	2000	2001	2002	2003	2004	2005	2006	2007	2008	2009	2010
文科	5	5	11	23	21	34	28	13	18	22	48
理科	22	19	43	58	69	84	101	153	124	146	184
合计	27	24	54	81	90	118	129	166	142	168	232

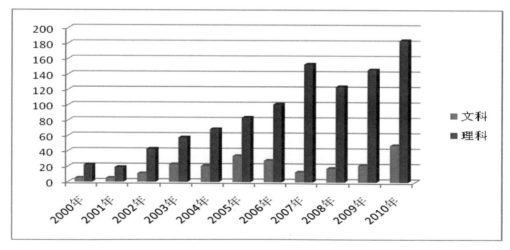

图 3-5：2000-2010 年发表的重要核心期刊（SCI、EI、ISTP）论文示意图

值得说明的一点是，在制定科研奖励政策的过程中，不仅文科教师与理科教师之间进行了激烈的利益竞争；而且，理科内部和文科内部，也进行了

激烈的讨论和竞争。如理科教师关于对影响因子的讨论，不同学科之间的意见分歧极大。文科阵营中，人文学科与社会学科，以及体育、音乐、美术等学科的教师之间，为了夺取政策资源，也进行了少有的激烈的竞争，直到2004年初科研奖励条例出台为止。

三、制度调整期的数量浮动

自2003年新的科研奖励条例施行以来，直到2007年，5年之间L学院无论是学术论文发表的总量，也无论是核心期刊和权威核心期刊的数量，一直处于稳步提高阶段（见表3-5、表3-6、表3-7和图3-6、图3-7、图3-8）。

表3-5：2003-2007年L学校教师发表的学术论文统计表
（资料来源：科研处）

分　类	2003年	2004年	2005年	2006年	2007年
文科发表论文	266	311	411	522	436
理科发表论文	141	208	316	407	379
合计	407	519	727	929	815

表3-6：2003-2007年L学校教师发表的核心期刊论文统计表
（资料来源：科研处）

分　类	2003年	2004年	2005年	2006年	2007年
文科发表论文	94	112	160	181	158
理科发表论文	92	133	165	207	254
合计	186	245	325	388	412

表3-7：2003-2007年L学校教师发表的权威核心期刊论文统计表
（资料来源：科研处）

分　类	2003年	2004年	2005年	2006年	2007年
文科发表论文	23	21	34	28	13
理科发表论文	58	69	84	101	153
合计	81	90	118	129	166

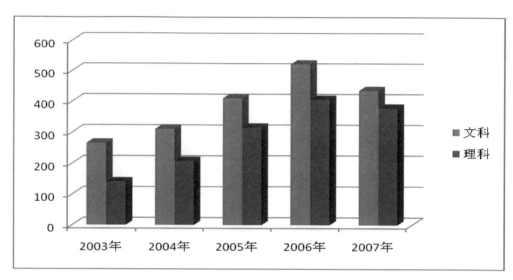

图 3-6：2003-2007 年 L 学校教师发表的一般学术论文示意图

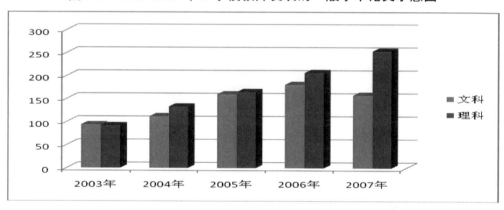

图 3-7：2003-2007 年 L 学校教师发表的核心期刊论文示意图

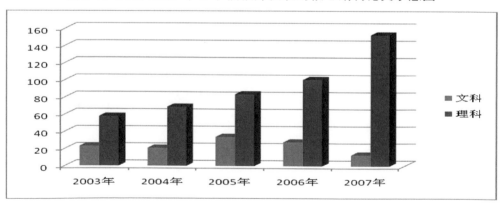

图 3-8：2003-2007 年 L 学校教师发表的重要核心期刊（SCI、EI、ISTP）
论文示意图

单以权威核心期刊论文为例，如 2003 年，L 学校的权威科研论文数量较前一年增长 50%，2004 年的权威科研论文数量较前一年增长 11%，2005 年的权威科研论文数量较前一年增长 31%，2006 年的权威科研论文数量较前一年增长 9%，2007 年的权威科研论文数量较前一年增长 28%。

但是，在 2008 和 2009 年这两年，L 学校教师发表的学术论文数量却出现了停滞甚至还有小幅度的下滑现象（见图 3-9）。

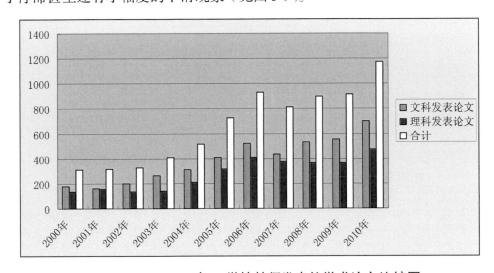

图 3-9：2000-2010 年 L 学校教师发表的学术论文比较图

例如，2008 年，全校教师发表在核心期刊上的学术论文较上一年减少了 6.8%，2009 年全校教师发表在核心期刊上的学术论文较 2007 年仅仅持平。特别是发表在权威期刊上的学术论文，2008 年，全校教师发表在权威核心期刊上的学术论文较上一年减少了将近 15%，2009 年全校教师发表在权威核心期刊上的学术论文较 2007 年也仅仅持平。

不少教师认为，这一数量变化，主要在于学校减小了科研奖励力度。而事实上，其中的原因可能更加复杂。2007 年，学校领导班子作了更替，新的领导上任之后，认为既往的科研奖励制度，项目资助力度过大，资助了少数人员，影响了大多数人员的情绪；资助的某些成果层次较低，影响了学术质量的提升。也就是说，既有的制度没有彰显办学效率的提升。根据学校领导的意见和要求，科研管理处对科研管理奖励条例再一次进行了修订，降低了对核心期刊学术论文的资助额度。部分教师特别是各个学科的带头人，对新修订的科研管理办法颇有微词，认为学校不重视科学研究是一种"小家子气"的办学理念。在此情况下，部分教师也不愿再去发表论文。面对这一情况，学校领导在不同的场合进行了制度修订的解释性说明，反复强调，学校并不是不重视科学研究，而是为了鼓励教师从事高水平的科学研究。为了继续鼓励教师从事科学研究的积极性，学校于 2007 年和 2008 年又出台了若干鼓励科研的补充文件。2009 年和 2010 年，L 学校重新出现的学术数量繁荣现象，与新出台的一系列科研补充条例大概不无关系。

纵观 L 学院十年期间论文生产数量，总的态势处于快速发展之中。无论是教师发表论文的总数，还是核心期刊或者权威核心期刊论文的数量，都有明显的提升。根据统计，非核心期刊论文的总量虽然偏大，特别是，发表在有影响上的权威核心期刊论文数量仍然偏小（见表 3-8），但是，论文总量增加的事实，不能不说是当代大学学术发展和生产数量繁荣的一个真实写照。

表 3-8：2000-2010 年 L 学校教师发表在各层级期刊论文比较表
（资料来源：科研处）

分　类	2000年	2001年	2002年	2003年	2004年	2005年	2006年	2007年	2008年	2009年	2010年
一般论文	310	316	331	407	519	727	929	815	897	917	1174
核心期刊	96	100	141	186	245	325	388	412	384	416	558
重要期刊	27	24	54	61	90	118	129	166	142	168	232

第二节　项目与奖励的数量进展

新的科研奖励条例，不仅提高了对学术论文的奖励标准，而且，对科研项目、成果奖励、专利发明也都提高了奖励标准。

一、科研项目数量的繁荣

升本以前，全校教师主持的省部级以上科研项目仅有 3 项，且被 2 位教师所主持。到 2010 年全校地厅级以上项目已达 1611 项，其中，国家级项目 35 项；省部级项目 242 项；省部级以上的自然科学类项目 158 项，社会科学类项目 119 项。也就是说，十年时间，学校教师承担的国家级、省部级和地厅级科研项目总数是十年之前项目总和的近 100 倍（见表 3-9、表 2-10 和图 10、图 3-13）。

表 3-9：2000-2010 年 L 学院教师主持的各类科研项目
（资料来源：科研处）

年份 级别	2000	2001	2002	2003	2004	2005	2006	2007	2008	2009	2010
国家级				1	1	2	2	3	7	6	13
省部级	2	9	4	12	9	21	21	25	18	37	84
地厅级	12	26	46	67	120	113	171	227	172	174	206
合　计	14	35	50	80	130	136	194	255	197	217	303

表 3-10：2000-2010 年 L 学院承担省部级以上科研项目统计表
（资料来源：科研处）

年份 类别	2000	2001	2002	2003	2004	2005	2006	2007	2008	2009	2010
社科类	2	5	4	10	7	9	10	11	6	19	36
自科类	0	4	0	3	3	14	13	17	19	24	61
合　计	2	9	4	13	10	23	23	28	25	43	97

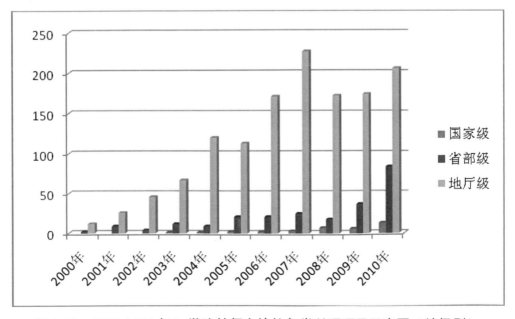

图 3-10：2000-2010 年 L 学院教师主持的各类科研项目示意图（按级别）

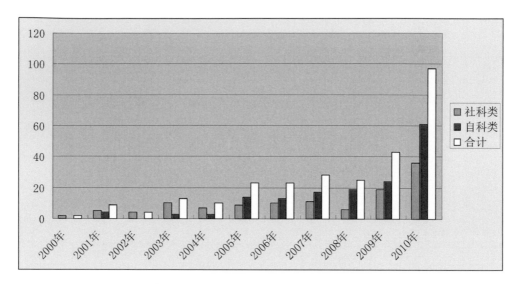

图 3-11：2000-2010 年 L 学院文理科教师主持的省部级以上科研项目比较图

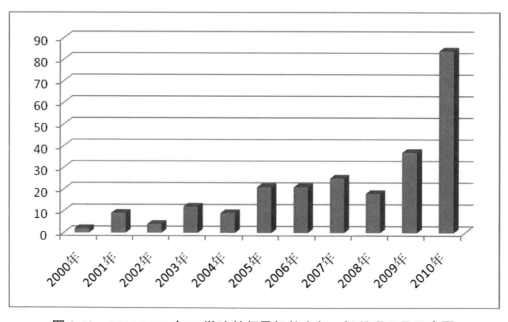

图 3-12：2000-2010 年 L 学院教师承担的省部：级科研项目示意图

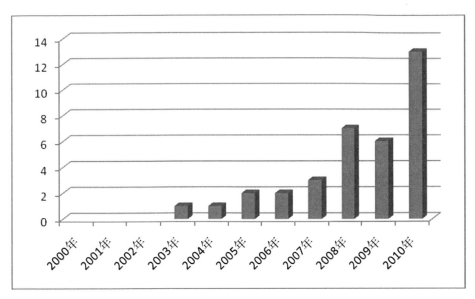

图 3-13：2000-2010 年 L 学院教师承担的国家级科研项目示意图

L 学院教师主持的国家级科研项目，主要包括国家自然科学基金项目、国家哲学社会科学基金项目，教育、艺术、军事等单列项目中的国家级项目等。主持的省部级项目文科类包括教育部人文社会科学项目、全国教育科学规划教育部项目、省哲学社会科学规划项目、省人才项目、国家体育总局项目、省政府招标课题等；理科类包括教育部科技攻关项目、省科技厅下达的各类项目、省人才项目等。(见图 3-14、图 3-15)。

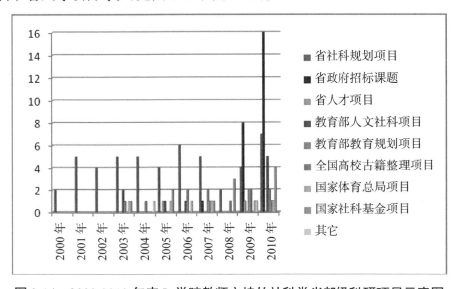

图 3-14：2000-2010 年来 L 学院教师主持的社科类省部级科研项目示意图

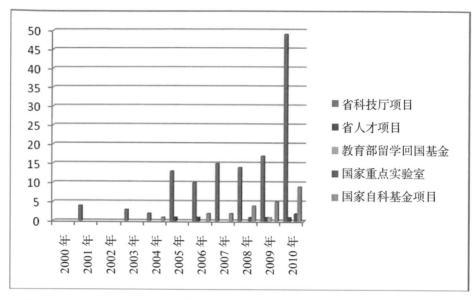

图 3-15：2000-2010 年来 L 学院教师主持的自科类省部级科研项目示意图

在这十年中，L 院校科研项目数量的增长过程大体经历了三个阶段。

第一个阶段： 2000-2002 年，可以视为 L 学院科研项目的起步阶段。全校教师主持的省部级项目为 15 项，地厅级课题 99 项。

由于 2000 年的科研奖励文件，学校科研奖励的重心主要在于科研论文，对于广大教师来说，主持省部级课题仍然是可望不可及的事情，大部分教师处于被动等待的状态。所以，升本以后的前三年，项目数量增长虽较明显，但项目总量并不大。如 2000 年 L 学院教师共主持项目 14 项（全部为人文社会科学项目），其中：主持 H 省哲学社会科学规划课题等省部级课题 2 项；主持的市社科联课题 10 项，省教育厅人文社会科学研究项目 2 项。2001 年，L 学院教师共主持项目 35 项，其中：省部级项目 9 项，社会科学类 5 项，自然科学类 4 项，地厅级项目 26 项。分别是，主持的 H 省哲学社会科学规划课题等省部级以上 5 项，H 省科技厅项目 4 项；主持的市社科联课题 16 项，省教育厅人文社会科学研究项目 2 项，省教育厅自然科学规划项目 4 项，省教育科学规划项目 2 项。2002 年，L 学院教师共主持项目 50 项，其中，省部级项目 4 项（全部为社会科学），地厅级项目 46 项。分别是，主持的 H 省哲学社会科学规划课题 4 项，主持的市社科联课题 18 项，省教育厅人文社会科学研究项目 17 项，省教育科学规划项目 7 项，省教育厅自然科学规划项目 4 项（见图 3-16、图 3-17）。

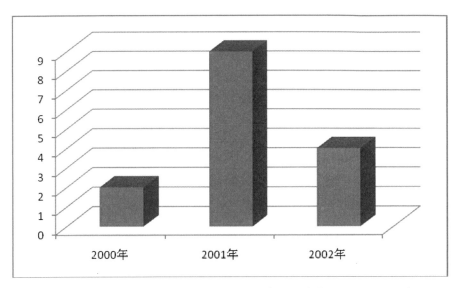

图 3-16：2000-2002 年：L 学院教师主持的省部级科研项目示意图

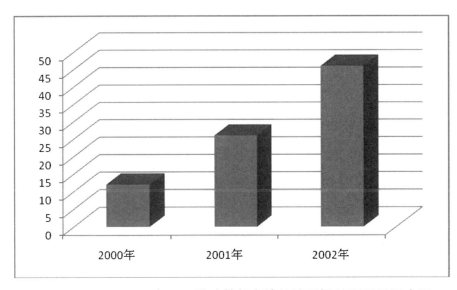

图 3-17：2000-2002 年：L 学院教师主持的地厅级科研项目示意图

第二个阶段：2003-2007 年，可以视为 L 学院科研项目的巩固提高阶段。截止 2007 年底，全校教师升本后主持的国家级项目达到了 9 项，省部级项目已经达到 103 项，地厅级课题 1059 项。

2003 年新的科研奖励制度施行以后，在教师中间起到了重要作用，特别是一批博士和在岗教授对新的科研管理条例表示了肯定的态度。与此相应，2003 年，学校教师发表的科研成果数量，较前一年也有了较大比例的提高。

其中，除了论文数量提高了 30%之外，教师主持的科研项目数量达到了 80 项，较前一年提高了近 40%。具体来说，2003 年教师获得的省部级以上科研项目 13 项，其中国家级项目 1 项，省部级 12 项。特别是，2003 年，该校教师获全国教育科学规划重点项目 1 项；省部级项目数量也成倍提高，12 位教师分别获得教育部人文社会科学规划项目、国家体育总局项目、省哲学社会科学规划项目、省科技厅科技项目等项目。

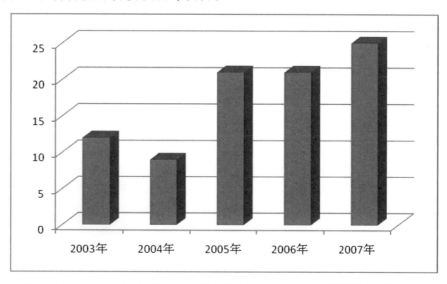

图 3-18：2003-2007 年：L 学院教师主持的省部级科研项目示意图

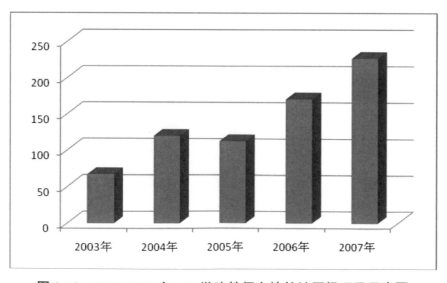

图 3-19：2003-2007 年：L 学院教师主持的地厅级项目示意图

　　2003 年，作为新升本不久地方院校中，一年之内能够获取 13 项省部级及其以上科研项目，特别是文科教师获取了 10 项省部级及其以上科研项目，在同类院校中并不常见，学校也因此在全省同类高校学术领域中引起了不小的轰动效应。

　　接下来的几年里，申报科研项目的教师人数越来越多，不论是国家级项目还是省部级项目，都稳中有进。其中，2004 年 L 学院教师获国家自然科学基金项目立项突破。接着的 2005 年，国家社会科学基金项目也获得立项突破。也就是说新的科研奖励制度执行以后的四年期间，L 学院教师主持的各级各类科研项目数，尤其是地厅级项目总数出现了快速增长的现象。

　　总之，自 2003 年新的科研奖励条例施行以来直到 2007 年，5 年之间 L 学校教师主持的科研项目数量一直处于稳步提高阶段（见图 3-18、图 3-19）。例如 2003 年，L 学校教师争取到的科研项目数量较上一年提高了 60%，省部科研项目提高了 225%；2004 年，科研项目数量较上一年提高了 60%，省部科研项目提高了 225%；2003 年，虽然省部科研项目略有下降，但科研项目总数量较上一年提高了 62.5%；2005 年科研项目数量较上一年提高了近 5%，省部科研项目提高了 130%；2006 年科研项目数量较上一年提高了近 43%，省部科研项目较上一年持平；2007 年科研项目数量较上一年提高了近 32%，省部科研项目较上一年提高了近 22%。

　　第三个阶段：2008-2010 年，是 L 学院科研项目数量的进一步提升阶段。在这一阶段里，虽然项目奖励制度做了调整，但是，对高级别项目的支持力度并没有降低。因此，高级别项目总数特别是国家级项目和省部级项目持续明显增加。全校教师共主持国家级项目达 26 项，主持的省部级项目达到 139 项（见图 3-20、图 3-21、图 3-22）。

　　当然，由于降低了地厅级科研项目的支持力度，所以地厅级课题仅为 552 项，增长幅度并不十分明显。特别是，在制度调整期间，项目数量还出现了下滑现象。例如，2008 年全校教师获得的各类科研项目较上一年减少了将近 23%，其中省部级以上科研项目较上一年获得的省部级以上科研项目减少了将近 11%；即使 2009 年，全校教师获得的各类科研项目也较 2007 年减少了将近 20%。

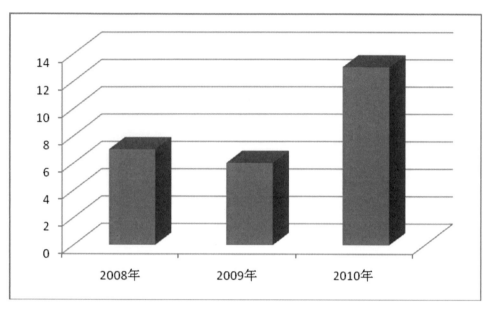

图 3-20：2008-2010 年：L 学院教师主持的国家级科研项目示意图

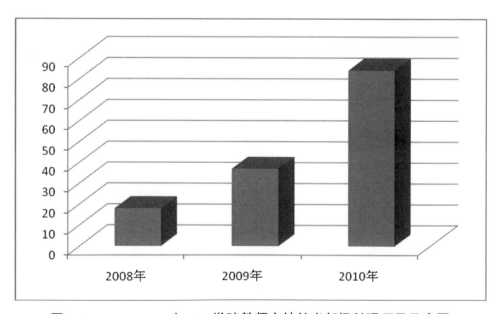

图 3-21：2008-2010 年：L 学院教师主持的省部级科研项目示意图

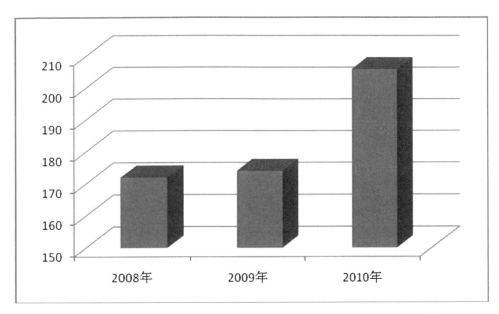

图 3-22：2008-2010 年：L 学院教师主持的地厅级科研项目示意图

二、成果奖励数量的快速增长

十年间，L 学院获得的科研成果奖励数量也大幅度增加。升本以前，该校取得的科研成果奖励几乎是空白。即使有的教师获得过成果奖励，也基本都是非政府机构甚至是非正式组织颁发的证书。据该校科研管理人员对过去所存资料的认真查找，升本以前，该校部分教师获得的成果奖励，级别最高的是一些专业学会和协会组织颁发的荣誉性成果奖励证明。政府级别的奖励，特别是省部级以上的科研成果奖励，多年来一直处于 0 项状态。

但是，升本以后，L 学院获得的各级各类科研成果奖励数量，几乎呈几何级的数量增长态势。以 L 学院所取得的社会科学成果奖励为例。十年来，获得的河南省哲学社会科学成果等省部级成果奖励，从升本前的空白，到 2002 年零的突破，再到十年后累计达到 33 项，几乎年年均有成果获奖；特别是教育厅人文社会科学和教育科学成果奖励数，从升本前的寥寥数项，到十年后的 530 多项。此外，还有与地厅级成果奖励级别相当的省素质教育成果奖、省社会科学届联合会颁发的项目成果奖，等其它地厅级成果奖励 330 多项（见图 3-23、图 3-24 和表 3-11、表 3-12）。

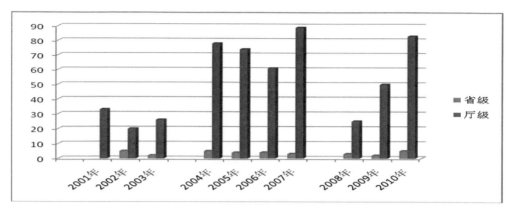

图 3-23：2000-2010 年 L 学院教师获得的社科成果奖励数量示意图

表 3-11：2000-2010 年获得的社科成果奖励数量统计表（资料来源：科研处）

年度	省级总数	其中			厅级总数	其中		
		一 等	二 等	三 等		一 等	二 等	三 等
2001					33	6	16	11
2002	5	1	2	2	20	6	10	4
2003	2	0	0	2	26	7	15	4
2004	5	0	3	2	78	34	28	16
2005	4	0	3	1	74	25	33	16
2006	4	1	3	0	61	16	40	5
2007	3	0	1	2	89	28	34	27
2008	3	2	0	1	25	20	2	3
2009	2	0	0	2	50	21	22	7
2010	5	0	4	1	83	48	33	2

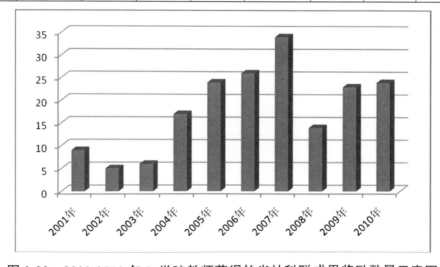

图 3-23：2000-2010 年 L 学院教师获得的省社科联成果奖励数量示意图

表 3-12：2000-2010 年获得的省社科联成果奖励数量统计表
（资料来源：科研处）

年度	省素质教育奖	其中			省社科联奖	其中			省大运会征文	其中		
		一等	二等	三等		一等	二等	三等		一等	二等	三等
2001					9	3	5	1				
2002					5	2	3					
2003					6	2	4					
2004	22	15	7		17	7	10					
2005					24	10	14		14	3	5	6
2006					26	7	19					
2007					34	18	16		46	5	14	27
2008					14	14						
2009					23	13	10					
2010	47	27	20		24	14	10					
2011					17	12	5					
合计	69	42	27		199	102	96	1				

此外，自然科学成果获得的奖励数量也明显提升。特别是省自然科学论文奖励，累计获奖 300 余项；省教育厅自然科学成果奖近 60 项；省科技进步奖也取得了零的突破。

通过上述列表比较和图示分析，可以看出，L 学院学术成果数量的增加是过去未曾有过的现象。这些学术成果数量的大量增加，和学术论文、科研项目等数量增加一样，都是新的环境和新的学术场域下，大学学术生产数量繁荣的一个方面。

第四章 学术生产数量繁荣的内在制度分析

前章叙述了 L 学院学术生产数量繁荣的现象。那么，从制度的层面来看，学术生产数量繁荣究竟有着怎样的内在依据？

学术生产数量繁荣具有内在的制度必然性。科研奖励制度、职称评审制度、人才遴选制度等正式化的内在制度，对学术生产数量繁荣的影响具有明显的促进作用；同时，教师养成的学术惯习，即教师的学术精神、学术责任、内在规范等非正正式的内在制度，也对学术生产数量的繁荣发挥着不可忽视的作用。例如，职称评审制度与学术生产数量繁荣之间就存在着天然的关系。因为，任何教师只要参加职称评审，就必须按照职称评审制度的规定，完成必要的学术生产任务。大学组织内部参加职称评审的人数越多，则意味着大学学术生产的人员队伍越大，学术生产的数量也会随之增多。因为职称文件曾对教师的学术生产数量提出了具体要求，并做过明确规定。科研奖励制度对学术生产数量繁荣的促进作用，尤其被所有高校所认同。这一制度不仅大学组织高度重视，广大教师也纷纷予以支持。近年来，各个大学特别是新升本院校，为了促进科研的发展，都不惜加大科研投入，积极强化学术制度建设。

本章拟从内在制度的视角对影响学术生产数量繁荣的主要原因做一分析。

第一节 影响学术生产数量繁荣的内在制度因素

一、内在制度及其构成分析

我们已经知道，内在制度不同于外在制度。所谓内在制度，即"群体内随经验而演化的规则"，而外在制度则是"外在地设计出来并靠政治行动由上面强加于社会的规则"。"内在制度与外在制度间的区别与规则的起源有关，即与它们的产生方式有关。……当然，在实践中，内在制度和外在制度之间存在着明显的灵活转换。"[1]

那么，作为影响学术生产数量繁荣的若干因素，究竟哪些可以划分为**内在制度**，哪些又属于**外在制度**呢？依据柯武刚等人的划分原则，对内、外制度的判定，"重要的是制度对人的行动施加强制的程度。内在制度大都诉诸自愿协调。违反内在规则并非没有后果，但要由个人在具体环境中决定接受或不接受违规行为的后果。与此相反，主要依赖外在制度，和正式惩罚的强制性秩序留给个人评估具体情况的余地要小得多（Radnitzky, 1997, 第17-76页）"。[2]比如，众人皆知的一个事实是，高等教育大众化和大学合并曾是世纪交替时期的一个独特现象。受此影响以及由此而后大学规模的迅速扩大，导致大学教师队伍的迅速壮大，以及高学历教师尤其是具有博士学位的教师数量的迅速增加。也许正是基于教师队伍的扩大和教师学历结构的变化，所以，一些人认为目前大学学术生产数量的增加，是大学教师人数增加的必然结果。也就是说，高等教育大众化和大学合并，是引发学术生产数量繁荣的制度因素。但是，高等教育大众化和大学合并，只能视为是外在制度，而非内在制度。因为，它显然具有强制性的意味，而不是出于自愿协调的原则。

那么，哪些制度可以视为内在制度呢？仍以大学合并为例。我们知道，大学合并并不是引发学术生产数量繁荣的直接因素。它的直接结果只是导致大学教师队伍的迅速壮大。那么，大学教师人数的增加与学术生产数量之间究竟存在怎样的对应关系呢？以L学院2000年的数据为例，升本初期

1　[德]柯武刚、史漫飞著，韩朝华译.制度经济学：社会秩序与公共政策[M].北京：商务印书馆，2001：119.

2　[德]柯武刚、史漫飞著，韩朝华译.制度经济学：社会秩序与公共政策[M].北京：商务印书馆，2001：120.

的 L 学院，拥有在岗教职工 740 人，专职教师 336 人。但是，到了 2010 年，学校已经拥有在岗教职工 1273 人，专职教师 1082 人。一个基本的逻辑是，教师数量的增加，意味着论文发表、项目申报等参与人员的增多，也预示着大学知识生产力的相对提升。但是，真实的结果并非完全如此。根据笔者统计分析，师资队伍的整体增加，并不必然意味着产生学术生产数量繁荣的结果。也就是说，人员的增加并不总是与学术生产数量的增加呈正相关的关系，关键在于增加的人员是否拥有一定的学术资本和学术生产的惯习。

不具备一定学术资本的人员，难以具有学术生产的足够成本或者条件。因为学术资本是教师在学术场域中的最主要财富。这里的学术资本主要包括与学术生产有关的经济资本、文化资本、社会资本和符号资本。任何教师欲获得知识产品的生产结果，就必须秉持这些学术资本，并进入到相应的学术场域中开展自己的知识生产行动。也就是说，不具有特定学术资本并且不在相应的学术场域中进行知识生产的教师，即使人数增加的再多，也不可能出现学术生产数量增加的现象。如 L 学院的管理科学系，2005年成立时有 9 名教师，到 2010 年共有教师 39 名，教师人数增加了将近四倍。但是，2010 年该系教师的成果数量仅仅与 2005 年持平。这样的例子并非少数。当然，大学教师人员总量的增加，必然意味着人员结构出现优化的局面，即高学历的教师人数会增加。那么，高学历人员的增加与学术生产数量增加之间必然会存在相关关系。2000 年 L 学院在升本初期具有博士学位的教师仅有 5 人；但是，到了 2010 年，L 学院具有博士学位的教师已达 124 人。按照一般的逻辑，博士数量的增加，预示着科研生产力的必然提升。根据实证分析，这种逻辑具有一定的现实依据。博士人数的增加的确为学术生产数量的增加，提供了潜在的可能性。根据对 L 学院科研项目的统计，截止 2000 年，L 学院具有博士学位的教师仅占全校教师总数的近10%；但是，自 2001-2011 年十年间具有博士学位的教师主持的课题数量，却占全校项目总数的 20%；尤其是，博士教师主持的省部级以上项目数占全校省部级以上项目总数的 50%；主持的国家级项目，占全部国家级项目总数的近 90%。这就是说，具有博士学位的教师，在承担高级别项目的任务时，起着主要的领军作用；同时也证明，学历与学术生产结果之间存在着明显的正相关关系（见表 4-1）。

表 4-1：L 学院 2001 年以来博士主持科研项目统计表（资料来源：科研处）

| 年度 | 总项目数 | 博士主持项目数 | 占总项目数% | 按级别分类 | | | | | | | | | 另 | | |
| | | | | 国家级项目 | | | 省部级项目 | | | 地厅级项目 | | | 省部级以上项目 | | |
				总项数	博士主持	博士占%	总项数	博士主持	博士占%	总项数	博士主持	博士占%	总项数	博士主持	博士占%
2001	35	0	0%	0	0	0%	9	0	0%	26	0	0%	9	0	0%
2002	50	1	2%	0	0	0%	4	1	25%	46	0	0%	4	1	25%
2003	80	7	9%	1	0	0%	12	3	25%	67	4	6%	13	3	23%
2004	130	6	5%	1	1	100%	9	1	11%	120	4	3%	10	2	20%
2005	136	24	18%	2	1	50%	21	9	43%	113	14	12%	23	10	43%
2006	195	25	13%	2	2	100%	21	8	38%	172	15	9%	23	10	43%
2007	255	30	12%	3	3	100%	25	4	16%	227	23	10%	28	7	25%
2008	197	41	21%	7	6	86%	18	7	39%	172	28	16%	25	13	52%
2009	216	45	21%	6	6	100%	37	17	46%	173	22	13%	43	23	53%
2010	301	87	29%	13	10	77%	82	44	54%	206	33	16%	95	54	57%
1011	249	88	35%	11	11	100%	76	47	62%	162	30	19%	87	58	67%
合计	1844	354	19%	46	40	平均87%	314	141	平均45%	1484	173	平均12%	360	181	平均50%

但是，需要说明的是，虽然具有博士学位的教师主持了全校省部级以上项目总数的 50%，主持了全校国家级项目总数的近 90%。但是，主持过省部级项目的博士教师只有 87 人，主持过 3 项以上省部级项目的博士只有 18 人。也就是说，并非全部具有博士学位的教师主持过省部级以上的项目；还有 30%的博士并没有主持过省部级项目，能主持多项高级别项目的博士还只是少数。之所以如此，主要在于，虽然这些博士具有学历学位这些符号资本，但是，并不是所有的博士都具有学术生产所需要的学术资本。假如博士们所拥有的经济资本，或者文化资本，或者社会资本等不足，同样在学术场域的利益冲突和学术资源争夺中，难以占据有利地位；因而，也就难以获得项目申报的最终成功。

不仅高学历的博士如此，具有高级职称的教授人数的增加，与学术生产数量增加之间，同样并不必然地存在正相关关系。这种原因，一方面在于，**在现**

实的层面上，是知识生产造就了教授；而并非必然地说凡是教授一定会进行知识生产。这一点，笔者在访谈中收集的大量的证据，足以说明这种现象存在的理由。部分教师评上教授以后，多年之内就没有再生产知识产品。因为，他们认为发表论文的成本比论文发表后所获得收益还要高。另一方面在于，即使教授乐于进行知识生产，但是并不是这些具有高职称的教授，都拥有其进行知识生产所必须的相应学术资本。拥有高级职称，仅仅可以说明他们已经初步拥有了符号资本，但符号资本只是一种象征，真正对学术生产起关键作用的，则在于这些教授占有的经济资本、社会资本，尤其是自身拥有的文化资本。有案例说明，教师学术生产的数量，与其拥有的这些学术资本有着密不可分的关系。

那么，究竟是何种因素影响并促使了学术生产数量的繁荣呢？笔者认为，大学人员数量的增加和高学历人数的增加，对大学学术生产数量的繁荣肯定具有一定的潜在影响。但是，这种影响作用并不是直接产生的。而是通过特定的中介因素，即教师特有的学术资本及其在特定的学术场域中得以发挥作用的。那么，在现实的层面上，能够体现这些学术资本的具体内容包含哪些方面呢？笔者认为，与经济资本相对应的是**科研奖励制度**；与文化资本相对应的是大学学术场域中的特定**学术氛围和职称评审制度**；与社会资本相对应的是大学组织和教师在大学组织中的学术**场域位置**及其在社会关系网络中拥有的人力资源。

因此，笔者据此认为，**科研奖励制度、职称评审制度**，这些都是促使学术生产数量繁荣的内在制度。内在制度可以是**非正式的**，也可以是**正式化**的。内在制度可以分为为四个较宽、有时不无重叠的类型。即：习惯、内化规则、习俗和礼貌、正式化内在制度。**习惯、内化规则、习俗和礼貌属于非正式的内在制度**，在这些制度中，对违背社会预期的行为施加的惩罚都不通过有组织的方式来定义和运用，它们都是自发产生的。比如，某人出现学术抄袭或者学术剽窃行为，会使他承担巨大的人格贬值和学术声誉扫地的成本。而正式的内在制度，"对惩罚的规定和实施都要通过有组织的机制。因此，区分正式内在制度和非正式内在制度，要看其实施惩罚的方式：是有组织的（正式的）还是无组织的（非正式的）"。[3]从这个角度上看，**科研奖励制度、职称评审制度、人才遴选制度**等，都是正式化的内在制度。

3　[德]柯武刚、史漫飞著，韩朝华译.制度经济学：社会秩序与公共政策[M].北京：商务印书馆，2001：126.

影响学术生产数量繁荣的因素，除了**科研奖励制度**、**职称评审制度**、**人才遴选制度**等正式化的内在制度之外，教师的**学术惯习**，包括学术精神、学术责任、内在规范等，以及学术生产的自主性、独立性等非正式的内在制度也发挥着不可忽视的作用。

由此可知，任何学术生产的结果，都不是受单一因素的影响。学术生产数量的繁荣也同样如此，它必然也受着多方面因素的影响。从学术生产场域的制度结构上看，与学术生产数量增长有着密切关系的因素，既有外部的制度环境因素，也有直接的内部制度激励因素。诸多有关因素对学术生产数量繁荣产生影响的程度如何，笔者在以下两节内容作进一步的继续分析。

二、内在制度的资本化特征及其影响

无论是科研奖励制度，还是职称评审制度，都是促进学术生产数量提升的重要资本。然而，制度何以成为学术资本？或者说，制度是怎样成为促进学术生产数量增长的资本问题呢？

（一）制度成为学术资本的原因

前面说到，人员数量的增加乃至学历和职称的提高，它们并不是知识产品数量增加的必然要素。促使知识产品数量增加的，则是作为中介的**制度**。事实上，即使博士和教授，他们的学术生产的动机，与科研奖励和职称制度之间也存在契合关系。可以说，博士数量的增加以及由此出现的博士申报科研项目、发表论文，与大学的科研奖励制度密不可分；教授数量的增加以及由此出现的学术生产数量的繁荣，与职称制度密不可分。甚至有人认为，众多大学制订的科研奖励制度就是为了吸引博士等优秀人才而采取的特殊举措，是专为大学精英知识分子设计的**学术精英制度**，或者说是大学组织为学术精英提供的学术性的**制度平台**。这就说明了，对学术生产数量繁荣具有根本性的促进作用的，主要是**制度**。而人员增加和学历提升仅仅为学术繁荣提供了潜在的可能。这就是笔者在本研究中，何以不再针对大学教师人数与科研数量繁荣的变量之间存在的对应关系进行分析，而仅仅就学术制度对学术生产数量繁荣的影响进行分析的原因。何以如此？

我们知道，知识生产需要经济资本，而能够为学术生产提供经济资本的，或者说，教师从事知识产品生产的经济动力，主要是科研奖励制度的激励作用。可以说，知识产品数量的增长，与科研奖励制度之间存在着不可分的关系。这一点，我们从科研奖励制度的具体内容中就可以初步看到其中的端倪。这里所说的科研奖励制度，包括成果奖励、论文资助、项目资助和著作资助等制度。从 L 学院 2004 年修订的《科研成果奖励条例》中，可以看到制度对于学术生产可能产生的促进力量。L 学院的科研奖励制度，对各类知识产品都做了明确的资助说明和规定。从现金奖励到经费资助，力度都十分吸引人。例如 2004 年学校制定的论文资助制度规定（见附录 4-1：第一项）："被 SCI、SSCI 的光盘版收录的论文，每篇给予科研经费奖励 15000 元；其中：现金奖励 10000 元，资助经费 5000 元。被《新华文摘》《中国社会科学文献》转载，及在 A 类重要核心期刊上发表的论文，每篇给予科研经费奖励 12000 元；其中：现金奖励 8000 元，资助经费 4000 元。在一般核心期刊上发表的学术论文，每篇给予科研资助经费奖励 1500 元。"虽然 2008 年以后，论文资助的力度略有下调，但是，奖励的引力仍然足以让所有教师产生论文发表的欲望。

再如科研项目的资助制度，学校规定各类纵向课题的经费配套或资助办法为："国家级资助项目和省部级资助项目，每个项目分别给予 2 倍额度的经费配套。各类资助经费一次性拨付。即使自筹经费项目，也仍有较高额度的资助标准，如国家级自然科学类项目每项资助 80000 元，社会科学类项目每项资助 50000 元；省部级自然科学类项目每项资助 50000 元，社会科学类项目每项资助 30000 元；地、厅级自然科学类项目每项资助 3000 元，社会科学类项目每项资助 2000 元等等。"（见附录 4-1：第二项）。此外，学校对学术著作、学术成果、专利发明，以及音乐和美术类的知识产品，也都做了较大力度的资助规定（见附录 4-1：第三项、第四项）。

显然，这些学术制度中各类各项的资助内容，是促进大学学术成果数量增加的主要因素。我们通过分析公众对科研奖励制度的态度，以及对制度的评价，可以初步了解到教师、制度和学术生产数量繁荣三边之间形成的特定关系。应该说，在我访谈的十余位教师中，他们几乎无一例外地对学校制订的科研奖励制度抱持着极其肯定的和支持的态度。正如被访谈的教师所认为的，"没有科研奖励制度，就没有论文发表的机会，也没有获取科研项目资源的可能，更没有个人生活待遇的提高，因而，也很难想象会有像目前这样论文数量和项目数量的繁荣"（L 语）。

对大学而言，尤其是对地方院校来说，科研奖励制度是激励学术发展的一个重要制度依赖。大学需要通过科研激励制度提高自身的竞争能力，正如 L 学院在科研奖励条例中所说的，科研奖励制度的目的意在"激发广大教师以更加积极的态度开展科学研究，鼓励产出高水平科研成果，进一步提升学校科研成果的整体水平，推动学校科学研究事业的快速发展，不断提高学校在国内外的学术地位"。科研奖励制度的激励作用得到了教师们的普遍认同，访谈的老师都不约而同地认为，学术奖励制度因为具有更大的激励作用，责罚的程度相对较轻，因而，对大学学术生产数量的增长，具有更加明显的促进和激励作用。

> "学校加大科研奖励力度是明智的举措，因为现在做任何事情都考虑投入和产出的问题，如果奖励的标准太低了，老师们就会觉得不值。有的学校在非核心期刊上发表一篇文章，没有一分奖励，这样的话他就都不去写文章了。有的在核心期刊发一篇文章才奖1000块钱，这样，他就会考虑投入产出问题，会琢磨值不值得去做，如果不值得，他就不做研究了。为什么？因为对绝大部分老师来说，发表一篇文章可能需要支付一两千元甚至更多的版面费，还有其它必须付出的一些说不出口的人情费，有这么大的支出，却只有很少的回报，他会觉得这还不如上一节课，自己不能总是干赔本的事啊。这就需要学校通过政策导向鼓励教师进行科研活动。"（汪老师语）

通过访谈，可以初步得知科研奖励制度可能起到的作用，以及教师对科研奖励制度所持支持态度的主要原因。接受访谈的刘教授说道：

> "科研奖励制度对老师们论文的发表具有很大的激励作用。尽管大家发表论文、争取项目都是为了评职称，但是现在发文章也好，申报项目也好，都是要花钱的。毕竟现在我们一般老师的收入不是那么高，……而发表文章就需要不少的钱，做课题也需要不少的钱。如果学校不给予科研奖励，个别老师就会觉得付出这么多，得到的不过就是一个教授职称的虚名，也许职称涨的工资可能还没有花费出去的多。……这样肯定会有一些老师不再可能费这么大劲去评职称了，觉得评职称所得和所付出的代价有点不太成比例。……所以说学校制订科研奖励，有利于提高大家从事科研的积极性。……这种激发的动力很大程度上源于老师们都很在乎资助的经费。例如在重要核心期刊上发表一篇论文可以拿到上万元的科研奖励，获得一个国家项目可以得到数万甚至数十万元的经费配套，这对老师们来说是一笔可观的收入。"（刘老师语）

尤其是，作为新升本的院校，在学术起步的早期阶段更需要有科研奖励制度来激励。

> "因为我们处于本科的初期阶段，确确实实需要较大的资助力度。就如同汽车发动起步或者爬坡阶段一样，必须加大油门和马力。这些资助经费就如同加大油门后的力量，会推动汽车前进。科研它有一个长期的一个过程，科研经费除了用在项目本身之外，还要用于论文发表、学术交流等。因为，通过论文发表和学术交流，激励老师们走出去，去汲取其外部的学术资源，以达到开阔眼界、汲取学术前沿思想和技术的目的。"（周老师语）

的确，不论教师们对科研制度的态度如何，在科研起步的早期阶段，学校需要有资助性的科研奖励制度来做引力，这个制度实际上就是一个指挥棒，是一种可以发挥导向作用的学术资本。因此，它对教师的科研必然会起到激励性的作用。

当然，毕竟访谈的的老师是少数，或者说是笔者"精选"的一些大学学术精英老师。比如大部分青年老师可能因为没有更多的学术资源，也没有更多从事学术生产的机会，或许并不一定对科研制度都持支持的态度。为了了解更多教师对学术制度的心态，笔者针对学院出台的科研奖励制度，做了一次问卷调查。问卷调查的结果（见附录4-2：科研资助奖励问题问卷调查表），对了解公众的态度也许更能说明一些问题。

研究者首次发出调查问卷 600 份，其中具有博士学位或者正高级职称的教师 200 份，具有副高级职称的教师 200 份，讲师及其以下教师 200 份。收回有效问卷 576 份。在回答所调研的问题时，96.7%的博士或者教授都认为，科研奖励制度对促进学校科研发展很有必要；91.2%的博士或者教授认为科研奖励制度对本人的科研活动很有必要。93.3%的副教授和 80.1%的其他教师认为，科研奖励制度对促进学校科研发展很有必要；89%的副教授和 78%的其他教师认为，科研奖励制度对本人的科研活动很有必要。在回答"科研成果的资助奖励标准是否应该继续提高"这一问题时，78%的博士或者教授，89.5%的副教授和 82%的其他教师认为应该继续提高。在回答"如果学校取消科研成果奖励制度，你是否和现在一样还继续从事科学研究"这一问题时，只有 52%的博士或者教授，21%的副教授和 9%的其他教师持肯定的态度。而 90%的教师都认为自己从事科学研究的目的主要是为了职称评审的需要；同时，也是为了想多获得一些工资以外的经费收入。31%的博士或者教授认为自己从事科学研究的动力主要来源于学术的好奇，其他博士和教授认为自己从事科学研究的动力主要来源于学校科研任务的压力。副教授和其他讲师以下的教师，有 91%都认为认为自己从事科学研究的动力主要来源于学校科研任务的压力。在回答学术产品的价值时，只有 47%的博士和教授认为自己发表的科研论文和主持完成的科研项目有较大价值，23%的博士和教授认为自己的同行们所取得的科研成果有较大价值。不到 20%的副教授和讲师以下的教师认为自己和同行们所取得的科研成果有较大价值。

这一调查结果，虽然说明教师对科研奖励制度的态度存在结构性的问题，但是，制度给予教师进行学术生产提供的必要的经济资本，以及这些资本所发挥的作用，特别是，科研资助奖励客观上让一批教师在养成非正式的学术内在制度方面所起到的作用，却普遍地得到了教师们的肯定和认同。这就说明了，学术生产数量的繁荣，主要是学术奖励制度的结果，是通过经费资助转化为学术生产资本的结果。

（二）学术生产的文化资本

如果说，科研奖励制度为大学学术生产提供的是经济资本的话，那么，职称评审制度，以及其它的人才遴选制度、学科建设制度等，则是学术生产所需要依赖的文化资本。这里所谓的文化，是指"一个人作为社会一员所获得的全部能力和禀赋"，它可以视为"一套基本上不可言传的规则系统，它靠各种符号和其他有关其制度性内容的有形提示物而得到巩固。"[4]

职称评审、人才遴选、学科建设环境营造，显然都是知识产品生产的文化要素。因此，职称评审制度和人才遴选制度、学科建设制度一样，都可以视为是大学学术生产的文化资本。前文已经论述，教师从事知识产品生产的经济动力，主要是科研奖励制度的激励作用。那么，教师从事知识产品生产的文化动力，应该主要是职称评审制度、学科建设制度、人才选拔制度等的激励作用。也就是说，知识产品数量的增长，与职称评审制度、学科建设制度等之间也存在着密不可分的关系。特别是职称评审制度，它与学术生产数量繁荣之间无疑存在必然的关系。因为，任何教师只要参加职称评审，就必须按照职称评审制度的规定，完成制度规定的学术生产任务。大学组织内部

4　[德]柯武刚、史漫飞著，韩朝华译.制度经济学：社会秩序与公共政策[M].北京：商务印书馆，2001：196.

参加职称评审的人数越多，则意味着大学学术生产的人员队伍越大，学术生产的数量也会随之增多。因为职称文件曾对教师的学术生产数量提出了具体要求，并做过明确规定。例如 2009 年 8 月 H 省印发的《高等学校教师（实验人员）中、高级专业技术职务任职资格申报、评审条件》中做了诸多评审条件的规定（附录 4-3：职称评审规则）。特别是关于教授和副教授的任职资格条件，对教师进行学术生产的数量做了明确的规定。当然，对质量也做了一定的规定，只是，对质量的规定主要依赖于期刊的类别与级别。其中关于教授的评审规则这样写道：

第一，关于论文、著作，需具备下列条件之一：① 被 SCI、EI、ISTP 或 A＆HCI、CSSCI 收录，或被《新华文摘》、《高等学校文科学报文摘》全文收录论文 5 篇（文科均为独著，理工科均为独著或第一作者）以上，且被较多引用。② 在省级以上 CN 学术刊物上发表本专业学术论文 8 篇（限 1 篇教育、教学研究论文。文科均为独著，理工科至少 5 篇为独著或第一作者，其余限前 2 名）以上，其中至少 6 篇发表在全国中文核心学术期刊或本学科领域公认的权威性学术刊物上（其中至少 2 篇有创见性的学术论文发表在国家一级学术刊物上或被上述检索或刊物收录）。③ 正式出版本专业学术著作（本人撰写 8 万字以上/部）或译著（本人翻译 12 万字以上/部），或主持编写（主编或副主编）省级以上统编、规划教材（本人撰写6 万字以上/部）；同时在省级以上 CN 学术刊物上发表本专业学术论文 6 篇（限 1 篇教育、教学研究论文。文科均为独著，理工科至少4 篇为独著或第一作者，其余限前 2 名）以上，其中至少 5 篇发表在全国中文核心学术期刊或本学科领域公认的权威性学术刊物上（其中至少 2 篇有创见性的学术论文发表在国家一级学术刊物上或被上述检索或刊物收录）关于项目、奖励。也须具备下列条件之一：① 国家级或省、部级二等以上科技奖、社会科学成果奖的主要完成人，或省、部级二等以上教学成果奖的主要完成人（二等奖限前 2名），或 2 项省自然科学优秀论文一等奖的第一作者。② 主持完成1 项国家级或 2 项省、部级科研（教研、工程）项目（课题），并通过省、部级以上业务主管部门的鉴定或结项验收，达到国内领先水平，产生较好的社会、经济效益。③ 省级以上教学质量工程项目的主要完成人（限前 3 名）。④ 作为主要发明人（限前 3 名）获得与本专业相关的国家发明专利 1 项以上。

正是这些规定，使得学术生产数量的增加成为客观的必然。教师系列如此，其他专业技术职务系列也无不如此。职称对教师来说，不仅是福利待遇提高的必要条件，而且，也是教师个人学术声誉提升的重要条件。特别是，从某种意义上看，职称也是教师个人价值的一种体现。为了提高福利待遇，提升个人的学术荣誉，实现个人的价值，教师着力完成职称制度所规定的学术业绩条件，就成为教师职业生涯的一项重要任务。这样，一个教师，如果从评审讲师算起，一直到教授职称评审的完成，需要完成的核心期刊论文数量，主持完成科研项目的数量，以及获得的省部级成果奖励的数量就相当可观。哪个学校参加职称评审的人员越多，则这所学校的学术生产数量也就越多；相应地，该校在大学排名乃至其他学术竞争中就会处于有利的位置。这就是大学教师职称评审制度与大学学术生产数量繁荣之间所构成的正相关关系。

除职称评审制度以外，还有其它一些学术制度与科研数量繁荣也存在正相关的关系。如学校为了鼓励广大教师从事科学研究的积极性，除了制订一系列针对教师科研成果本身的资助奖励制度之外，还出台了其它配套政策，以期全方位地激发高层次、高职称、高学历的教师从事科学研究的积极性。L学院出台的《重点学科建设管理办法》和《兼职硕士生导师管理工作试行办法》就是其中的两例。《重点学科建设管理办法》规定：

"学院为重点学科的年度投入总经费不少于 100 万元。学科建设资助经费包括起动经费、课题专项经费、专著资助经费、学术论文奖励经费、信息资料经费、学术会议与学术交流经费、人才培养经费、学科预留经费等，学科建设经费须专款专用。"同时规定："重点学科点应把承担国家和省部级以上科研项目、发表国家级学术论文以及产出其它重大科研成果当作学科建设的首要任务。各重点学科点在建设周期内，须分别完成以下任务：（1）须立省级课题 2 项；或立国家级课题 1 项。（2）平均每年须在国家级核心期刊发表 2 篇以上学术论文；或平均每年被 SCI、EI、SSCI 等收录 1 篇以上学术论文；或在建设周期内出版院学术委员会认可的较高学术水平的学术专著 2 部。（3）平均每年在一般核心期刊上发表 10 篇以上

> 学术论文。在规定的时间内，未取得以上成果者，学院将酌情减少
> 对其资助。其中，自首期经费到位开始，连续两年本学科未获得一
> 项省级课题立项，或在学科点建设期间未获得国家级课题立项者，
> 终止其重点学科点经费资助。"

这些制度均获得教师尤其是高水平教师的支持。学校领导认为，"没有这些制度，就难以吸引一大批优秀的博士和教授加盟进来。办大学主要靠人才，所谓'大学者，乃大师之大也'。只要高水平的教师支持，这个制度就是个好制度，就应该坚持执行下去。"

三、学术资本的功用与学术生产数量的增长

L学院之所以会不断修订科研奖励政策，特别是对高级别的知识产品的奖励标准日趋提高，有着其内在的逻辑必然性。对教师来说，提升科研资助标准，也就是提高了教师学术资本的存量。这就为教师通过拥有学术资本，进而获取更多的政府资源、社会资源、学术资源成为可能，为教师生产更多的知识产品提供了更充足的客观条件。就教师发展而言，这一制度不仅有利于满足教师晋职晋级的要求；而且，也增加了学术人员的收入，改善了教师们的待遇。特别是，取得标志性科研成果的学术教师，还有可能获得专家、创新型人才等诸多符号权力。

满足教师晋职晋升的愿望是科研奖励制度得到大多数教师尤其是高学历教师支持的重要原因。因为，不论是谁，作为大学组织内部的成员，都需要有发展。显然，学术职称、人才标识是自己发展的重要航标。因为，它和自己的工资、待遇密切相关。评上高一级职称，获得了某一类人才的称号，就意味着自身的待遇又提高了一步。而要如此，必须具备相应的学术生产资本。

> "因为做学问，搞学术是需要条件的，没有条件怎么能够生产
> 学术成果呢？"（汪老师语）

而科研奖励对老师们进行知识生产的激励作用十分明显。

> "尽管大家都是为了评职称，但是因为现在发表文章需要花钱
> 的，所以学校给予一定的经费奖励，虽然经济的压力不一定减轻太
> 多，但是感觉学校在体谅大家的不容易，等于说以这种方式让大家
> 感觉到学校在支持自己，如果再不去做点科研就会觉得不好意思。"
> （刘老师语）

如此看来，奖励的作用，主要在于减轻教师的经济压力。如果学校不去资助，部分老师肯定也要发表论文、评审职称，但是，必然也会存在个别老师因为学术生产的成本太大而不得不放弃职称评审。

> "觉得评职称所得和所付出的有点不太成比例的，实际上就是说职称之间工资级别的差距并不大，或者老师们获得了这种职称之后，他个人的工资水平或者说自己的收益并没有达到应有的理想的标准。"（刘老师语）

由此可知，教师对科研奖励制度的依赖，源于制度给自己带来的利益。职称是一个动力，奖励又是种引力。另外年终还有与学术挂钩的岗位津贴，完成科研工作量，就可以直接得到满工作量的岗位津贴；如果没有完成任务，经济上就得有些损失。有的学校甚至把个人的专业发展，个人职务提拔，晋职晋升，以及个人生活待遇，全部和奖励制度挂钩。所以，对这样的制度教师不可能不予以重视。正因为如此，目前各个大学教师评审职称，面临的竞争愈来愈加激烈。

> "人数多指标少，那么就得优中选优。特别是学校人员基数迅速变大以后，人员增多，而省里下达的指标却相对减少了，这样教师、学校的压力都增大了。实际上就是职称的竞争性增强了，更加激烈了，所以在更加激烈的情况下，怎样体现出谁才是更优者啊，那就看科研，比条件。谁不努力，谁就没有出路。"（张处长语）

尤其是作为地方院校，因为学校的学术声誉、学术资源均面临不足，教师发表文章需要寻找资源，课题立项需要寻找资源，而学校的资源却严重不足，所以教师的花费和重点大学教师比较起来，就显得大了许多。若学校不给教师以适当的学术资助激励，就不能够解决教师的实际困难，不能够弥补科研花去的成本，教师自己就会因经济困难而没法承受科研的重负，他们的科研就很难顺利进行下去。所以地方院校通过科研经费奖励制度，弥补教师科研方面的经费投入，弥补寻找学术资源过程中花费的成本，就具有逻辑的必然性。

当然，晋职晋升、成就人才作为大学教师的学术目标，本是学术生产的一种自然的活动；作为大学教师，在他的特定的岗位上，本来就应该承担教学和科研这两项任务，国家给教师发放的工资本来就应该包含两项任务的成本，即一方面做教学，一方面做科研。也就是说学校不给教师科研资助，教师同样也应该去做一定的科研工作。但是何以科研经费奖励制度成为教师学术生产必然的资本依赖？或者说，大学学术人员何以不能通过自然的学术惯习去实现自己固有的学术目标，而是通过追求额外的学术资本去追求非逻辑的学术目标呢？

教师的生存和安全需求是其主要原因。教师的知识生产之所以比较强烈地依赖科研奖励制度的作用，众多教师之所以改变固有的学术目标而把学术资本作为自身的追求目标，主要原因在于：学术资本尤其是经济资本对教师而言面临严重的稀缺。目前大学内部的多数教师面临生活待遇的尴尬。而不具有关键收入的大学教师，为了自身的生存和发展，就不得不寻求学术资源。否则教师的稳定性就会受到威胁，荣誉、职称等象征资本就难以获取。由于教师对自己所需的资源并没有控制力，资源需求就会成为问题和具有不确定性。特别是远离市场的学术人员获得资源更为有限。教师为了获得资源，就必须依赖控制资源的组织机构，而"控制资源的组织有时是不可依赖的，尤其是这些资源稀缺时"。[5]

于是，只有建立可以依赖的学术资本资助制度，才能使得教师获得维持生存和发展所必须的学术资源，以及依据制度维持资源攫取的能力。为什么众多教师需要这样的学术生产激励制度，特别是在学术起步阶段尤其需要，关键就是这个制度为教师的学术生产提供了一定的资本资助和资本动力。

> "如果让教师拿着他的工资去做科研工作，他可能就要勒紧裤腰带，就要变得更穷。和吃饭相比那还要先吃饱饭才能去做工作，科研奖励制度主要为了解除教师的后顾之忧。……现在发文章的版面费越来越高，期刊社大多都成了盈利性单位了，有钱才能发表论文；评职称更需要花钱。所以教师拿到的工资，远远不能够满足自己科研方面的需要……现在让教师自己靠工资做科研，根本没法开展下去了。所以对新升本院校来说，在打基础的过程里，教师需要科研资助。需要通过经费刺激、资助奖励调动教师的科研积极性。"
> （张老师语）

社会经济的发展已经到了全民奔小康的发展阶段了，为什么大学教师从事的学术生产还遭遇着经济资本稀缺的困境呢？究其原因，关键在于目前大

5　[美]杰弗里·菲佛、杰勒尔德.R.萨兰基克著.组织的外部控制——对组织资源依赖的分析[M].北京：东方出版社，2006：285.

学教师的工资待遇偏低，虽然和普通中小学教师相比，大学教师的工资待遇还比较客观，但是，从生活愿景来看，大学教师或者说多数大学教师的正常生活还遭遇着待遇上的尴尬局面。

> "现在我们老师们的工资太低了。现在的工资，只能说，能够维持教师们正常的教学工作，维持日常生活应该是没问题的，但是你要是说去叫他做科研，叫他拿着这个工资去做研究，那就相差很远。"（张处长语）

> "像我这样，两个人都是教授了，都是博士了，应该是这个社会的中产阶级吧。但是现在买房子贷了几十万，工资又低，物价又上涨的这么厉害，孩子也要上学，购买住房，都需要到处借钱，每个月光还房租就得几千块钱，大家都还以为博士教授的家庭怎么好，实际的结果，早沦为网络上说的贫下结层了。"（宋老师语）

> "为什么有那么多人去一哄而上要搞学术，就是因为这个奖励制度因素在里面，学术和教师的饭碗挂钩了。干的多，挣的多，因为教师要住房子，要养孩子，要开汽车，也要享受一流生活的质量。"（汪老师语）

当然，从总体上看，教师的生活水平与过去比较，应该说提高了许多。和过去比较，一个有目共睹的事实是，教师的生活待遇还是有了大幅度的提升。虽然说民国时候拿多少钱，一个人工作可以养全家人，那是特定历史时期和环境下的一种情况，有时候很难和那时候相比较。但是，目前教师的生活水平提高，是一种普遍意义上的提高，是纵向比较上的提高，而不是结构意义上的提高。和教师从事学术生产创新的需要相比，与教师自己的生产愿望相比，与教师从事学术生产所付出的成本相比，这种生活水平的提高和生产需求之间的差距还有很大。比如说教师的工资水平和金融、石化、信息等等许多其它行业相比，还处于偏低状态；再者，如 H 省高校教师的工资和外省的高校的差距也很大。"很多外省高校的工资是 H 省高校教师工资的一倍以上，甚至是两三倍。"（访谈人语）

在现实的生活环境下，很多老师，往往就把知识生产作为了一门捞取资金、获得个人利益的一门独特生意，希望通过生产更多的知识产品换取更加可观的经济收入。为了增加收入，教师们往往赶进度、赶速度、求数量，所谓多多益善。甚至有的教师，频繁地转变学术方向，什么知识产品生产的快捷便利，什么产品获取的经济效益明显，就转向哪个学术生产领域。当下很多教师纷纷从基础研究转向更为应用性的科学技术研究，目的就是为了获取更多的学术研究经费。正如[美]希拉·斯劳特等所说，"随着高等教育中非限制经费的压缩，国家体制中的院校将改变寻求资源的模式以争取新的、更加取决于竞争的经费，为了对新的机会作出回应，院校将不得不从基础研究转向更为应用性的科学技术研究"。[6]即使这样，对大多数老师来讲，仍然面临经济上的诸多困难。

> "在当下的社会环境里，孩子的教育费用高，住房高，医疗费用高，什么都高，就是教师工资不高。这种日子里你让老师们潜心下来，坐着冷板凳，耐得住寂寞踏踏实实的做学问，那简直就是天方夜谭。我说的这些话，有时想想也丢教授的身份。但是，有时候理想很丰满，现实很骨感，当你面临着生存的压力时，当老师们个人的生活待遇面临问题时，反过来还要承受科研压力，每到年终就要计算分值，……现在申报什么项目，目的主要是挣分的，校长直接就讲不做项目就挣不了工分。也就是说，很多人为挣工分才做项目、做研究，挣工分就是挣钱，就是挣生活费，就是养家糊口。所以我就和家属说，大家赶紧多写点应景文章，一篇 SCI 可以挣上一万块钱，你就写上几十篇，把借款挣回来，别一年两年还不出活，总说得耐住寂寞、要钻进去，光耐住寂寞怎么才能改善生活啊！我想有这样一个心态的人不会是个小数。双高的家庭，两个博士，又是一个孩子，尚且都把生存作为第一需要了，还有那些一般的老师怎么可能会用真心去做学问啊。在这种压力下教师该怎么办，只能是粗制滥造。"（宋老师语）

的确，"人是自利、自主和平等的个体，他只具备有限的认识能力和有限的知识。社会在本质上被视为一个资源交往的网络。"[7]学术生产的激励制度，本来是一个促进学术繁荣的规则，但是，在自利的目的和动机作用下，它已经成为满足教师生活需要的一种要素，而非纯粹的学术生产激励要素。也就

6　[美]希拉·斯劳特等.学术资本主义：政治、政策和创业型大学[M].北京：北京大学出版社，2008：58.

7　[英]J. D. 贝尔纳著、陈体芳译.科学的社会功能[M].北京：商务印书馆出版，1982：179.

是说，现在学校出台的一系列的科研奖励制度，主要是围绕着教师个人的待遇，生活待遇，满足教师的工作需要，工作条件的改善，通过改善条件，来激励教师学术的积极性。

显然，学术激励制度在促使知识产品数量的增长时发挥了重要的作用。有了这个制度，比如教师发表的论文越多，就可以挣到更多的"工分"；拿到的项目和奖励越多，就可以得到学校更多的经费配套等等。这样的学术生产结果，一方面对教师生活质量的提高会有所帮助；更重要的，由于教师取得了数量可观的学术业绩，满足了学校规定的科研条件，教师在其所在的知识分子群体中，在单位里也会备受尊重。实际上，教师本人的生存质量也获得了提高，客观上也给教师带来了生活水平的提升、尊严的提升。当然，这样的科研奖励制度，给予教师的只是一种外在的、有时甚至是强制性的规则，并且教师在遵从这一规则时，往往出于自利的目的，而制度不仅难以抑制这种自利，而且在客观上，制度还会对这种出于私利目的的需求以**催化**、**复制**、**再生**，这就必然导致学术生产周而复始地催化数量增多的同时，也必然会令人机会主义地夹带大量的粗制滥造的知识产品。

第二节　非正式的内在制度及其对数量繁荣的影响

上述分析表明，科研奖励制度、职称评审制度、人才遴选制度等正式化的内在制度，对学术生产数量繁荣的影响具有明显的促进作用。同时，教师养成的学术惯习，即教师形成的学术精神、学术责任、内在规范等非正式的内在制度，也对学术生产数量的繁荣发挥着不可忽视的作用。这里以教师的学术惯习为例，对非正式的内在制度给予学术生产数量繁荣的影响进行简要的分析。

一、学术惯习与学术生产数量的关系

学术惯习，是学者进行学术生产的一种生存心态。这种生存心态，包括学者的**学术良知**、**学术心态**，**学术责任**、**学术精神和思想境界**等诸多方面。按照布迪厄的理论，学术生产的实践，就是学者依据在学术经验积累与学术内化过程中形成的惯习，并秉持与特定学术场域相匹配的一定形式与数量的资本，在特定学术生产场域发生的一种前反思的策略行为。也就是说，大学教师的学术生产行为，与自身的学术惯习有关，与拥有的特定形式和数量的资本有关，也与特定的学术场域有关。

这就预示了，大学教师的学术惯习，往往会与现实环境发生冲突。特定的学术生产制度环境、生产场域，以及自身拥有的各样学术资本，影响着学术生产的惯习。学术惯习，是教师进行学术生产的生存心态。"惯习是一种结构形塑机制（structuring mechanism），其运作来自行动者自身内部，尽管惯习既不完全是个人性的，其本身也不是行为的全部的决定因素。"[8]所以，从某种意义上，学者的学术生产惯习是一种社会化了的主观性。惯习就是"生成策略的原则，这种原则能使行动者应付各种未被预见、变动不居的情境……（就是）各种既持久存在而又可变更的性情倾向的一套系统，它通过将过去的各种经验结合在一起的方式，每时每刻都作为各种知觉、评判和行动的母体发挥其作用，从而有可能完成无限复杂多样的任务"[9]

学术惯习具有多重内涵，但大致可以包括以下几层含义。第一，学术惯习不是天赋的或是自然形成的东西；第二，学术惯习是一种特定的形塑机制，其具体操作源于行动者身体的内部机制和机能；第三，学术惯习具有能动的学术生产实践意义，学术惯习不是学术习惯，学术惯习作为一种技艺存在的生成性或创造性能力，是存在于人们的性情倾向系统之中的某种创造性艺术；第四，学术惯习是一种社会结构化了的行动者的主观性，是体现于学人个体身体而实现的集团结构和心态的个人化，也可以说是经由长期的社会化而获得的生物性个人的"集体化"内容，每一个行动者既具有作为行动个体的特殊化，同时身上也具有整个社会或时代的内容和特征的规定性，是时代精神的产物。

笔者在这里用学术惯习这一概念，意在强调学术场域、学术资本对学术生产结果的重要性。也就是说，当下的学术生产的数量繁荣的现象，与特定大学的教师身处的场域有关，与其拥有的资本有关。对学术惯习给予学术生产实践的分析，或者说对学术的内在制度给予学术生产数量繁荣的分析，就不能不关注学术场域和学术资本给予学术生产数量繁荣所产生影响。笔者把分析的视角仍然首先聚焦于内在的学术制度对学术数量繁荣所产生的影响上来，也就是聚焦在学术惯习给予学术生产实践的影响上来——这是一个问题的两种表述方式。

8　[法]皮埃尔·布迪厄[美]华康德著，李猛、李康译.实践与反思——反思社会学导引[M].北京：中央编译出版社，1998：19.

9　[法]皮埃尔·布迪厄[美]华康德著，李猛、李康译.实践与反思——反思社会学导引[M].北京：中央编译出版社，1998：19.

那么在现实的环境下，虽然大多教师的知识生产行为源于自身的生存，甚至源于生活中的自利性目的，可以说，功利性的学术追求比比皆是。但是，作为知识分子的大学教师，毕竟还有着值得自己坚守的学术良知和求知精神；作为大学组织，毕竟还有那么一批执着地坚守自己的良知、追求着真理的人们。他们宁愿过着自己简陋的生活，宁愿走过寂寞的人生，也不愿意委曲求全，不愿意随波逐流地去向握有行政权力的干部队伍靠拢。在这些教师的人生历程中，他们对于自身的学术道路、学术目标的设计，以及对内在的学术精神、学术规则、学术责任的坚守，与学术生产数量繁荣的结果也有着极其密切的关系。

笔者试图选取几位对学术生产有着执着追求精神的学人，从其学术生产行为的正面角度，寻找非正式内在制度对学术生产数量产生影响的原因。当笔者问及在这么浮躁的学术环境下，为什么他们还能坚守自己的学术原则，不是汲汲于官位争取，而是诚心向学，并且生产了数量可观、且具有标志性意义的学术产品时，他们的回答耐人寻味，也颇受启发。

"的确，现在学而优则仕的规则似乎并没有得到多少改变，大凡学术方面取得了一些成就的，有了一点名声的，都不再满足于自己的学术生活现状，而是千方百计想去争夺一个校长或者处长的位置。现在不少学术界的名人大腕，或者已经是特聘专家，或者已经是知名学者，还是整天忙着东奔西跑，要么去追求那种大家都普遍看重的行政职位、官位，要么到处乞求各种各样的经费。说到底，还是为现实的功利所羁绊。这几年的确有人找我去当官，但我没有去。……我觉得，作为大学教授，无论是在学术生产的过程中，还是在做其它任何事情的时候，需要坚守两个底线：一是知识呼唤下的使命责任和思想感召下的道德良知。二是要坚守相对清纯的良好的心态。知识分子的学术责任、学术道德，是一个基本底线。现在，很多人迫于无奈，一年之内发了很多的文章，得到了一种表面的满足，但这对于学术本身的推动并没有什么影响。甚至，有的人为了发表，不惜剽窃、粗制滥造，这不仅是对学术生产有没有推动的问题，而且是给学术的头上浇灌脏水的问题。这就是说，教师学术生产的基本道德底线没有了。再者，知识分子抱持的学术生产心态也很重要。现在整个社会都处在一个很浮躁的情况下，大家都追求看

得见摸得着的一些东西。但是作为大学老师来讲，还是要有耐得住
寂寞的精神，要有一种只为耕耘不为收获的那种精神。"（汪老师语）

的确，在浮躁喧嚣的环境里，作为大学教师需要拥有一颗平常心，守护
一个良好的心态。正是学术责任的坚守、良好学术生产心态的呵护，才使教
师的学术生产，不仅在学术产品的数量上有了增长，而且，在质地上也不失
思想的灵光。

真正的学术进步，包括整个学科的创新，需要每一个教师一点一滴的去
积累；学术生产的繁荣，不仅需要教师把内在的制度规则化为知识产品数量
的增加，更重要的是教师应把内在的学术操守转化为具有丰厚的思想内涵的
知识创新。只有当大多数教师都能够恪守学术的道德责任，放正自己的学术
心态，才能换取大学学术生产的真正繁荣，才能在确保学术生产数量不断增
加的前提下，确保学术产品具有内在的真实要义。而知识分子的良知和知识
分子的心态问题，恰恰是学术生产场域中难以治愈的问题。那么这些问题产
生的根源究竟是什么，怎么才能使其得到解决呢？"有一句古老的玩笑话是
这样说的：'上帝给谁一项职能，也会赋予他相应的能力。'在我们这个时代，
没有人愿意认真地对待这句话。（黑格尔，《法哲学原理·序言》）"[10]在这里，
恪守良知和放正心态，并不是为了让教师们遵循"高等教育中的苦行主义"，
让大家进行必要的苦行训练，"以便获得一种确定的脱离生活的文化"，"获得
大公无私、坚韧不拔的品质"，培养所谓真正的人，"所谓真正的人就是有能
力从事纯粹性活动的人，就是说，摒除了一切亵渎性、实用性、利益性目的
的活动。卓越的人都致力于自身的升华"。[11]如同"简单而朴实，明智而内心
宁静，顺从命运又不失尊严，正直而且勇于献身"[12]的人等等。而是唤醒建
立在现实基础上的某些超功利的激情，形成知识分子自己的学术惯习，形成
教师自己的内在学术规则。

的确，**学术良知**、**学术心态**对学术生产的结果关系密切。尤其是学术的
良知对知识分子极其重要。这是大学教师必须坚守的**内在制度**。之所以要保

---

10 布尔迪厄著，杨亚平译.国家精英——名牌大学与群体精神[M].北京：商务印书馆，
　 2004：112.

11 布尔迪厄著，杨亚平译.国家精英——名牌大学与群体精神[M].北京：商务印书馆，
　 2004：191.

12 布尔迪厄著，杨亚平译.国家精英——名牌大学与群体精神[M].北京：商务印书馆，
　 2004：83.

持和坚守这种内在制度，主要在于这种内在制度自身存在的特有价值。"大量的内在制度根据经验不断演化并控制着人的相互交往。人们长期保存内在制度，因为有些人发现了它们并觉得它们有益。"[13]

然而如果这种良知和责任缺失，如果众多学者都去追求一些表面的、急功近利的东西，教师为了完成自己的岗位任务，或者为了获得年终的津贴，而把自己并不成熟的学术产品发表了出去，那么，这种学术生产即使数量再多，它对学术本身并没有任何价值，也没有什么意义。

二、教师使命意识的提升与学术生产数量的关系

教师使命是教师学术内在规则的深化。人的使命是什么？教师的使命是什么？大学的使命又是什么？只有对这样的问题做出清晰的回答，才能在学术生产中明确自己的发展方向，也才能生产出数量足够、质量合格的知识产品。在现实中，对这样的问题能够回答得十分清楚的教师并不很多。毋宁说教师，即使当下的很多大学组织，也并不十分清晰地知道自己的使命到底是什么，能够承担什么样的责任。这让诸多大学失去了应有的主心骨、应有的个性、应有的创新特征。大学人云亦云，随政策而行，为政策奔波。而这样的大学所培养的人，也只能是一个缺乏创新思想的技术分子，缺失超越于功利之外的遐思和探究真理的精神，及其不屈意志的"读书人"。而不是一个真正具有社会担当能力的学者。因为学者，承担着追求真理的使命，如费希特所说，学者的"使命就是论证真理；我的生命和我的命运都微不足道；但我的生命的影响却无限伟大。我是真理的献身者；我为它服务；我必须为它承做一切，敢说敢作，忍受痛苦。要是我为真理而受到迫害，遭到仇视，要是我为真理而死于职守，我这样做又有什么特别的呢？我所做的不是我完全应当做的吗"？[14]即使不是学者，而仅仅是一般的大学知识分子、大学教师，也应当形成具有独立人格的生存目的。"人的生存目的，就在于道德的日益自我完善，就在于把自己周围的一切弄得合乎感性；如果从社会方面来看人，人的生存目的还在于把人周围的一切弄得更合乎道德，从而使人本身日益幸福。"[15]

---

13 [德]柯武刚、史漫飞著，韩朝华译.制度经济学：社会秩序与公共政策[M].北京：商务印书馆，2001：120.

14 [德]费希特著，梁志学、沈真译.论学者的使命、人的使命[M].北京：商务印书馆.1984：45.

15 [德]费希特著，梁志学、沈真译.论学者的使命、人的使命[M].北京：商务印书馆.1984：12.

大学的学术生产，所需要的正是这种具有学者使命的知识分子。虽然，目前这样的知识分子在大学并不很多，但是具有学者使命人格的教师也并非没有。事实上，大凡取得一些学术成就的教师，都十分重视提升自身的使命意识。他们进行学术生产，所依赖的往往不是外在的功利性原则，而主要是内在的学术规则；不是以追求功利为目的，而是以学术的创新为己任。虽然，当他们无功利地做出一些成果的时候，生产出一些有价值的学术产品时，政府、社会往往会给他一些没有想到的好处，如利益、荣誉等。但是，那些荣誉的获得只是一个人学术劳动付出以后的一种自然的结果，而不是事先经过刻意设计而追求出来的目标。李教授的成功案例，同样说明了教师学术使命的提升对学术生产数量增长的影响。

"我读博士的历程，就觉得十分有趣。……当时我觉得自己好好在高校里教书、多出成果，我觉得有没有博士学位都一样，为什么要考博士呢？但是一直到 2000 年以后，……觉得自己作为一个高校教师，如果还不是博士，生存的空间，教学质量可能都会出现问题。……我考博士，第一不是为了想换一个更好的工作环境；第二，也不是说通过获得博士学位去谋取一个什么职位。……现在回头看看这些年走过来的路，我最大的体会，就是当时读书确实没什么功利目的，这给我带来了三年博士生活的平静，发表了多篇有影响的论文，并且获得了我们这个学科领域全国唯一的优秀博士论文奖。……如果我是奔着功利目标去的，这个奖可能与我就无缘分了。正因为你没有这样的目标，你没有这样的功利，你可能最后达到了这个目标。……博士毕业以后又做博士后，重新选题，也是基于一种学术的突破。……我们这个专业，刚刚又拿到了国家的一个重大招标项目，我们提出的一个目标就是要在五年以后，生产一系列学术论文，完成一个标准很高的研究成果。……因为，学术研究不像一个歌星唱歌，同一首歌他可以唱十年都可以的。学术生产可以继承借鉴，但不能重复。作为大学教师还是要平静下来，保持学术的个性，保持自己的独立性。不论在什么样的条件下，都能够去独立思索，静心思考，只有这样，才能生产出更多的、有价值的学术产品。"

使命的提升，基于学术精神的修炼。就内在制度而言，这种修炼需要教师始终把追求真理、追求学术，作为自己从事学术生产的首要责任和义务。但是，这并非一件简单易行的事情。而是需要教师舍弃许多世俗的快乐而进行多年修行才能达到的结果，实际上就是教师个人内敛修养达成的条件问题。就大学教师而言，把这种内敛修养作为内在的学术制度的确十分重要。"内在制度在构建社会交往、沟通自我中心的个人和实现社会整合上的重要性早已被哲学家和社会科学家们所认识。……并使许多人能靠有限的资源在有限的区域内共同生活。"[16]

那么，大学教师如何才能通过学术精神的炼狱，达到学术生产自由创新的理想彼岸呢？汪教授认为：

> "治愈学术生产场域出现的功利心态，促使知识分子的良知和心态回归到学术的自然和自由王国里，这需要有一个大的境界、有一个博大的精神。作为真正的学者，要能够从具体的事务里面超越出来，能够站在一个更高的高度来看待你所从事的工作。比如说现在很多人都是局限于自己的专业，时间一长他容易钻的深，但是也限制了自己的视野。学问上可能有一点，但是超过这个学科的范围，他就成了一个白痴。"

那么做人也是这样，一个人如果仅仅局限在一个岗位，如果说不能站在全社会的角度看待学术的问题、知识生产的问题、文化推进的问题，那么他的心胸必然也是很狭窄的，因而也就不可能从全局方面客观地看待问题，这就很容易出现急功近利的心态。所以高校教师思维模式的定位显得十分必要。教师缺失一定高度的哲学思维，缺失总揽全局的认识高度，大学缺乏对这种思维高度的鼓励，是当下高校学术生产面临的突出问题。冯友兰先生讲四个境界，就是只有达到天人合一的境界以后，人的思想才能自由，精神才能轻松，心态才能放正。在研究的时候，心灵才会慢慢的静下来，才会客观理性地看待世界，看待人生；才会发现研究场域中有趣的东西、有意义的东西，发现需要研究的问题。只有日积月累地这样思考，问题才会产生，文章才会自然地得以发表，著作才会自然而然出版，成果才会接二连三地出来。今天，一些品牌大学的学术场域生产了较多优秀的

---

16 [德]柯武刚、史漫飞著，韩朝华译.制度经济学：社会秩序与公共政策[M].北京：商务印书馆，2001：122.

学术成果，涌现了一批具有学术成就的教师，正是在这样的静思氛围中走过来的。

实际上，知识分子的知识生产过程，就是知识分子内在精神的修炼过程。教师应达到一种非功利的学术生产境界，不论生活条件多么艰苦，作为知识分子也必须涵养这种境界。抗战时期那么艰苦，解放前人们的物质条件怎么也不如现在这么丰厚。但是20世纪以来的这百余年间，文化创新的高峰，基本上就是20年代、30年代、40年代这三个时期。为什么后来社会发展了，科技进步了，特别是今天人民的生活水平提升了，反而没有那么好的成果。主要在于人们没有了那么高的境界，没有了那么博大的胸怀，因而也就出不了那么大的成果。我们现在接触的东西，都是和我们自身生存有关的有用的东西。不似像庄子讲的，无用之用是为大用。很多人都被一种急功近利的东西所束缚，功利限制了我们的视野，降低了我们的境界。

然而，当今的人们何以境界难以提升，果真是源于生活所迫，还是另有其他原因呢？汪教授这样谈到：

> "这需要回到我们的教育本身去反思。为什么数十年来我们出现不了大知识分子、大思想家、大的成果？原因就是从古至今我们的教育都是急功近利的，古人讲《四书五经》，讲的是学而优则仕。……至今为止，不少人还是学那些能够谋生的东西，只要能够升官赚钱就行。凡是跟做官挣钱没有关系的学术，都一律不看、不做。而这恰恰是大学教育自身过于功利化、过于太现实化、过于狭隘化的结果。当然，这与社会对大学的定位要求也有关系。"

如前所述，内在制度的建立依赖于一定的环境；同时也依赖于知识分子的内在觉悟、觉醒；依赖于知识分子的批判意识、内省意识，特别是知识分子的自我反思、自我批判、自我解剖、自我分析和研究的意识。

但在功利的制度环境里，这样的内在制度、内在规则的养成是极其困难的。知识分子究竟怎样才能形成内在的学术规则？这样的问题很值得研究。截止目前，知识分子针对自身学术惯习的研究虽然不乏其例，但是还很不够。正如莫顿所说，"从事社会科学的知识分子只顾忙于研究别人的行为，却大大忽略了研究他们自己的问题、状况和行为。流浪汉和售货女都被来做深入研究，但我们却似乎不情愿把社会科学家作为一个职业类型来分析。我们已经有了关于职业盗贼和职业乞丐的论著，但直到最近，还没有关于社会中职业知识分子的作用的论著。"[17]事实上，造成今天的学术生产状态，知识分子[18]本身存在的问题是不能回避的。主要理由是：

其一，知识分子自身的一个能动性的问题。因为管理者和被管理者是一个互动的关系，并不是说管理者压给教师的，教师就一声不吭的被动完成了。教师应考虑这个东西是否正确，符合不符合学术生产的实际。所以说，对知识分子来讲，需要对自己有一个基本的要求，需要有自己的独立思考，需要甄别自己的知识生产对社会能发挥多大的作用，需要考虑管理者制定的考评标准到底是不是符合人性化，是不是符合学科发展的特点。一旦遇到了不合理的制度，教师就应该提出自己的修正意见。

> "然而，现在的知识分子，屁股决定了脑袋，饭碗决定了思想。他就不敢说、不想说、不愿意说。因为他要考虑到饭碗的问题，因为有人牵制着他。好多人也明知道制度存在问题，可就是不愿意说。他就想，温水煮青蛙一样的，不到不得已的时候就不说，结果最后大家都死了。这就是个现实问题，归根结底还是管理者和被管理者缺少沟通。现在很多制度还不如民国时期，那时不少人还发发脾气，发发牢骚，现在谁也不发了。"（汪老师语）

其二，很多知识分子本身就没有形成自己特立独行的一种精神。所以，与其说是知识分子，还不如说是一个专业的知识者。现在大学的很多教师还称不上是真正的知识分子，更多的教师只能说是体制的依附者，是没有批判精神、没有独立思考的听话的公民，而谈不上是具有学术创造性的人。

---

17 [美]罗伯特·K 莫顿著，唐少杰、齐心等译.社会理论和社会结构[M].南京：译林出版社，2008：310.

18 "'知识分子'这个词不需要太精确的约定义。凡是致力于生产和传授知识的人，我们都称之为知识分子。他们能占有知识并能发展文化知识财富，而这些知识并非仅仅来自他们个人的直接经验"。"必须注意到，'知识分子'指一种社会角色，而不是一个总体的人。虽然这个角色与很多职业重合，但是它不必与之完全相符。这样，我们通常把教师和教授也看作知识分子。作为一种粗略的近似，这种做法基本上是适当的，但并不意味着每个教师或教授必然都是知识分子，这完全取决于他活动的实际属性。如果一位教师仅仅照本宣科，而对书本上的知识不作进一步的分析或应用，那么他就被排除在知识分子之外了。这样的教师并不比只读现成稿件的播音员更像知识分子。他只不过是传达他人观点的传送带上的一个大齿轮而已"。摘编自[美]罗伯特·K 莫顿著，唐少杰、齐心等译.社会理论和社会结构[M].南京：译林出版社，2008：310.

一旦教师的人格出了问题，也就不可能会有学术生产的创造性！这就是当代的学术生产虽然数量很多，但是缺少大成果、缺少大作品的一个非常重要的原因。那么，众多教师何以同时出现了人格缺陷的问题呢？一个基本的**假设**就是：**一种有缺陷的体制，必然造就出在同样体制下的有缺陷的人格**。也就是说，**体制造成很多教师的人格缺陷**。诸如缺少勇气、缺少批判，缺少对于问题的一种清醒的认识等等。实际上，在学术生产的场域，知识分子的人格缺失、人格的缺陷，源于知识分子本身和管理者之间已经成为事实上的"共谋者"。

应该说，对这些问题，每一个教师都应该进行自我的反思和反省。但是，能够反省的人显然越来越少了。所以，很多教师往往只是听命于制度的任意摆布，并在制度的框架之内，进行着所谓的知识生产。在这样的缺乏对制度甄别的环境里，也就是说，在**外在制度强盛而内在制度失灵**的状况下，同样容易生产大量的知识泡沫产品。应该说，大学学术生产产品数量的迅速增加，正是在这样的制度失灵的背景下出现的。

知识分子何以不愿针对自身的丑事加以揭露，对与自身命运有关的问题加以研究？也许含蓄一点地说，可能是一种意识上的不到位。但是，更直白地讲，即使认识到了位，也往往会迫于生计，迫于自己的饭碗，迫于社会对其行为所作出的规范性的要求，归根到底还是迫于特定环境的生活压力，"很多学者也不会那么主动地站直腰跟说硬话"（访谈人语）。这也许是一个需要比较漫长的过程才能改变和治愈的疑难杂症。因为，毕竟这涉及到知识分子的人格问题，涉及到人格塑造的问题。归根结底，涉及到知识分子的良知、心态和觉醒程度、反思与批判精神问题。如果知识分子自身不愿采取行动，那么，内在制度的建立就会十分困难。"内在制度大都诉诸自愿协调。违反内在规则并非没有后果，但要由个人在具体环境中决定接受或不接受违规行为的后果。"[19]

> "的确，作为一个学者，内在的规则非常重要，内在的修炼非常的重要。内心世界的平静、独特的个性、独立性，可以说是学术生产的三件法宝。尤其是个人对于学术生产的执着精神，创新性的品格，显得非常重要。实际上，即使在目前极其功利的环境中，只

---

19 [德]柯武刚、史漫飞著，韩朝华译.制度经济学：社会秩序与公共政策[M].北京：商务印书馆，2001：120.

要你能真正地沉下心来，还是可以生产出不少学术成果的。这些成果只要确确实实具有价值，总有机会得到社会、同行甚至也会得到学校和组织上的认可的。"（汪老师语）

因为，对大学组织来说，这种具有内在制度规则、具有特定学术气质的人，在大学学术生产的繁荣的过程中，所起到的作用会越来越大。

第五章　学术生产数量繁荣的外在制度分析

从制度起源角度看，制度可以分为外在制度和内在制度。所谓外在制度，即是"外在地设计出来并靠政治行动由上面强加于社会的规则"。[1]外在制度是被自上而下地强加和执行的，并往往配有惩罚措施的制度，它对学术生产数量繁荣具有重要影响。无论是由普适的禁令性规则构成的外在制度，抑或是具有特殊目的的指令构成的外在行为规则，它们对学术生产数量的繁荣都具有激励促进作用。

例如，政府对大学发展的期待，与大学自身追求卓越的发展愿望，促使了大学学术目标漂移现象的发生。而大学学术目标的漂移，对学术生产数量的繁荣具有直接的影响。同时，政府主导下的各类学术评价制度，也使大学在发展中承受了巨大的外在压力。这种压力，一方面来自于量化考评制度；一方面，也来自于外部的生活环境。而这种制度性的压力，也同样促使了学术生产数量的快速增长。特别是，由于学术制度的趋同，导致了学术生产数量盲目增长的普遍化。某种程度上看，这种数量繁荣已经成为当代学术生产场域中的泛化现象。

本章所讨论的，正是外在制度对学术生产数量繁荣所产生的影响。

1　[德]柯武刚、史漫飞著，韩朝华译.制度经济学：社会秩序与公共政策[M].北京：商务印书馆，2001：119.

第一节　外在制度与学术生产数量的繁荣

一、外在制度及影响因素

外在制度是设计和执行规则的政治行为。"外在制度是由统治共同体的政治权力机构自上而下地设计出来、强加于社会并付诸实施的。外在制度永远是正式的，它要由一个预定的权威机构以有组织的方式来执行惩罚。""外在规则的本质特点是，它的惩罚掌握在某种高于共同体的主体手中"。[2]

根据外在制度的内容和目标，外在制度可以分为"外在行为规则"和"具有特殊目的的指令"等不同的类型。

外在行为规则（external rules of conduct），由普适的禁令性规则构成，其目的在于用类似内在规则的方式约束公民的行为。比如，职称作为一种目标，对教师具有激励作用，因此，职称评审制度对教师而言，它是内在的规则；但是，就职称评审制度的具体内涵而言，从职称评审对大学和教师学术生产要求的视角来看，职称评审制度则具有很明显的禁令性质。也就是说，对大学来说，必须按照教师职称评审的规则运行，政府不允许各个大学在职称评审中自行其是，特别是对地方院校来说，政府在职称终评过程中，总是高踞于所有地方院校共同体之上，具有政治意志和实施强制的权力，并总是隐含着某种自上而下的等级制。因此，职称评审制度又是一个由政府设计出来并强加给大学共同体的外部制度。

禁令性制度和指令性制度，是柯武刚等根据制度的构架方式的不同对制度进行的划分，"指令性制度主动地指示和命令人们去干什么，它创立一种由领导人强加的行动秩序。禁令性制度在干什么上给行动者留下了很大的自由，但禁止某些有害的行为类型（遵循"汝不应……"思路的溺消极指示）"。[3]

除了职称评审制度以外，科研规划项目评审制度、成果奖励评审制度、大学办学水平评价和学科评价制度，以及政府为特定层次大学的办学规格、办学目标、办学规模设计的规则，都具有禁令性质。也就是说，大学发展必须符合政府规划设计的标准。因此它们也都属于外在行为规则，属于外在学术制度。

2　[德]柯武刚、史漫飞著，韩朝华译.制度经济学：社会秩序与公共政策[M].北京：商务印书馆，2001：130.

3　[德]柯武刚、史漫飞著，韩朝华译.制度经济学：社会秩序与公共政策[M].北京：商务印书馆，2001：116.

第二类外在规则，是具有特殊目的的指令（purpose-specific　directives），它们指示公共主体或民间主体造成预定的结果。指令性制度"精确地指示人们应采取什么行动以实现特定的结果"。例如，地方院校模仿其它大学的学术制度，制订出自己的制度，即指令本校学术制度与其它学校的学术制度趋同。因为，若不趋同，自身面临的处境将会变得恶化。所以学术制度趋同可以视为具有特殊目的的指令构成的外在行为制度。这里的指令似乎没有主体的存在，其实，学术制度之所以趋同，根本缘由还在于大学受到的政府控制。没有政府对大学的严格控制，也就没有学术制度的趋同。由此可知，这里的指令者正是隐身在制度背后的政府机构。

无论是由普适的禁令性规则构成的外在制度，抑或是具有特殊目的的指令构成的外在行为规则，它们对学术生产数量的繁荣都具有激励促进作用。那么，它们又是怎样对学术生产数量的增长起到激励和促进的作用呢？笔者认为，外在制度对学术生产数量繁荣的影响，主要源于大学对政府的依赖。

二、社会期待与学术漂移的产生

就大学组织而言，发展是永恒的主题。大学发展，不仅是规模的扩大，更在于学术的繁荣。任何大学都不会满足于自身的发展现状。进入世界百强的北大、清华是如此，其它大学的发展也是如此。尤其是地方大学，所在的区域社会和地方政府对其发展的关注往往更多。因为，区域社会和地方政府会更加期盼地方大学成为地方的名片，更多地期待大学能够产生更大的影响，能为地方培养更多的人才。虽然国家对不同属类、不同层次的大学发展目标做了诸多详细的规定，并从招生、经费划拨、学位点、学科基地等方面给予了具体的体现。但是，中国大学多是政府举办的大学，大学追求卓越是社会和政府的期待和要求。要求大学成为最好的大学，几乎成为社会和各级政府的思维惯习。

以政府管理思维为例，政府为了加强对大学的管理，并为大学配置资源提供依据，就不能不寻找最经济、成本最低而效果最为突出、最为明显的目标。显然，知识产品和学术生产成果是评判大学优劣的最为重要的要素。无论是校园文化建设、学科建设、专业建设、课程建设、师资队伍建设、学位点建设等等，政府考察和关注的无不都是大学的学术生产数量。而大学为了获取政府手中的资源，也不得不按照政府的要求，去设法增加学术生产数量。

以各种名义的**量化评估**为例，应该说，政府对大学进行的各种量化评估——办学水平评估、学科建设评估、学位点评估、就业评估、党建评估等等，特别是，作为学术生产的一种重要的资本——学术评价制度，应该说政府做这些事情的初衷都是很好的。为什么要制定量化评估标准，就是通过量化，政府可以看到投入的钱所能发挥的效益；政府可能认为，办学经费是政府投入的，谁拿钱，谁有权。政府为了见到投给大学的资金和资源所产生的效益，就必须动用指挥权，对大学加以控制。政府可能还认为，只有通过量化考评，才能为大学的配置资源提供依据。而大学获取的资金、项目、奖励、荣誉等等资源，是不具有替代性的。也就是说，如果大学不遵守政府制定的规则，脱离了政府管制，就难以从其他地方寻找到自身发展所需要的替代资源。因此，大学必然对政府俯首贴耳地就范，不得不按照政府单方面制订的规则进行学术生产活动。这就是为什么众多大学都在积极地随从政府追求量化评估的原因。从本质上讲，科研评价追求量化，实际就是为了追求政府掌控的学术资源。即政府掌握了这些量化指标以后，就可以根据自己的法则对不同的学校分配不同的学术资源。

> "比如说要上新的学位点，学校要升格，它得有一个标准。特别是我们现在要争重点学科，争硕士学位点，都有一个量化的标准。比如985大学在申请国家重大项目的时候，就得先看它是否有重点学科，有国家重点实验室，然后才让它申报，才会把几千万资金拨给它。地方院校怎么会有争夺这些项目的资源呢？要申报大项目，就得首先有资本。这样就导致众多地方院校，为了争夺自己想要的资源，不得不按照综合院校的标准来建设。实际上是，大学组织为了争夺政府所掌控的诸多学术资源，不得不去按照政府所设定的标准去建设。"（汪老师语）

这就是说，政府事先就已经做了规划，构建了一个个格局，大学必须自觉和不自觉的按照这个格局去寻找自己的位置、去设计自己的行为，与政府设计的规则趋同，进而各个大学在政府大一统的管理理念下，都尽可能地使自己的制度与其它大学的制度趋同。在这种情况下，大学远远没有把外在的考评标准变成一种内在发展的机制，而是通过设定与政府相似的路径和模式，最大限度地获取政府的信任，以最大限度地攫取政府掌控的资源和利益。

大学对政府的制度依赖，并不完全在于政府和社会对大学所提出的追求卓越的要求和期望这种单一的原因。除了政府的期待之外，大学也有其自身的发展欲望。大学欲得到发展，也势必就有一个重要的任务，就是力使学术生产数量得到增加。特别是，愈是成熟的大学，愈是重视内涵的建设，愈加注重自身学术的繁荣和发展。

但是，在发展的过程中，由于外在制度压力的强大，诸多大学在审视自身所处的场域位置时，往往会作出将自己与其他大学进行相似的比较假设中。这种相似性的假设，从现实的层面上看，源于一种固化了的思维模式的结果。也就是说，它寓于既往的以技术性评价为主导的"实体性思维"模式之中，而对在复杂的学术生产结构认知基础上的"结构性思维"没有给予应有的重视。在这种思维模式下，大学组织就容易逐步形成学术生产的"制度移植"的惯习。这种"制度移植"的惯习，会促使大学向着更加卓越的大学看齐，尤其是按照更加卓越的大学模式制订发展规划。追求卓越的愿望愈加强烈，大学对学术资本的需求也就愈来愈大。于是，逐渐地，大学就形成了学术漂移的情结。所谓学术漂移，此处的含义主要是指大学不顾自身的场域位置，刻意追求更高一层学术目标，向更高一层的大学看齐，追求更高一层大学的场域位置的一种行为。地方院校的科学研究目标向综合性大学的学术目标看齐，地方大学的学术评价标准按照综合性大学的评价标准制定，就是学术漂移现象的表征之一。在这里，研究者之所以把学术漂移这一潜在规则纳入学术生产的外在制度的范畴，正是因为学术漂移现象的产生，与政府对大学发出的制度禁令有着内在的联系。

的确，在内涵上、在层次上，任何大学都有提高和发展的需求，都有追求卓越的愿望，都愿意在高等教育发展的历程中彰显出自己的优势，总希望达到更高一个层面的学术目标。

> "大学作为组织，总是需要荣誉感的。任何大学，都希望自己是最优秀的。985 大学要争取成为一流大学，211 大学也说要争取成为一流大学，连地方院校也说要建设成为最好的大学。现在先不说一流大学究竟有哪些标准，单说众多大学无不希望争取一流的愿景和决心，追求高一级学术目标的要求，足以说明大学在发展过程中无不具有学术漂移的心态。"（丁老师语）

　　追求卓越本身无可厚非。问题在于，制度模仿行为和学术漂移惯习，会使大学迷失自身的发展路径。这是因为，它不仅忽视了高等教育场域中处于特定位置的大学的自身特色、个性和"偏好"；而且还"忽视了波普警告过我们的'制度'与'人'的匹配问题"。特别是，"即使他们认真要解决匹配问题，他们长期忽视了的，是这一问题之内的人的历史维度。"[4]

　　　　"过分的学术漂移也会造成小牛拉大车，甚至是出现山羊拉牛车的现象，弄得大学自身错位、目标不明、路径失当，出现各种各样的浮躁现象。现在好像还没有什么有效办法抑制大学学术非逻辑化的漂移现象。"（丁老师语）

　　也就是说，任何大学在高等教育场域中都有其自身的特定位置，每一个特定的位置都有自身的个性和特色，也只有独特个性和特色的大学，才能在高等教育场域的资源竞争中成为最后的赢家。地方院校的科学研究应该具有地方院校的特点，这是地方院校自身特定的场域位置所决定的。和综合性大学相比，地方院校既不具有综合大学的经济资本、文化资本，也不具有综合性大学的社会资本。而大学的学术漂移，会使大学丢弃自身的偏好，被动地追寻其他大学的发展路径，因而，容易失去自身独特的竞争力。

　　特别是，任何**制度都有与之相匹配的组织和个体**。也就是说，任何制度必须与其目标相协调，必须与其置身的场域相匹配。一定的场域需要一定的制度，百千大学虽然同在一个高等教育体制的场域之中，同在一个社会制度之中，但是，就其子场域而言却颇有不同。同一种制度在不同的组织中，产生的效果也不会一样。不同的大学由于其大学文化、校训、历史等不同，它们所处的场域环境也不同。对大学来说，不论处于何种层次，属于何种类别，其学术生产与评价必须符合自身的生产情况，违背自身特定场域环境的生产与评价，都将导致结果的异化。高校办学水平评估如此，学术评价也是如此。目前大学场域中产生的学术泡沫，就是评价制度违背特定的场域环境的结果。虽然地方院校同样也具有人才培养、科学研究、社会服务的职能，但是，其职能的内涵并不十分一样，各个层次的高校其职能的内涵并不十分一样。如让地方院校承担综合性大学的科研职能，显然是评价制度与大学场域产生内在冲突的结果。

4　汪丁丁著.盘旋的思想：知识、秩序、自由[M].北京：生活·读书·新知三联书店，2009：280.

大学的学术漂移情结，会使大学在追求制度的趋同化时，往往忽略制度与自身组织及其组织内的人员是否匹配问题，其结果往往导致大量的制度性资源浪费。即使制度和组织及组织内部的人员具有匹配性，还有一个十分重要的问题，就是从历史的维度上看，组织内的成员和其他大学组织的成员并不一定具有同样的学术生产的特质。可以说，制度与组织的匹配、制度与人的匹配与否，决定着制度可能产生的效果。尤其是地方院校，为了盲目追求学术上的卓越，进而，盲目地追求制度的趋同，最终忽略的则是学术泡沫产生的**制度根源**，以及容忍自利行为发生的学术制度环境。

就场域与资本之间的关系而言，一种资本总是在既定的具体场域中**灵验有效**，即资本和场域的**匹配性**或者**对应关系**。地方大学既然没有综合性大学的资本，因而，希望与综合大学一样，获取高等教育场域中的相似位置，往往就会显得力不从心。而每当此时，特别是每当大学的发展理想与所处的场域位置，及其所拥有的资本发生冲突时，这些大学必然就会采取非常的竞争手段。本来，场域就是竞争的场所，但是，非常手段的竞争往往会带来非常的结果。以大学学术生产为例，地方院校为了争取声誉排名的提前，或者，为了获取学位点的申报成功，就会采用非常规的办法激励教师进行学术生产。而很多学术生产的泡沫现象、学术腐败行为，正是在这种非常规的办法中滋生蔓延出来的。因此，地方大学应该找准自身的特定场域位置，并且找到自身特有的经济资本、文化资本和社会资本，然后选择好自己的学术发展路径。可以说，地方大学盲目模仿综合性大学的学术生产，虽然也能够带一定的繁荣现象，但是，大学学术发展的错位，学术目标的模糊，也会给大学学术的发展带来难以弥补的危机和损失。

也就是说，在**制度与组织不尽匹配**、**资本和场域也不尽匹配**的环境下，部分大学，尤其是地方院校为了实现自己的学术生产目标，为了追求学术生产的卓越，在高等教育场域中，不得不采取各种竞争策略，实施各种斗争手段；也不得不将具有**利己作用**的各种制度，作为大学学术繁荣的重要依赖，以最大限度地争取外在的资源。并以此为动力，满足客观存在的学术漂移惯习，满足大学自身面临的办学层次提升、大学排名和声誉提升、学科建设和资源竞争所需，以及人才（博士）吸引和学术平台建设等等的需要。

这种制度依赖下的发展策略和手段，一旦出现错位的竞争，就会产生螺旋式的无序的资源夺取，激励的力度就会无止境地增长，私利的心态也会日益地加重，外部和内部为夺取学术资源而进行的斗争就会更加激烈。进而，就必然出现目标的偏移、行为的偏颇，在促进大量的知识产品的生产过程中，学术垃圾、学术腐败也不可避免地会蜂拥而来。

三、大学的制度依赖与学术生产数量繁荣

大学对学术激励制度的依赖，还在于大学组织自身发展的客观需要。前文已经做了陈述，对大学来讲，科研成果是学校之间，包括学科之间、单位之间评价的一个标准。衡量一个学校实力强不强、好不好、差不差，主要就是看这个学校一年拿到多少国家项目，出了多少著作，拿了多少成果奖励。这也是目前衡量大学软实力的一个硬指标，人们常讲大学应重视软实力，那么软实力究竟是什么？这就需要通过数字把软实力的指标量化出来。包括现在申报硕士点、重点学科，都靠学术生产的数据来支撑，少了科研成果的数据就没法申请到学校想要的结果。那么，有了学术激励制度，学校就可以借助制度的激励作用，鼓励教师去进行学术生产，进而多出成果，促使学校拿到学位点、重点学科建设基地等。这样，大量的资金就可以进入到学校里来。这样的结果对单位、对学校、对大学职工都有好处。

政府目前出台的职称制度、项目规划和评审制度、成果奖励制度等，目的在于促使学校的发展，或者说是促使高水平学校发展。学校的提升发展有一个指标，特别是每年中国大学都要进行声誉排位，而排位的一个很重要的指标就是科研成果的数量。也就是说，政府的禁令制度也好、指令制度也好，对大学发展来说，都是需要的，一方面是提高教师素质和科研能力的需要，同时也是学校自身发展的需要。特别是，对地方院校来说，当学校层次升格为本科院校之后，不仅学校自身具有的学术漂移的趋向会日益明显；而且，政府、社会对学校的要求也不一样，其学术生产本身也就自然地提到学校发展的议事日程上来。

刘老师这样谈到："大专阶段，政府对科研方面的要求肯定比较少，老师也没有什么科研意识。现在升本了，学校本身发展就特别需要科研，社会也要求学校有科研项目，有多少论文，有多少奖励。没有这些，大学排名肯定靠后。这样一来，学校的办学声誉、社会影响就会降低，政府就不会给你投入，社会也不会重视你。时间一长，学校就难有立锥之地。现在学校之间相比，不再看学校上了几

门课，有多少教授，关键就是看你拿了多少奖，拿了多少高层次的项目，通过比较，哪所学校拿的项目和奖励数量多，在 SCI 等刊物上发表的论文多，就说你这个学校水平高。要不，学校为什么会这么重视科研奖励呢，这主要在于学校自身发展的需要。没有学校这种需要，科研奖励就不会受到重视。"

丁教授也说："L 学院这几年排名比较靠前，主要就是根据科研数量的明显增加。现在大学之所以重视排名，大多数高校可能都比较在乎这些。一方面，排名会给大学带来一些现实利益，比如排名靠前，报考的学生会多一些，生源会好一些，申报研究基地、学科基地，争取项目基金，就有东西宣传了。校长书记在外面也比较风光，比较自豪。"

如同前面的案例分析一样，制度激励学术生产。有了激励制度，科研水平提高了，科研成果数量丰硕了，学校的排名位次就提前了。学校之所以要争取前位排名，主要目的还是通过**位置影响资源**。

"学校的生存，一是学术成果数量与排名挂钩；二是学校的科研经费、科研平台、科研条件影响着老师们凝聚力，整个教学条件、实验条件改善了，高水平教师也愿意长期呆下去了，学校也能形成良性循环。只是采取层层把任务分解这样方式，真正有原创性的东西就少了。"（宋老师语）

大学的发展，大学的提升，大学内部教师的工作，大学组织内部高职称教师数量的增加等等无不需要学术。为了促进学术繁荣，同时也为了便于管理，就不得不实行与制度相匹配的策略，那就是目前大学普遍实行的量化考核的管理办法。如每年学校教师发表的重要核心期刊论文要达到几篇，国家级、省部级科研项目要立多少项，科研经费要达到多少，科研成果奖励要拿到多少等等，很多学校都有这些学术规划，学校会给科研管理部门下达科研任务，科研管理部门又会给院系下达任务，分解指标，学校规定的任务完成了，院系教师才能拿岗位津贴，否则就得扣除科研津贴。这种量化考核办法和激励举措的紧密结合，必然会对学术生产数量的不断增加、日趋繁荣产生重要的影响。

在这里，一个关键的举措，就是量化考核。不少专家质疑，这种层层有要求，年年定计划，对于学术生产、对于科研的健康发展是否有利，对每一位学术生产者都提出同样的要求是否合理，很值得讨论。但是，从管理上，也许大学是不得已而为之。大学为什么要提出这种要求呢？单以职称评审为例，那么多层次，那么多申请者，而凡申请，势必要有条件限制，条件怎么把握呢？只有从数量上控制和把关。因为，单就质量难以操作。这样一来，同样是教授，可能差别就会非常的大。就从这几年国家职称改革来看，各省出台的政策也不尽相同，比如教授评审，同样是教授职称，由于各省对教授认定的条件不一样，这个差别就可能很大。某些大学的教授，如果到了另一所大学去衡量，其学术水平可能与副教授也无法相比。但是如果各个省的职称条件、评价标准都整齐划一，那么出现的问题就会更多、更加严重。所以，有老师建议，与其制定的标准都有问题，何故不把职称评审的权力交给大学，让大学自身确定标准，实际上就是在评审实践中，践行没有标准的标准。

但是，没有标准也不行，凡是评审必然需要一个标准。之所以需要标准，主要在于参评职称的人数太多。如果没有标准，那就无法操作。比如说我们完全依靠一个单位的领导来衡量，如果去掉了所有的一般性条件，单从教师的特长和专长进行评价，比如说发表了论文质量很高，发表期刊的文章都是国内顶尖级的刊物，老师的教学很好，等等。但是他没有获奖，没有项目，或者没有专著，就论文行不行？我们经常说不拘一格降人才，我们就取他的长处怎么样？那大学领导肯定难分伯仲。唯一的办法，就是依靠职称文件，依靠奖励制度。一个大学是由谁来支撑的？主要就是由教师，由教师各种各样的成果来支撑的，拥有教师和成果的机构才能称为大学。所以，最后的结果还是需要标准，用大家普遍认可的标准对学术生产进行评价，这就是目前通行的量化考核办法。有了标准，就有了数量。因为实行量化评价管理，教师就可以根据制度标准，进行知识生产，写作论文，然后依照文件规定的那些刊物去投稿。一旦采用，那么既满足了学校的要求，又是对自己科研工作的认可。所以这些年新升本的一些地方院校慢慢也拿到了国家社科基金项目，各级各类的科研成果也慢慢多了起来。为什么呢？就是大家都很需要。而需要的背后有诸多外在的量化制度在发挥着重要的作用。大学学术生产数量的快速增加，正是在这种不得不确定的标准下给逼出来的，是在各种外在的量化制度的交互作用下产生的。

从现实的层面上，外在制度是大学发展的客观必须。无论是职称制度还是科研规划项目评审制度、成果奖励评审制度、学科评价制度等等，对大学组织而言都极为重要。对大学组织来说，不重要的资源就不会导致依赖的产生。大学组织的发展，之所以对这些外在制度产生依赖，其原因也正在于制度本身的重要性，在于制度资源的稀缺性，也在于依赖于这些制度获取其它学术资源的重要性。

四、制度的压力和学术生产数量繁荣

当然，制度毕竟是由人制定的规则。制度抑制着人际交往中可能出现的任意行为和机会主义行为。特别是，作为指令性制度和禁令性制度，一旦制定执行，必然就会对人的任意行为产生抑制的作用。因为，制度作为一个共同体所共有的一套关于行为的模式，它总是依靠某种惩罚而得以贯彻。受外在制度的约束甚至惩罚，大学组织和教师必然会产生外在的压力。而这种制度的压力，同样也能带来学术生产数量的增长。

例如，前文所述，学术评价制度对大学组织实现其学术繁荣和利益提升以及其它方面的目标有着巨大影响。为此，大学组织常常偏好并津津乐道于选择和支持能增进其学术繁荣和提高利益的制度。但是，制度毕竟也具有惩罚的功用。"没有惩罚的制度是无用的。"而这种惩罚的规则，在确立某种秩序的同时，势必也会给组织本身带来某些方面的巨大压力。这种压力主要是通过大学组织，分解到内部教师身上。因为，对众多大学来说，"学校争排名，就不可能不给教师增加压力。"

> "在升本以后的新的环境下，学校的办学目标发生了变化。学校面临的压力也大了，所以大学组织对教师就提出了新要求，老师们也就有了压力，学校的压力转移到教师的身上，促使教师去做科研。就是说，学校的压力通过目标设定和制度设计，转移到教师身上，使教师产生压力。"（周老师语）

也就是说大学组织常常把来自于外在的制度压力，通过一定的手段转移到教师身上。

> "我们十二五规划把科研任务分解到各个学院，各个学院的院长和学校都要签责任状，签责任书。待计划完成以后，学校还有一个评比，哪些学院完成得好，学校有奖励。有时候我们埋怨学校，再换一个角度，学校也有学校的苦处，学校也要生存。"（宋老师语）

这种压力的转移，一方面体现在量化考评制度上；一方面，体现在生活本身的场域中。任何一项外在的学术制度，对教师的学术生产都会产生一定的制约力量和无形压力。如教师承受的指标压力就是一例。

> "现在很多教师都生活在各种各样的指标里，生活在一个指标驱动的社会里面，生活在数量考评的压力里。比如，大学教师都有科研工作量，规定你要发表几篇论文，科研的工作量完成了，到年底才能拿到科研部分的津贴。如果没有完成，到年终别人拿五万、十万，你的科研津贴就拿不到。这对你就是无形的压力，这不单单是钱的压力，还有教师的尊严、面子。……大家生活在一个圈子里面，人家都有项目、都有著作，你却什么也没有，那还是有压力的。人都不是生活在真空里面的，相互之间都有影响，这种影响无形中就会带来压力。"（李老师语）

教师不单单面临指标的压力，由于指标的压力，进而迫使教师不得不承受经济上的压力。为什么？实际上高校教师之间的收入差距，主要在于完成科研指标的情况不同。没有完成科研任务，就没有科研津贴，这样久而久之你与别人的经济差距就会拉大许多。无形之中，也会产生巨大的精神压力。这种学术成果之间的差距、工资待遇的差距，以及由此导致的精神压力，对教师科研心态也有刺激。他在客观上会激励一部分教师在科研上、在工作上自我提升。促使教师按照指标的要求，去发表论文、主持项目，也会促使教师逐步形成快出成果的心态。很显然，这种心态对促进大学学术生产数量的繁荣具有重要的影响。事实上，很多教师也正是基于这种制度的压力，才产生了快出成果、多拿奖励，以缩小与别人之间的差距的心理。可以说，学术生产数量的繁荣与教师承受的外在制度压力有着密切的关系。当然，无论是指标的压力，还是经济的压力，都是功利性的学术追求。而**功利性的学术生产制度**，由于它能够给教师带来一些直接性的利益和切身的好处，所以，它不仅导致了教师的诸多压力，也为教师进行知识生产带来了具有激励性的巨大动力。

制度的原本价值在于激励学术产品数量的繁荣。但是，在现有的环境下，何以会产生大量的学术泡沫呢？这主要基于两种原因：一是，对政府而言，大学履行的职能和义务没有尽心尽力；二是，对于大学来说，政府的监管责任没有到位。何以如此，因为对政府而言，大学扮演着代理人的角色，政府通过资源控制，对大学进行监督、管理、激励、惩罚，大学的法人地位并没有得到真正的确立，大学自身的办学自主权受到极大的限制。而政府对大学的监督、管理、激励、惩罚的能力十分有限，政府想发现大学实际在做了些什么，就必须耗费巨大的监督成本，就像几年以前，政府组织的对大学的办学水平评估一样，因为信息的不对称，使得政府耗费了巨大的监督成本。即使这样，也仍然有很多大学出现了评估中的造假行为。在这种情况下，大学本来可以更加努力地付出自己的努力，却因为自身的法人地位得不到有效确立，却推卸了本来不该推卸的责任。而且，这种责任的推卸，也不会受到任何的惩处。这样，大学不仅不会认真地履行自身的职能和义务，而且，对内部的管理也因偷懒的动机，而产生疏于对内部的有效管理的行为。即使发现个别老师存在学术不轨的情况，也懒得动用真格的惩罚措施对教师进行严格的管理和教育。甚至，有时大学组织和教师之间还会存在共谋的情况。在职称评审中，组织为教师谋划成功的技术；在成果奖励中，数量作为考评的唯一标准和依据，而不考虑学术质量。这就是同一种制度用于不同的学校，必然出现的后果。

由此可知，对大学组织而言，外在制度至关重要，没有这样的制度，就意味着教师的升迁没有了依据，进而大学教师也就失去了职务、待遇变迁的机会，大学组织也就失去了升格和获取其它学术资源的机会。特别是作为促进大学学术生产和大学学术评价的一种指令性制度，大学对这种外在制度的依赖有其必然的原因。但是，大学在依赖这些外在的学术制度规则时，也存在诸多的非理性、非逻辑化行为。正是在这种不得不依赖而又时时非逻辑地依赖的情况下，导致了制度自身功能的自我否定。进而，在知识生产过程中，产生了诸多难以抑制的学术泡沫问题。

五、政府的责任与学术制度依赖

其实，学术激励制度，并不单单是大学组织的需要和依赖，对政府而言，外在的学术制度，政府也同样地需要。政府的需要，首先在于科技发展的国家化要求。在科学技术成为第一生产力的历史发展时期，科学研究已经成为国家发展的战略必须。也就是说，从战略的高度和国家层面来考虑，国家需要科技创新，也必须进行科技创新。而政府担负着促进科技创新的责任。

"目前科技创新可以说是立国之本，一个国家的科技落后，它在世界上就注定难以站稳脚跟。例如我们现在搞的核废料储存库研究，实际上就属于一个世界能源的竞争，未来世界的竞争可能就是世界能源大战问题，哪个国家能源储存比较高，那么哪个国家将来就会占据优势地位。……能源储备就需要技术研究，要研究怎么能把它储存下来。如果想储存，却没有这个能力，没有这项技术，那就会十分遗憾。而通过技术研究，就可以提升这方面的能力。……从这个角度来看，国家对科技创新、自主知识产权的要求是越来越高。"（丁老师语）

事实的确如此。现在各级政府科研意识的提升，主要在于国家发展的需要；无论是自然科学还是社会科学，无不都是国家发展的急需。科学的功能，尤其是"用于直接满足人类需要以及用于生产事业的生产过程，借以满足现代社会的人类需要"[5]的科学，以及作为促使"社会变革的主要力量"的科学，尤其显得日益重要。随之科学研究的价值也愈来愈得到社会的重视，促使科学研究繁荣制度的地位也日益显赫。现在政府之所以重视科研资助和奖励制度，正是基于科学研究自身的价值得到社会认同和国家支持的结果。比如说，现在很多国家的社会科学基金、自然科学基金，包括各层各类单列项目基金，以及评选出的很多成果奖励，凡能获得，对大学来讲是学术方面的肯定；对政府来说，是思想和技术的贡献。起码说国家在某学科领域有了一定的基础，有了一定的成果积累。

正因为如此，政府十分重视科学研究。而愈是重视，政府对科学研究资源的控制就愈是牢固。学术资源由政府把持，而政府控制的资源对大学来说又十分稀缺。特别是，作为文化资源、社会资源比较少的地方院校来说，欲获得政府的学术资源十分困难。而政府配置学术资源的机制，又存在先入为主的印象主义办法。于是，地方院校就会通过非自然的手段，非理性地进行夺取。如宋教授所说：

"目前的学术资助政策一般都是资助强的，忽略弱者。……它不是雪里送炭，而是锦上添花。好的、研究实力强的大学政府加大力度资助，让你好上加好；弱的，让你搞不下去，逐渐让你淘汰。……

---

5 [英]J. D. 贝尔纳著、陈体芳译.科学的社会功能[M].北京：商务印书馆出版，1982：512.

政府本身就给大学分成三六九等了。像今年大学生创新试验项目，不是211的就不能申请国家级项目。难道咱们普通省属院校，所有的学生都没有这样的一个创造能力吗，不能这样说吧。但是他就给你划了一条线，非211的学校就不能申请国家级的项目。……这样一来，弱势学校的生存就出现了问题，当学校面临生存危机之时，怎么能不让他去想方设法去争取排名呢。"

这就出现了跑项目、跑成果、跑奖励等现象。这种跑的结果，使得大学增加了一大批新的项目。当然，很多教授跑课题，但是并不脚踏实地地去做研究，而把研究工作委托给参加人。这样就又产生了新一层的委托——代理人问题。主持人，因忙于跑项目、搞关系，没有时间和精力过问研究情况，项目参加人往往也会因为自利的原因并不完全专注于研究。这样的成果也就可想而知，其质量一定就会大大折扣，产生学术泡沫也属逻辑的必然。

尤其是，在跑项目的过程中，学术场域固有的规则被权力和利益控制了。既得利益者，就会利用手中的权力和利益，进行与他人利益的交换。如项目主持人与项目资源控制者、论文作者与编辑之间、职称申报人与评委之间，凡是可能发生利益交换的地方，都有可能存在利益的交换。于是，制度性的腐败在学术场域就逐渐滋生蔓延了。

当然，政府在重视学术研究投入的同时，如前文所述，它必然也会重视对学术生产的考核。政府怎么进行考核？最简便的办法就是在政府的统管之下进行统一量化考核。因为在学术资源集中于政府国库中的规划年代，只有处于政府的管理之下，才会发生让政府放心的正确的事。实际上，政府成为学术的监管者，大学组织和教师则成为学术生产的共谋者。大学为了赢得政府手中掌握的资源，就会把学术生产的数量追求置于学术质量之上，导致学术数量的繁荣，而出现质量的不足。这是目前中国特定的制度环境下导致的学术生产结果。

有人认为，大学作为政府机构的延伸，何以存在与教师一样的急功近利的行为？既然已知目前的学术生产存在急功近利的行为，大学又为什么不做管理的改革呢？汪教授认为：

有时候我们埋怨大学教师急功近利，大学也急功近利。但是，客观上看，这既不能怪罪知识分子本身，也不能责怪大学组织，造成这种局面主要还是特定的社会造成的。就是说，大学也好，教师

> 也好，不这样做不行，不这样做可能就会危及到教师和大学自身的
> 生存，影响到教师和大学发展。"

也就是说，大学和教师的学术功利，根源还在制度。是学术资源配置的简单设计造成的。大学的职称制度就是如此，每年大学应该评审多少教授、多少副教授，并不是大学本身说了算，而是依据政府的名额分配。政府分配名额依据什么，就是学校的现有基数、现有状况。即使教师的条件达到了评审的标准，但是，没有指标，还是没有办法评选。那么，教师为了评选职称该采取怎样的办法呢？那就是，生产更多的学术成果，并不惜力量和人格，寻找可利用的一切关系，确保在评审场域中，自己能够占据绝对优势的位置。

> "假如教师的生活受到了影响，大学组织的生存和发展受到了
> 影响，那么，无论是个人还是大学组织，在特定的氛围中，势必就
> 会迫使你按照这个标准按照这种模式去做。只要按照这个标准和模
> 式去做了，那么，就会出现与大学发展的愿望相背离的矛盾的情况。
> 实际上是一个悖论，一方面他不得已这样做，另一方面出现了很多
> 负面的学术垃圾，学术泡沫也由此而生。"（汪老师语）

可能不制定这些标准，还没有这些泡沫。有了标准，反而泡沫多了。那么能不能就说这个责任就在政府呢？也不能。站在政府的角度，他也不得不这样做，如果政府不采取这种办法，就看不到效益。最根本的原因还是政府对大学不放心，还是对知识分子心存偏见。正是这种偏见和不放心，生出了诸多套在大学和教师身上的紧箍咒，而这种紧箍咒的管理模式，恰恰与需要宽松空间的学术管理逻辑背道而驰。于是，一方面制度高压之下不得不生产大量的知识产品；另一方面，紧箍咒的管理模式之下的知识产品的生产结果，又充斥着大量的知识泡沫。

所以，学术生产问题，首先是思想观念问题，目前之所以出现了这么多的量化指标要求老师，就是因为在思想认识上，政府对大学、对大学教师还存有偏见。进而，使得既有的学术制度本该发挥的效益，也由于管理过程中存在的大量权利冲突、利益冲突，而导致对生产本身监控能力的丧失，并最终出现大量的貌似繁荣的学术垃圾。

第二节 制度趋同与学术生产数量繁荣的关系分析

学术生产数量的增长，并非一地一校存在的现象。实际上，全省高校的学术生产，都出现了数量繁荣的情况。某种程度上看，这种数量繁荣已经成为当代学术生产场域中的泛化现象。

一、学术生产的相似结果及其原因

众多高校，何以出现相似的数量繁荣现象呢？X 学院是 H 省 2007 年新升本的一所地方学院。升本伊始，X 学院对升本以前被 SCI 等收录的高水平学术论文进行了统计，全校累计仅仅 17 篇。而且这 17 篇还是把所有的第一作者、第二作者、第三作者，即凡是和学校教师相关的论文都算上统计出的数字。从 17 篇学术论文这个数字上可以看出，升本之前整个学校的学术水平显然偏低。除了高水平的论文数量十分有限之外，省部级以上的科研项目、高级别的成果奖励几乎没有，专利发明几乎是空白。但是，升本以后，由于科研奖励制度的出台，学术生产数量快速地增长。2008 年 X 学院获得了 3 项省部级科研项目，2009 年获得了 13 项省部级项目，2010 年又得到了 25 项省部级的项目，到 2011 年，X 学院的省部级项目已经达到了 49 项。其它类别的科研成果的数量增长，也均十分明显。

前文通过对 L 院校学术生产繁荣的内外制度原因的分析，可以看出，学校为了促进大学学术生产的繁荣和发展，在制度设计上，采取了大量的举措。唯恐自己在激烈的学术场域竞争中，被其它大学抛在后面。同样，X 学院学术生产数量的增加，与其制定的与 L 学院类似的科研奖励制度有关。

由于 X 学院升本以后，面临学术生产数量的严重不足，于是学校开始学习兄弟院校的经验，并组织专门人员进行制度建设，以期用科研奖励作为制度导向，促使学校的科研得到快速的提升，以便与本科学校的声誉相匹配。自 2007 年，学校从制度入手，先行建立了十几个科研管理新制度。科研管理制度的核心内容，就是加大对学术生产的奖励力度。X 学院的科研处张处长介绍说：

> "X 学院的科研投入在最近 5 年之内几乎翻了几番。2008 年，该校专家讲学费每年仅有 5 万元，但是到 2011 年，单专家讲学费就增加到了 50 万元。另外学校的学科建设，包括学术队伍建设、学术方向凝练、学术平台建设，学校三年之间投入了一千万元。……最明显的经费增长就是科研成果奖励经费。近年来，学校每年拿出 300

万元左右的经费直接用于教师科研成果的奖励。如省部级以上的科研项目，不论是谁，只要能够拿到，学校都给经费资助。哪怕没有经费，文科项目也给资助 2 万元，理工科的资助 5 万元。若有经费，学校就按照项目等级给予匹配，如带经费的国家级项目，学校按一比二进行匹配；省部级项目按一比一点五的比例进行匹配；地厅级项目按一比一的比例进行匹配；即使横向项目拿来经费的，学校还给一比零点三的比例给予匹配，也扩大了 30%。而且学校的科研奖励制度落实的非常好。特别是，年终科研奖励由学校另外划拨专项经费，也就是说，奖励数额是一个绝对数。只要发表在高层次期刊上，学校不从专项经费里切块，有多少算多少，由学校全盘掏出。实际就是准备一大锅粥，只要够条件，符合文件规定的标准和要求，都可以从里边拿。假如说一篇核心期刊论文奖励两千块钱，那么一年有多少篇，算出来个数字学校就全拿出来。也就是说学校对科研奖励数额没有做限制。"

不单单是新升本的院校，目前许多地方大学，包括一些研究型大学，也都纷纷出台一些科研资助制度，而且奖励的力度也越来越大。如 Z 大学是 H 省重点大学，作为重点大学，近年来一直盯着国家最高级别的项目、成果、论文进行奖励，如获得国家社科基金项目给予 3 万元的奖励资助，获得省部级一等奖也给予 3 万元的奖励，在最高级别的权威核心期刊发表论文，如在中国社会科学上发一篇文章奖励 1 万元，等等。L 科技大学，为了鼓励教师申报项目，大幅度提高项目的的匹配力度，特别是对高级别的文科科研项目，实行了 1 比 3 的资金配套措施。可以说，近些年来，H 省多所大学的科研管理条例几乎都是相互地借鉴学习，相互参照。L 学院的科研奖励制度就是在参照本省 H 大学科研奖励制度的基础上加以修订完成的。特别是，对权威核心期刊的选定，基本就是对 H 大学制订的科研制度的照搬（参见见附表 3-1：国家重要期刊刊目）。

在同样的学术场域中，相似的结果，往往有着相似的原因。学术生产数量繁荣的相似性，究其主要原因，与各个院校学术制度的相互模仿不无关系，与制度趋同不无关系。例如，职称评审制度、人才选拔制度、项目与成果的评审制度，对每一所院校也几乎都是统一的；各个院校出台的科研奖励制度几乎都具有相似性的内容。

　　大学学术生产虽然具有相似性，但是，不同属性、不同类别的大学承担的学术任务和人才培养目标毕竟存在不同之处。何以众多大学形成的学术生产制度会出现趋同现象呢？又是什么动力驱使大学组织的制度趋同呢？笔者认为，这与各个院校面临的相似的学术制度环境不无关系。目前，各个大学面临的学术制度环境都是一样的，即都面临着量化评估的压力，面临着学术资源竞争的压力，面临着学术资本的严重稀缺和资源的高度依赖的压力。

　　的确，学术制度环境影响了大学组织的行为模式。例如目前大学组织对政府的严重依赖，就是制度环境引发的必然结果。所谓严重依赖，不仅在于依赖的领域广泛；而且，在于依赖的程度严重。

　　首先，大学对政府资源的严重依赖。不仅项目经费、奖励经费都为政府所控制；而且学术荣誉等象征资本，以及大学教师的职称评审、工资津贴，也无一不被政府所掌控。正因为这样，大学内部的管理结构也需与政府趋同，以便于对接挂钩联系。大学机构与政府的趋同根源便在于此，大学科研奖励制度的制定也基于对政府资源的依赖；大学的管理模式，特别是大学对教师职务职称晋升的管理模式，实际就是政府设计的分支行为。

　　因为，大学是政府的大学，大学组织为了获取自身的资源和利益，不可能会背离政府的意志而单独采取行动。而且，在事实上，大学组织对政府的依赖愈来愈强；大学的结构、大学的学术环境，以及大学的管理模式，与政府日益相似。大学实际就是政府的权力延伸和职能延揽，是政府机构的一个组成部分。正如新制度主义所做的强制趋同性的假设那样："一个组织对另一个组织的依赖性越强，它在结构、环境和行为重点上就会变得与这个组织越相似。""组织 A 的资源供应越集中，组织 A 变得与为它提供资源的组织相类似的趋同性变迁程度就越大。"[6]

　　　　"我们的大学之所以办不好，就是因为政府是大学资源的主要
　　　　提供者，……政府是大学依赖的核心。政府像管家婆一样，大学就
　　　　像处于襁褓之中的婴儿，时时刻刻都受着政府的监护。"（汪老师
　　　　语）

　　大学正是因为置于政府的严格管束掌控之内，大学学术的核心资源牢固控制于政府手中，使得大学组织不得不对政府产生依赖。

6　张永宏主编.组织社会学的新制度主义学派[M].上海: 上海人民出版社, 2007: 33-34.

其次，大学对政府思维模式的依赖。大学不仅依赖于政府的学术资源，甚至依赖于政府的思维模式。政府的思维模式，也就是行政化的思维方式，即用行政化的管理标准管理学术，用行政化的手段控制学术。

大学作为政府管辖下的一类组织，逐渐形成了听命于政府的思维惯习，形成了行政化的思维模式，并使自己逐渐失去了自身的自主性。于是，大学的学术管理领域也就有了行政化思维下的一系列标准。即大学学术完全按照行政化的管理标准、数字化的管理标准、一体化的管理标准来进行管理。而这种标准，是不适合对大学学术生产进行考评和衡量的。

> "现在大学的管理方式，实际上是一种行政化的思维模式下产生的。如年度考评制度，实际上就是像政府要求企业那样对大学的要求，包括政府在完成GDP的指标等，这些都是一样的，政府在追求一种增长的速度。每年必须达到GDP的9%或10%，大学也存在这个问题，短期效应。这个短期效应从哪儿来？就是和政府一样的政绩观。"（汪老师语）

大学组织的思维之所以与政府机构的思维趋于雷同，主要原因在于，大学领导的产生与制度化的形成关系密切。因为，大学官员均受命于上级组织，实际上，大学组织就是政府机构的拓展和延揽。大学校长一旦被政府任命，就具有了官员的标识。为什么说被上级组织任命的大学领导，就说他是官员呢？那是因为，在校长身上，凝聚了太多的官员化的特征。不仅在于他们的思维模式、行为模式、语言风格等等，而且还在于校长承受的模式化了的特定职能。所以，政府对大学的要求，对大学组织的考评，实际也是对校长本身的考评。现在大学的政绩观，往深处说，就是大学校长、大学书记的政绩观。现在大学的校长很多并不是教育家，而是官员，是政府官员的一部分。他们有着和政府官员一样的职级，副部级、正厅级、副厅级等等。这种官僚化的组织机构系统，与大学组织的学术属性有着本质的不匹配性。

大学学术的本质属性是什么？是特色，是个性。而现在的大学学术恰恰没有特色、没有个性。大学的竞争，不是依据自身的学术特色和个性，而是各种各样的标准，各种各样数据，各种各样的量化办法。这种量化的学术标准，实际上伤害了大学自身，抹煞了大学自身的个性和特色。这就牵扯到我们衡量大学的标准问题，究竟衡量大学的标准是什么。

大学作为学术创新的一类组织，政府本应给予其充分的自由，政府可以给大学资金，可以给大学政策，但是大学怎么管理，办出什么样的特色，选择什么样的方向，走什么样的路子，这个权力应该归还大学，因为这是大学自己的事情。但是，大量的、无所不在的标准化和量化，却恰恰限制了大学的自由。政府不仅要对大学管理，而且，还要对大学的方方面面的事情进行"指挥"，"政府对大学管的太多、太严、太死了"（汪老师语）。当然，这和政府对大学的投入有关，与政府对于学校的期望有关。因为对于政府来讲，给大学投入资金、配备资源，需要见到效益。因为教育就是民生，政府就得管教育，政府不管教育、管不好教育，老百姓就会有意见。而这就需要对大学给予必要的约束。所以说政府只要给大学投资，必然要有一套制度对大学进行约束，如工资制度、职称制度、成果奖励制度、项目申报制度、人才遴选制度等等。那么，众多制度怎样才能得以落实呢？最简单的办法或者对政府而言最经济的办法，就是量化。职称评审靠量化，成果奖励靠量化，大学排名靠量化等等，通过量化以检测大学的办学效益。这种统一的量化考评办法导致的一个有趣的结果，就是学术生产数量繁荣的普遍的泛化。由量化到泛化有着制度的逻辑必然。

二、高等教育场域的政府情结与数量繁荣的泛化

不仅高校对政府所提供的学术资源依赖性强，而且，几乎整个高等教育领域，对政府提供的学术资源的依赖程度都很高。20 世纪 70 年代以来美国的高等教育即是如此，"高等教育与政府之间的关系改变了。高等教育……移进政府之中，成为政府的一个构成要素、公共行政的一个部门"。[7]

我国高等教育也是如此。目前，高等教育的政府化十分突出：无论是公办大学还是民办大学，无不与政府存在依赖关系。也就是说，对学术资源的依赖，不是少数大学，而是整个高等教育场域。这一方面说明，政府提供的资源对大学而言极其稀缺，也极其珍贵和重要。另一方面也说明了，政府对高等教育的控制力的日益强大。

当整个高等教育系统出现资源稀缺时，高等教育场域内部的学术资源夺取也必然会变得日趋激烈。无数事实也证明如此，身处高等教育场域中的多所大学，当某一大学组织夺取资源的能力提升以后，也就意味着其它大学组织的利益将受到影响，于是其它大学组织的也会采取相似的办法去竞争资源。就学术生产而言，就是多所大学不约而同地提升科研奖励力度。

7　蒋凯.全球化背景下的高等教育责任制[J].教育研究，2008（3）.

由于政府与大学、政府与高等教育系统所形成的特定的资源供给关系，所以，现在很多大学，不单单是一些新升本的院校，包括一些老的本科院校，都纷纷出台并相互攀比提升科研资助性激励制度。如 H 大学，在《中国社会科学》发一篇文章奖励 2 万元，这对处于同一层次的 Z 大学来说，便是一个现实的影响；于是，Z 大学也开始修订奖励制度，核心也是提升奖励力度。H 科技大学在项目资助力度提升方面也十分令人惊喜，如国家级文科项目匹配的比例高达一比三。显然，奖励力度的提升，在现实的层面上，也就意味着，夺取资源的能力的提升。

按照场域理论，当多所大学处于相同的高等教育场域时，那么在高等教育场域内部，每所大学都有该场域中的特定位置；并且，每所大学都有占据着高等教育场域中相应位置的个体、群体或机构的特定资本。因此，占据相应位置的大学及其内部的不同个体、群体或机构，及其掌握的不同资本，就构成了一个极其复杂的结构化的关系网络。每一所大学都会利用自身的场域位置和拥有的各种资本，把持或者夺取这一场域中与自己利害攸关的专门资源和利益。每所大学可能都知道，为了不使自己落后，就必须让组织内的每一个教师、每一个学科群体，以及相关的学术生产和管理机构，积极地参与到学术资源的争夺大战中去。实际上，目前无论是项目评审、成果评审、论文发表、人才评审、学位点评审、经费争取等等，几乎成为各个大学拼命争夺的对象，大学无时无刻不处于竞争的状态之中。从客观上看，这种竞争的状态，导致了一个数量普遍繁荣的结果，即通过大学个体组织的学术数量的提升，引起整个高等教育系统内部学术生产数量的普遍增长。

当然，无论对大学还是对教师来说，夺取这些资源，获得学术数量的繁荣，并非空穴来风，而是需要必要的成本的。而学术奖励制度，正是成本补偿的有效措施。

> "从这方面来看，学校需要加大科研奖励力度。特别是同类学校的奖励力度越来越大，尤其是省内的一类本科院校，由于奖励力度提高，……也会刺激我们第二梯队的院校，也跟着往上提高。……学习他们制定的一些制度。"（周老师语）

> "如果省内第一梯队的大学奖励力度加大了，随着马太效应，他们的实力就会越来越强，团队也越来越强，他们申报的概率就越大，

成功的概率也越大，而且他们的基数也大。假如 H 省一共就 100 项，第一梯队的一下就可能占去 90 项，地方的像新升本科院校可能就剩 10 项。也就是 29 所第二梯队的院校去竞争剩余的 10 项。显然，谁的竞争力大可能就是谁的。而竞争力提高，就只能通过科研奖励激励机制；这样，各个普通本科大学的压力也就会越来越大。如果不提高奖励力度，不支持某些重点老师出去竞争，学校就得不到政府控制的学术资源。"（某处长语）

这些事实说明了一个问题，就是整个高等教育领域对学术资本的提供者——政府的依赖程度越来越大；并且，学术资本的高度集中，将众多不同的大学组织都置于掌控着这些学术资本的政府的压力之下。在这种情况下，诸多大学因为获取资源的不确定性必然会面临诸多发展的不确定性；进而，为了减低获取资源的成本和盲目性，不得不相互窥视各自的行为规则，并努力使其规则趋于相同。如同新制度主义所假设的那样："一个组织领域对单一（或几个相似的）关键资源提供者的依赖程度越大，趋同性的程度就越高。一个领域内部资源的集中化通过将组织置于资源供应者的相同压力下而直接导致同质化，而且与不确定性和目标模糊性互动，增加了它的影响。"[8]

这就促使了高等教育场域中的"共谋"现象的发生。从根本上看，大学应该通过更多学术文化营造、学术气氛营造，以及学者个人的内在的精神的追求，来促进学术发展。只有通过提升精神层面和文化层面上的东西，抑制纯粹的经济方面的动力，方能减少制度性的模仿现象。因为最有特色的制度，正是具有文化内涵和文化特色层面的制度。然而目前基于对关键学术资本严重依赖背景下形成的学术制度，缺失的恰恰是文化层面的东西。以职称评审、项目评审为例，重表象不重本质、重权力轻能力的现象并不少见。从制度的品质上看，缺失的正是学术文化层面的东西。

根据 H 省的职称评审制度，目前，一个省域内的职称工作统领于一个文件制度之内，大学根本没有办法做出自己的选择。这已经不是大学之间的制度趋同问题，而是整个高等教育领域对政府锁定制度的绝对依赖。不仅仅是趋同，而是大一统。在这种大一统的体系内，大学教师把职称作为一个品牌去追求；而大学，也把本组织内部高级职称的多少作为品牌进行追求。在这种情况下，即使大学组织知道教师的学术成果有泡沫成分，有作假的嫌疑，

8　张永宏主编.组织社会学的新制度主义学派[M].上海：上海人民出版社，2007：35.

大学组织也会出于自身与其他学校竞争的需要，把这种假冒的学术成果隐藏起来，以至于默认甚至鼓励教师用假冒的成果去参加职称评审。

由于职称制度的导向，不少综合性期刊包括核心期刊所发表的论文，其内在的知识含量也大打折扣，甚至有的文章"真的难以忍读"。

> "参评职称的一些文章，有的一点学术价值也没有，但是也都蒙混过关了。因为职称文件规定的条件，就如规定了衣服的牌子，要求买衣服的人只看牌子，不看质量；若是名牌，即使仿造的，它也变成好的了。比如说评副教授，要求核心达到七篇以上，但是这个核心是哪一类的核心，核心的文章是不是具有真正的学术价值，大学并不十分在乎这件事。实际上在职称评审中，大家只关注是否'品牌'，而不重视实质。职称成了一块招牌，教师追求名牌，追求时尚；大学追求体面，追求教授数量。所以，从教师到学校组织，所着力追求的几乎都是一种表面的浮躁。"（张老师语）

> "学术泡沫、学术造假，这个数量已经不是一个小数了。前些天的焦点访谈，就剖析了假期刊、假核心现象，说学术打假从取缔假期刊开始。……这牵涉到一个体制问题。官僚体制下的学术管理的模式，以方便管理为准则，很难形成大学自己的特色。正是特色的难以形成，才使各个大学采取投机的策略，走制度模仿的路子。"
（周老师语）

商标成为检验身份的象征，体面的象征。而内在的价值却是可有可无。就这样，借以职称评审而生产的劣质成果越来越多。所以说，高等教育领域内职称评审制度的高度统一，是导致学术生产数量大量地非逻辑地增长的真正根源。而这种高度统一的制度，又是高等教育系统对职称制度绝对依赖背景下所作出的唯一选择。所以，只有构建富有个性和特色的学术制度，提升学术制度的文化张力，才能避免制度的趋同，走出学术泡沫复制、再生产的怪圈，使得大学学术生产数量在快速增长的同时，最大限度地以抑制非逻辑的学术生产行为。

三、大学与政府的关系及其对学术生产的影响

在高等教育场域中，大学与政府间的频繁交易关系，也容易引发学术制度趋同现象的出现。

那么，值得思考的第一个问题是，大学与政府之间何以会形成频繁的交易关系？首先，从大学的人员来看，大学的校长、党委书记是政府机构选拔任命的。大学教师和其他人员，也是上级政府给学校下达的人员编制。大学只要进人，就必须和政府产生交易关系。其次，从财政来看，中国大学的经费来源，几乎都是政府拨付的，即使大学直接所收入的学费，也必须先交予政府，然后再由政府按照计划拨付使用。大学的办学经费、基建费用等等，无不都是由政府控制。大学每每需要经费，就必须和政府打交道。第三，大学的占地、图书仪器、物资设备采购，也都受控于政府。任何土地所需、大小物资设备采购，都需报政府审批。第四，大学的学术资源，主要来源于政府。重大、重点项目，国家自科基金、社科基金，单列项目，数以千亿元的项目经费，以及与学术有关的其它资源，都为政府所控制。大学学术欲得到发展，就不可能不与政府进行交易。

大学和政府之间的利益交换，还不止于此。在微观方面，一些隐性的利益交换也非常明显。大学与政府之间交易关系的最大功能是，大学组织在与政府交易中产生了"合法化"的影响。如同新制度主义所说的，大学作为一个领域内的组织，无不对本领域的制度化信仰、规则以及"合法性"机制给予高度的重视。这种重视表现在很多方面，比如大学对政府所属的各种协会的参与程度。如在职称评审领域，各个大学都会尽可能想方设法争取让本大学内部的人员更多地参与到职称评审的专家队伍中去；在成果奖励、项目评审等领域的活动中，大学也总是以本大学内部成员参与的多少看自身的学术地位。事实上，哪个大学参与行业协会的各种组织越多，这个大学所能获得的资源也相对越多。因为，参与者在学术场域中获得认可的几率也就越高，并且在此基础上建立的一种权威关系也会越来越牢固。也就是说，在评奖、职称评审、项目评审等活动中，哪个大学参与的专家越多，哪个大学获得资源就会越多。这种现象表明，"组织之间和它们成员之间的关系网络越密集，环境的集体组织就越强大（Meyer&Rowan，1977）"。也就是新制度主义所假设的"组织管理者参与行业协会和专业学会的程度越大，组织变得像其领域中其他组织的可能性就越大"。[9]

大学组织生存在制度环境里，它必须得到政府和社会的承认，为大家所接受。为了得到政府、社会、同行的承认，大学就会不遗余力地设法加盟到这种组织中去。大学不这样做，比如，在2011年的高等教育教学改革项目评

9　张永宏主编.组织社会学的新制度主义学派[M].上海：上海人民出版社，2007：34.

奖活动中，L学院没有人员能够参与到这个项目的评审队伍中，结果，不仅学校获得奖励的总数明显减少，而且连一些获得国内领先水平鉴定结果的项目，也没有进入到获奖的范围。而另外一些同类同层次的大学，由于安排人员参加到了这个项目的评审队伍中，最后的结果出人意料的理想。L学院的负责人不无感叹地说道，"哪个学校不去人，哪个学校就吃亏啊。"的确，这就是所谓合法性的机制问题带来的利益。因为合法性决定着制度环境去怎样地对组织加以影响以及组织采取的对策。合法性机制使得组织不得不接受制度环境里建构起来的具有合法性的形式和做法。而这种形式和做法最终导致组织之间的趋同现象。即大学为了与制度环境认同，各个大学组织都必须采用类似的做法，以期获取最大化的组织利益。因为大学所处的大环境并非不同，所以，一所大学能办到的事情，其他大学只要采取同样的办法也能办到，也同样能够达到自己的目的。

问题是，大学究竟会采取怎样的手段去达到自己的目标呢？比如，大学要想进入到某一协会之中，但是，怎么进入，何时进入，一点进入的信息也得不到。特别是现有的制度环境下，人们获得的真实信息的来源，并不主要通过正常的渠道，而往往需要采取非逻辑的手段。所以，为了获得信息，大学往往会改变自身的思维，即大学不得不扭曲自身，导致行为的私利性。道格拉斯说，"人们不能在真空中思维，而是制度通过人在思维。"[10]"制度的思维方式影响人的思维方式和行为，制度塑造了人们的思维。"[11]大学同样也如此。制度本来是一种约定俗成的规则，按照现实的自然逻辑，规则一旦建立起来，则其特定场域之内的人就都应遵守。只有人人遵守，制度才能得以真正地存在。制度的关键功能在于协调人们之间包括组织之间的关系和行为。但是，假如制度仅仅是约定俗成的，那么，这个规则往往就会由于私利的因素而遭人否定。所以，为使制度得以存在，其重要的条件就是要它建立在合法性基础之上。所谓合法性的基础，"就是说它一定是超越了个人的私利，为大家所承认并接受的，是合乎情理和社会期待的。如果规则建立在功利性的基础上，或者出于实用性，如果只是因为这个规则对大家都有好处我们才接受，那么这种基础上建立的规则永远是不稳定的。这是因为，利益的变化总是要比一个稳定制度的变化要快得多。我们根据现在的利益做了一个

---

10 周雪光著.组织社会学十讲[M].北京：社会科学文献出版社，2003：81.
11 周雪光著.组织社会学十讲[M].北京：社会科学文献出版社，2003：84.

规则，明天我们的利益变了，那么这个规则就要重新改变。当制度是建立在功利性的基础上时，这个制度一定是多变的、不稳定的，很难成为一个大家都能接受的制度。"[12]

制度通过影响资源分配、调整利益进而对人们产生激励作用，制度鼓励个人或者组织去采纳那些社会上认可的做法。所以，制度必须建立在人们都能接受的超越了个人或者组织利益的基本的理念规范之上。也就是说，制度需要合法性。在很大程度上，合法性被解释为遵守组织目标的社会性评价。"如果组织要获得合法性及由此对社会资源的索要，组织追求的价值观的对应面就必须与外部世界价值观相一致。"如道格拉斯提出的实现制度自然化的三种具体机制之一，即制度对事物加以分门别类就是如此。"如大学的分类，综合型大学、专科型学院等等也造成了一个等级制度和相应的行为方式。分类标准一旦出现，就诱使许许多多的组织和人们去模仿相应的行为。"[13]

那么，接着需要思考的第二问题就是，大学与政府间的频繁交易关系，何以会引发学术制度趋同现象的出现呢？这里的假设是："一个领域内的组织和政府机构交易越多，整个领域的趋同性程度就越高。"[14]

由于大学所需的关键资源均由政府供给，在高等教育场域中，处于并不重要场域位置的大学，如新升本的地方院校，为了获取自己所需的资源，就必须学习场域位置重要的综合性大学的制度经验。学习的结果，必然是形成制度的趋同。也就是说，大学与政府间的交易关系愈是频繁，则制度趋同愈是常见；亦即说大学与政府的交易关系，使得大学的学术制度趋同成为必然。

那么，最为重要的问题是，大学与政府的交易关系何以会影响学术生产数量的繁荣呢？究其主要原因，在于大学与政府的交易过程中，场域位置弱势大学的制度常常出现失效或者无效的情况。在制度无效的情况下，这些地方大学为了达成某一目标，往往与大学内部的教师形成共谋的关系，放松甚至放弃自身应担负的责任。

例如，对大学教师的职称评审而言，高级职称的多少与大学自身的利益密切相关；高级职称越多，则大学所获取的资源就可能越多。但是，大学自身并没有教师职称评审的终评权力。而对政府来说，**对职称评审的控制，就**

---

12 周雪光著.组织社会学十讲[M].北京：社会科学文献出版社，2003：82.

13 周雪光著.组织社会学十讲[M].北京：社会科学文献出版社，2003：84.

14 张永宏主编.组织社会学的新制度主义学派[M].上海：上海人民出版社，2007：35.

是对大学的控制。实际上，也就是大学与政府通过职称评审这一中介，发生了利益交易关系。正是在这样的制度环境下，大学组织为了争取自身利益的最大化，对职称评审的质量责任和意识就产生了难以避免的懈怠。特别是，对教师学术成果质量本身的判准，出现了有意的监控真空。这种情况并非一所大学如此，各个大学的教授评审几乎都是这样。教师只要按要求把条条准备好，不管成果是真是假，有用没有用，效益如何，只要条条够了，就可以参加评审了。

> "目前教授的评审条件好像很具体，比如文件规定了不少条条框框，规定了一系列条件；但是，仔细推敲，这些条件显得都很笼统，在哪些核心期刊发表论文，什么级别的项目，至于项目里边含金量怎么样，文章是不是自己写的，是怎么来的，里边的内容怎么样，思想又怎么样，其实学校并没有，可能也不愿意去很仔细的去推敲、做一个评判。因为学校都想让自己的教师多评上一个。"（丁老师语）

为了多评上一个高级职称，大学组织就可以利用制度的模糊，懈怠自己的责任，也许不是大学的有意行为。但是，在客观上，或者在现实层面上，大学对教师职称的把关，的确存在一些"走过场"的现象。当大学放松了对知识产品的内在品质鉴别的责任时，知识的生产者就会存在机会主义的学术生产行为，他们同样会懈怠自己的学术责任，为了完成科研考核所必须完成的科研工作量，就会不顾学术质量而一味地追求知识产品的生产数量，并最终导致知识产品数量的大量增加。

第三节　大学目标的迷失与学术生产数量的繁荣

政府对大学的束缚，使得大学办学的自由权几乎丧失殆尽。在这样的制度环境下，大学组织已经养成了一种盲目攀比、盲目趋同的制度惯习。这种盲从的惯习从本质上看，并不是一种责任担当的表现，而恰恰相反，它是一种懒汉式的生存状态。这种随从式的学术生产惯习，令大学自身的办学目标时时迷失，发展举措变得也原来越不确定。这种生存状态同样催生了大学学术生产的数量繁荣。

大学办学目标的模糊性，首先源于大学的三大职能的模糊不清。人才培养、科学研究、社会服务几乎成为大学的口头禅，而对于处于高等教育场域中特定位置的大学，究竟应该培养什么样的人，又该怎样去培养人，人才培养的具体目标是怎样的，有什么特色等等并不具体、清楚。不仅如此，学术目标在整个高等教育系统中都比较模糊。比如，不同学校的人才培养模式是否必须一样呢，人才培养的标准是否必须统一呢，如果是相同的，则应该如何强调特色；如果不同，则其不同之处体现于何处，诸如此类的问题在高等教育系统并不清晰。

同时，处于场域中不同位置的大学，怎样确立自身的科研发展目标，形成自身的学术特色，很多大学似乎都有规划，但是规划之中又都不十分清晰；大学怎样为社会服务，能为社会做怎样的服务，也不具体和明确。因此，从表面上看，各个大学都有自己的人才培养方案，都制定了自己的科研发展规划，甚至都有相似的学术繁荣制度，但是，这些方案几乎都是千篇一律、千校一面，自身的办学特色并不鲜明，尤其是在操作层面上目标的含混不清之处比比皆是。仅以论文评价为例，学术论文质量鉴定中存在的诸多难题，就与大学科研发展目标的模糊不无关系。

> "论文质量的好与不好到底依据什么标准，你怎么就说它好或不好？……目前似乎对学术质量的评价还缺少一个客观的、可操作性的一种评价标准，因此，学术质量评价的标准只有靠期刊的等级来作为衡量的依据了。"（张老师语）

不仅一所大学如此，在高等教育系统中很多大学的学术目标都比较模糊。比如，现在各个大学都在呼吁提升学术质量，然而，究竟什么是高质量，很多大学并没有搞得十分清楚。因而，在学术生产过程中，也就只能模模糊糊，糊里糊涂地出了很多知识产品。以至于很多地方大学的知识产品，存在大量的重复研究等现象。再如，地方院校的科学研究与研究型大学的科学研究必须一样的么？如果不一样，地方院校的科学研究的目标与研究型大学有何不同，地方院校的科学研究的特色是什么，出路又在哪里，如此等等，处于矛盾的交织状态之中。大学如不强调科学研究，则首先与践行高等教育的功能不相符合；不强化科研成果奖励，则在学术发展过程中，将与兄弟院校拉开距离。但是，如果强调科学研究，则究竟如何处理好科研与教学的关系，做好学术研究与人才培养的关系，并不总是能够很好处于和谐的状态之中。甚至强调科研奖励，有时还会导致大学办学目标的偏移。

目标的模糊有时达到了令人无奈的地步。比如，对教授标准的认识，对教授水平的看法，其实并非就十分清晰。正是因为这种不清晰，才导致职称评审制度的趋同现象。

> "有的教师申报教授职称，可怎么看他也不像教授啊。文章的质量一看就是拼凑的，既没有观点的创新，也没有严密的内在逻辑。答辩时前言不搭后语，甚至文章中的错字比比皆是。你说他参评教授，不是无形中把教授这个水平降低了嘛，真是把教授二字的神圣给玷污了。过去说某人是教授，那是多么受崇拜！为啥现在，教授在人的心目中却没有了过去的神圣，关键就是评选教授的标准处于混乱状态，对教授标准的认同处于模糊状态，如果这种模糊的政策不做必要的调整，评出的教授的质量，就真的难以提高。。"（丁老师语）

"一个领域内部技术不确定或目标模糊性的程度越大，趋同变迁的速度就越快"。[15]高等教育系统普遍存在的大学目标模糊，对大学学术生产数量的繁荣产生了怎样的影响呢？目标的模糊导致大学发展措施和发展路径的不确定性。地方大学的学术发展，面临的一个突出问题，就是往往缺乏对自身所处的学术场域中位置的准确判断。不仅如此，大学对自身的学术发展应该采取怎样的有效措施、发展手段也往往难以确定。其中原因，既有大学领导意志迁移的原因，也有大学自主意识缺失的原因。

就大学领导的意志而言，一届领导往往会根据自己的风格选择自己喜欢的举措。新一届领导班子上任之后，往往为了显示自己的风格和作风，彰显自己的能力和政绩，总要采取一些新的措施。与此同时，大学校长和大学书记之间，真正能够和谐相处的并不很多。有的大学，大学校长和大学书记之间还经常充满复杂的矛盾和斗争，都认为自己是大学的最高主宰。这样，大学在消耗战中，办学的目标时常发生偏离、出现错位。

就大学自主意识缺失问题，现在，不少大学并没有自身办学的自主意识，大学依附于政府宏观管制之下。一切听命于政府，一切按照政府的文件是从，缺乏创新、缺乏个性、缺乏自主、缺乏独立。尤其是大学官员无不都是由上级政府任命，官僚习气在大学十分盛行。特别是，某些大学书记或者校长时常以官员自居，今天一个意见，明天一个要求，办学理念混乱，办学思想模

---

15 张永宏主编.组织社会学的新制度主义学派[M].上海：上海人民出版社，2007：35.

糊，其自身的意识尚且浑浑沌沌，更无从让大学的办学意识会清晰明了！如此的大学，其自主意识自然也就难以确定。

正是由于大学自主办学意识和独立性的缺失，因而使得大学难以采取有效的手段和举措。进而，使得大学学术制度与其他大学产生趋同现象。现在的评价就是如此，千篇一律的奖励和一个模子的职称评审制度就说明了，目前的大学没有制定出具有针对性的一种量化的标准、考评的标准。如地方院校的发展的目标究竟是什么，要突出什么特色，包括学术发展的特色问题，科研目标怎样符合学校本身的特色问题。这就牵扯到一个大学的定位问题。而现在制定的考评标准几乎是一样的，这个学校和那个学校一样，211 和 985一样，整个 211 又和一般的本科一样，大家都在争这个东西，所以造成了一个盲目攀比的现象。

为什么会出现盲目攀比、盲目模仿、缺乏创新的情况？在访谈老师们看来，就是我们现在的政府，包括教育行政管理及其大学的有关管理人员，不仅他们的办学目标是模糊的，而且，采取的举措也有问题。比如，盲目攀比不仅与目标趋同有关，可能跟政府的投资机制也有关系。院校为了获得政府的资源，必须按照政府所设立的标准，按照政府的要求，来组织自己学校的学术生产。汪教授在访谈时这样谈到：

> "目前各个大学的学术标准几乎都是照搬照抄得来的，都是千篇一律的一个东西。而不是符合每一个学校的实际，……评价标准简单化。这样，211 都急着要争上 985，一般的学校都要想上 211，那么专科想升本科，这样就形成了学校盲目发展，盲目攀比，盲目求高求大求全求多，恰恰失去了学校自身的特色。"

正是在这种盲目发展，盲目攀比，盲目求大求全求多的环境下，大学学术生产数量才有了盲目的发展、盲目的增加。

第六章 制度缺陷与学术生产危机的 原因分析

学术评价场域存在的问题，归根结底是学术制度的缺陷问题。那么，目前大学学术制度存在哪些主要缺陷，学术生产数量繁荣的背后存在哪些潜在的危机？本章将就这个问题进行简要的讨论。

如前所述，大学学术评价制度，包括多个方面的内容。职称评审制度、科研奖励制度是其主要方面。事实上，这两个制度得到了大多数教师的拥护，也是各个大学采取的繁荣大学学术的重要举措。如此而言，何以又说这种制度存在缺陷呢？笔者认为，判断制度的优劣，关键在于看其制度带来怎样的结果，产生的社会效益。依笔者看来，目前学术制度的缺陷，主要是制度对学术质量的损害问题，学术制度存在的官僚化问题，以及学术动力机制匮乏问题。

学术制度的缺陷，导致学术场域产生了诸多潜在的学术生产危机。例如，由于大学过分强化了科研的激励政策，巨大的经济诱惑和强烈的外部条件刺激，导致人心浮躁，使得学术权力化、学术商品化、学术市场化、学术资本化的特征日趋明显。而且，最为严峻的问题是，它造成了学术生态或者说是学术气象的萎靡，即学术场域难以出现新气度、新气象、新气韵，给大学精神和对学术本身带来了严重的损害。

特别是在学术规划年代里，科研评价往往渗透着各类、各层级显性或者隐性的权力因素的影响。项目评审中的权力运作现象几乎成为一种风气，成为学术精英的行为惯习。这种惯习已经让很多知识精英忘却了自身的本质使命，并且成为推波助澜、参与"学术资源分赃"的"共谋者"。有证据表明：只要科研评价极端量化的学术制度不做创新，学术生产就难以实现实质性的繁荣。

第一节　学术生产制度的主要缺陷

判定一种制度的优劣，显然应当置于实践之中。在实践中检验一种制度与特定属性产品的生产之间的契合程度。对学术生产而言，显然更为宽松自由、更为平等民主、更为公平透明、更为灵活开放、更为多样多元的学术生产和评价制度，更有利于学术生产的繁荣。相反，机械僵化、封闭保守、专断专权等等，则不利于学术生产的真正繁荣。目前的学术生产和评价制度面临着学术自由缺失、资源垄断严重等诸多弊端，本研究仅就以下几个方面的弊端作出分析。

一、制度的机械化模式对学术生产的遏制

（一）学术制度的机械模式和形态的固化

一是高度统一的学术生产制度，阻碍了学术生产的活力。由统治大学的权力机构自上而下地设计出来、并强加于大学付诸实施的职称评审制度、项目评审制度等等学术制度，在实践中暴露出的弊端日益明显。

以职称评审制度为例，对某一区域的众多大学而言，采用统一的职称评审制度，对众多大学的人才进行裁量，必然圈养了众多统一性的类组织机构，即让大学的人才结构趋于雷同、尽失特色，且使职称在貌似公平的制度背后存在着不公平的现象。如在职称评审过程里，学术成果的审核、论文的同行鉴定，个人学术思想的答辩，以及职称评审委员会的投票表决，虽然形式极其严肃，但是，内中逻辑仍有诸多流于形式之处。这种流于形式的职称评审，不仅使得教授的含金量大打折扣，最为要害的是，形式化的职称制度，复制了学术制度自身，它使得大学的职称评审制度、学术评价制度几乎成为一个模式。

再以科研奖励制度为例，如前所述，各个大学的科研奖励制度虽有差异，但是，由于这些制度都是相互模仿以至趋同，同样导致了大学科研制度的统一的模式。而正是制度的统一性，导致各个大学的教师学术生产行为的相似性——即大学学术生产的急功近利现象。尤其严峻的是，在雷同的科研制度之下，各个大学的学术生产模式、思维模式和运行手段惊人的雷同。进而使得大学千校一面，失去特色和个性。

项目评审等其它学术制度也无不如此，这些制度所具有的共同特征，就是温情脉脉地束缚。虽然这种束缚在表面看来也是富有逻辑的。但是，它们共同设定的环境实际就像围城，是一种学术生产的制度性围城。也就是说，

既有的职称评审、科研奖励等学术制度，关键的缺陷在于对个性的忽视。不仅忽视了教师的学术个性，也忽视了大学组织的学术个性。从表面看来，某一制度对于任何大学、对于任何教师都是公平的，"谁有条件，谁就上"。事实上，在貌似公平的制度背后，潜藏着极大的不公平，看似科学的管理不一定很科学。H 省 2011 年申报专业硕士授予单位的竞争案例，以及一些职称评审案例便是一个富有说服力的佐证。谁达到了量化的标准，谁够谁就上，不够你就不上。在这种制度下，很容导致貌似公平的不公平，不公平被公平的华丽外衣裹住了。只要存在不公平，就会影响到学术生产者的情绪，进而影响到学术质量本身。在这种制度下，部分老师的学术成果即使它的质量并不差，也不一定就会得到社会认可；而对教师来说，制度带来的后果则只能是学术生产的应付。因为，好坏之间并没有得以明显地区分。由此，最终导致大家从事学术活动的目的和目标，或者是为了职称评审需要，或者是为了追求项目带来的经济效益，再或者是为了赢得个人荣誉地位的变化。从领导层来讲，从管理上看，整齐划一，便于操作。但事实上，凡是入围的，一定就比没有入围的好么？未必完全如此。这就是目前学术评价当中带来的问题和困惑。这种难点和困惑，势必会对学术生产带来一定的影响。因为，它忽略了人和组织的固有本性，即主体的求上心理和动机。接受访谈的教师大概都谈过这样的话，大多数人都会有一种积极上进的诉求，别人都在积极的进步，他自己自甘堕落、自甘落后，这样做不符合人的常理，所以说，正常的人都会有这样一种积极上进的思想，这样一种欲求。

而且，这种求上的欲望，与制度提供的动力呈正相关的关系。也就是说，制度奖励的力度越大，激励越明显，则求上的心情就越迫切。于是，就会出现制度本身也无法控制的现象产生。如被访谈的老师所说，这种制度环境鼓励很多教师走上了资源夺取的**无序竞争**之道。评职称也好，评项目也好，有条件的人要上，没有条件的人寻找门路也要上。

对教师来说，上是一定的，关键在于采取怎样的手段，寻找什么样的门路。丁老师这样谈到：

> "有时感到，现在的学术，已经失去了研究本身的意义了；感觉到这种研究完全是一种逢场作戏，让人感觉搞研究很没劲、很不舒服。你说有条件的要上，没有条件的找门路上，这不就是明摆着学术腐败嘛。本来大学是引领社会发展的，引领时代潮流的，人的

精神的开放意识啊，人的精神自由啊，人的平等公平意识啊，人的
正义精神啊。现在反而成为大学溜着政府、跟着社会瞎起哄。社会
的很多不良因素渗透在大学，而不是大学在引领着社会发展。现在
不管你是报项目，还是报奖，发表文章，无不都在托关系、找熟人。
都得去为发表那些事去费心。"

在这种制度左右下，教师自身本质化的手段都外化出来了。"人类社会从
根本上取决于以人的价值为中心，毕竟这是其全体成员能借以交流其各种意
愿的唯一语言。在公共政策中夹带着各种非人类的、外在于人类价值的'价
值'将使社会分崩离析。虽然这可以使一个超越所有人以利益的精英大权在
握，但却会摧毁自由、公正、繁荣、安全、和平及这里所讨论的其他目标。"
[1]这种欲求完全忽略了自身在学术场域中的应有位置。

无论是职称制度还是科研奖励制度，都是学术评价的行为规则，都是一
种引导教师从事学术生产的一种手段。作为学术评价制度，本来的功用在于
防止混乱和任意的行为发生，但由于在学术评价中采取极端的以量为主地进
行等级分类，并且，这种分类还是制度强加于教师的一种行动秩序和特定环
境压力之下的一种结果，因此，它势必会催生学术生产的投机行为的泛滥。

当然，这里不是说现有的学术评价制度没有任何裨益。毕竟，无论是职
称评审制度还是科研奖励制度，得到了大多数教师的理解、支持和拥护。但
是，作为大学组织则必须清醒地认识到，这种理解、支持和拥护，有其特定
的社会背景和原因，是不同学术群体及其管理人员共谋的结果。在更大的领
域内来看，这种学术评价制度具有模仿工厂生产制度的嫌疑。如果这样，则
学术评价制度的变迁则是必不可少，也是十分必要的。因为毕竟学术生产环
境不同于工厂的机械生产环境。"制度规范人类行为的力量多数源于它们的
不变异性。但是，当环境发生变化，不变的规则组合也会产生伤害，因而也
需要进行调整。毕竟，与保守主义者有时想象的不同，制度本身不是目的：
它们门只是追求自由、繁荣、和平一类基本价值观的手段。所以，我们应该
探讨的是，制度如何变化，为什么变化，以及在制度变迁过程中如何才能保
障可预见性（秩序）。"[2]

1　[德]柯武刚、史漫飞著，韩朝华译.制度经济学：社会秩序与公共政策[M].北京：
　　商务印书馆，2001：107.
2　[德]柯武刚、史漫飞著，韩朝华译.制度经济学：社会秩序与公共政策[M].北京：
　　商务印书馆，2001：464.

面对特定的学术环境，任何评价都不能极端化、模式化、统一化。作为科研评价制度的科研奖励、职称评审等制度就是如此，这些制度的使用场域、标准必须适度。何谓适度？就是一所大学制订的科研评价标准必须与这所大学的办学定位、人才培养目标相一致。大学必须正视自身在高等教育场域乃至在整个社会中的位置。事实上，现在不少大学已经超过了这个度。所谓超过有两个含义，一是科研评价中对学术数量的重视远远超过了对质量的重视；二是，对量化标准的强化超过对学术结构性问题本身的关注。汪老师这样谈到：

> "上世纪80年代高校并没有什么学术考核标准，90年代以后，大学之间开始相互的攀比，怎么比？主要就是靠量化标准。例如从国家层面上，设立了211和985大学，211和985大学遴选的标准是什么？主要是看学术数量的多少，采取的办法就是量化。当然，必要的量化还是需要的，只是现在它走向了另外一个极端。……所谓的科学化的管理实际上已经走向了非理性化、非科学，成为伤害学术自身的一个指标。……学术研究所要求的是个性化的、差异化、多样化。只有这样，才能够产生真正的学术繁荣。而现在按照一种模式、一个标准、一个套路去要求，最后不但不能繁荣学术，反而把学术定格在一个固定的模式上、固定的轨道上。这种僵死的规定，导致的最终结果可能就是自取灭亡。"

的确，只看数量，不看质量；只看宏观的数字，不看个体的实质，这是典型的量化考核标准。如果按照流水线的机械生产模式，按照工业化生产的一种被动性的逻辑思维，来对大学学术生产进行管理，显然是有问题的。因为学术研究是一个精神化的活动，而精神化东西的评价恰恰难以量化。作为一个学者，他写一部书，可能要花十年八年的时间；写一篇文章要花一个月到一年的时间，简单的量化很难把思考写作的过程精确化。再如怎样对一个具有"刚毅坚卓"学术精神的人进行评价？访谈时汪老师这样说道：

> "上世纪30年代末40年代抗战初期，清华、北大、南开大学三校合一的西南联大，办学条件虽然特别艰苦，甚至条件的艰苦令今天的我们难以想象，学生们几十人挤在铁皮屋顶，甚至住着茅草房，上课都在土坯墙的教室里，也没有什么大楼。但是，在简陋的土墙里，在暗淡的灯光下，却培养一大批具有刚毅坚卓精神的大师。

> 校园里有一个冯友兰写的碑文，就是讲当时西南联大在抗战八年的
> 奋斗经历。"

的确，西南联大的校训就是"刚毅坚卓"，这也是我们中国的大学精神，是中华民族最困难的时候，中国人用自己的精神办的一所大学。"刚毅坚卓"的校训集中体现了联大钢筋铁骨般的人格特征和独特的精神风貌，每个字都包含着极其丰富而深刻的含义。"刚"，即指刚强、刚健，所谓"壁立千仞，无欲则刚"；"毅"则指果敢、弘毅、意坚、志恒；"坚"即指信念坚定、学识厚博；"卓"是指超越寻常、卓尔不群。正是在这种人格力量和精神风骨的支撑下，西南联大创造了古今中外教育史上罕见的奇迹。8年之中，培养了数千名人才，造就了各行各业的国家栋梁之才，其中有诺贝尔物理学奖获得者杨振宁和李政道，有数学家华罗庚，有两弹元勋邓稼先，有光导纤维之父黄宏嘉等。解放以后，我们的文科学部委员，理科学部委员50%到60%都是从那个学校出来的。若按我们今天的量化标准，那个大学从硬件到软件都够不上，连我们现在的三本、专科学校的硬件也比不上。为什么会成就那么多轰动世界的大师呢？西南联大的成功，值得我们深思和反思。西南联大建立的教师激励机制，实行"教授治校"制度，秉持"殊途而同归、一致而百虑"的教育理念，尊重教师的主体精神，自主意识，以及民主和谐的治学环境都是大学的楷模。所以，绝对不能用千篇一律的普适性制度套在大学身上，用固定的办学模式要求大学无条件服从；不能用刻舟求剑的方法，缘木求鱼的方法，拔苗助长的方法来要求教师进行被迫无奈的学术生产。

大学需要自由、大学需要个性，大学需要特色。没有制度的宽松，也就不可能会有大学的自由；没有特色的制度，就难以造就大学的独特个性，难以形成大学的自主性的特色。大学的本质是什么，大学的特点是什么？就基本特质而言，即是学术自由、教授治校、思想开放，这样才能有学术的繁荣。

> "因为学术它是没有边际的，知识是没有边际的，学问也是没
> 有边际的。如果我们仅仅是通过现在的量化标准对大学教师的科研
> 进行量化评价，通过现在的国家项目、通过现在的文章期刊，把我
> 们的学术范围限制在一个狭小的圈子里，实际上会让大学、让大学
> 里的教师失去很多的东西。这种制度设计对于社会、对于整个历史
> 的发展是有罪的。实际上，也就是说，现在大学实行的看似十分完
> 美的学术评价制度是有问题的。那时候的清华、北大办的那么好，

它有什么标准，可以说，用我们现在的任何一个标准都难以套上的。但是，没有标准却依然是优秀大学，外国人也好，中国人也好，都佩服清华和北大，都佩服蔡元培时期的大学伟大和梅贻琦时期的大学繁荣。我们用现在衡量的标准去套北大的话，北大什么也不是，但是，它就是一流的。"（汪老师语）

因为，北大有特色、清华也有特色。比如说清华它的特色是什么？就是我们自己民族文化的东西，厚德载物。《周易》里面的第一卦辞乾卦：天行健，君子以自强不息；坤卦：地势坤，君子以厚德载物。这就是我们民族的东西，大学没有民族的东西是不行的。清华大学刚刚起步的时候就是一个留美预备学校，是一个洋化的西式教育。后来罗家伦当了校长，特别是梅贻琦当了校长以后，就对清华进行了改造。他不盲目的去学习西方，不是说美国办学是一个什么样的，我就什么都得向它学习。1925 年成立的清华国学院，汇聚了王国维、梁启超、陈寅恪、赵元任四位国学大家，被称为四大导师，在历史上留下深远影响。清华国学院提出的口号是会通中西，打通古今；融合文理体现的两个字：会通。能够把古今的东西，中外的东西，不同学科之间的东西打通，这就是清华的气派。我们今天讲中国特色、中国气派、中国作风，其实大学最需要的，依然就是这个东西。

同样，大学也不能按照一种死板的模式化标准要求教师，关键要看教师的水平，看教师的学术功底怎样，他教给学生的东西是不是真学问。这是关键，不要看他外在的一些东西。我们往往是被外在的东西所迷惑，要求现在的师资一律是博士，而且有一些学校本科是 211，硕士 211，博士也得 211，这怎么能行呢？这样子他就把很多的人才排斥在学校之外了。这个刻板的制度把人的个性抹杀了。即使有点个性的教育家出现了，这种刻板的制度也不允许像类似于蔡元培这些的大家在大学里面存在下去。

"这就是我们机械化的制度导致的一个大问题，制度太机械化了，对人的衡量都是机械化的框框。这种机械的制度下，人的精神劳动不被理解，对学术生产本身认识不到位。他就觉得博士那就比硕士知识高一大截，硕士就比本科高一大截，其实不是这样的。它只是一个有形的量化标准，它不是说能够涵盖一切的东西。"（汪老师语）

特别是，用同一种评价制度，套在所有的学科上，使得各类学科不得不削足适履。目前，我国诸多大学的学术生产和学术评价，主要借鉴从西方引进来的一些经验。但是，由于没有内化到我们本土的文化根基中来，加以评价的内容跟西方的也不一样，各方面人员的心态也不一样，所以，单单采用西方的方法来应对中国的学术层面，尤其是对工科和文科的学术进行评价，它怎么去刺激，怎么去激励这个学术生产等等，必然地会不同程度地存在一些问题。因为，就学术生产和学术评价而言，针对不同学科进行的即时性的评价制度，违背了不同学科的学术生产规律。例如文科的学术生产，就有一个稳定性的问题、延期性的问题、时代性的问题。

"文科与理科的区别是显然的，为什么自然科学学界有院士，人文学科领域却没有院士？一个很重要的原因，就是自然科学的成果可以定量分析，可以用指标量化。比如自然科学项目，当其研究成果被广泛利用以后，在特定的区域里面所产生的经济效益，具有直接性、直观性。袁隆平种小麦，他的成果如果用到实践当中，比如说产量提高了，原来一亩增产了多少，现在是多少，是看得见摸得着，直接的经济效益能够显现出来。但人文社会科学，比如说一篇文章，能说这篇文章的价值值多少钱吗？怎么去衡量文章的价值分量？只能见仁见智。……所以文科科研很难有一个客观的标准，这也是人文学科自身的特点所规定了的。在这种情况下，很难硬性的去给它界定清楚谁是第一，谁是第二，只能是相对而言。由于人文社会科学特有的属性和功能，使得人们在管理上很难去拟定一个整齐划一的方案去套用。即使用了，效果也不会太好。"（李老师语）

所以现在基于量化考核的奖励制度，表面上好像是一种科学的方法，实际上存在诸多不科学的成分。本来属于科学管理的模式，但是执行的效果却适得其反。不仅学术没有得到真正的繁荣，而且还造成了一系列的恶果，带来了大量的学术垃圾。

"单从表面的数量上看，学术非常繁荣，每年发表了多少论文、获得了多少科研项目和科研经费，取得了多少成果奖励，出版社出了多少部著作，在中国知网里、知识库里，期刊网里，有多少知识性产品。但是实际上，每年有多少原创性的东西能够沉淀下来，能够保留下来，能够传承下去的，也就是说，真金白银、货真价实的东西到底有多少，值得认真地考虑。"（汪老师语）

　　所以，倡导考评是必要的，但关键是怎样去考评，用什么标准考评，量化到什么程度。考评只是一个外在的因素，目的是调动人的内在积极性、主动性和创造性。如果违背了人性的需求，不能体现人性化的原则，而一味的强化数量，靠管靠压，那么实际上它就违背了科学管理的原则。因为数量的增加，不一定就意味着质量的增加。

　　　　"我在国外时，一个教授曾经跟我讲过，说国外的学者看历史方面的成果，首先注重的是日本学者的研究成果。即使研究中国近代史，也不首先要看中国历史学者的成果，而是日本学者的成果。我听起来这话很受刺激。问他为什么？他居然说，中国每年生产的大量学术成果相当一部分都是垃圾。事实也许并非如此，但是它反映了目前我国高校科研呈现出数量繁荣背后的一个突出问题。"（李老师语）

　　　　"从某种程度上看，目前在某些学术领域的学术成果可能还没有民国时期学术生产的繁荣状态更令人满意。为什么民国时期，那个时候的学术生产繁荣会出现那么多优秀的作品，优秀的著作流传到现在，包括二三十年代那么多有名的作家，他们会生产很多的著作，现在却没有？"（汪老师语）

　　大学在强化学术数量提高的同时，必须强化学术质量问题。的确，单从自己生活圈子的周围看看，很多老师的科研成果确实很多，但是真正有质量的究竟有多少，如果统计一下，恐怕更值得人们忧虑和深思。其实一个大学的学术生产，不是以数量来取胜的，归根结底是以质量取胜的。因为真正的名校的科研力量，学术成果在国内外产生的影响，并不是以发表的数量多少而决定的。

　　　　"有的学者一生发表的成果并不太多，但是在他仅有的成果当中学术份量很足，他的影响也很大。而有的人成果虽多，若质量不高，比如说有人一年能出三四本书，能发表二三十篇文章，这个确实有点夸张。现在电脑粘贴给学术带来了速度。个别人就靠拼贴来写作，一年内就能发表若干成果。因为依靠自己的能力，难以在规定的时间里拿出制度规定的那么多成果，于是，有的人就不惜违背学术道德、学术规范，开始进行剽窃、抄袭，导致愈演愈烈的学术泡沫。当然不能一概而论，不能说科研数量多的人都不行，都是剽窃。一个学者积累了很多年，突然在这一年出版了几本书，这是可能的，也是没有问题的。这种情况无可指责，无可厚非。这里讲的学术问题，是目前存在的一种普遍情况。"（李老师语）

二是制度的低效现象十分严重。固化形态的学术制度，其另一弊端就是效益小、效率低。首先，只有数量而没有质量的知识产品，导致学术生产的效益小、效率低。我们不能把学术考评的东西一棒子打死，全面否定。学术考评有它积极性的东西。但同时，要看到其积极东西是相对的。就学术评价而言，不是要不要的问题，而是如何使得评价效益更大，效率更高；而这，就需要使得考评能够更加人性化，更加符合学科成长的根源，学校发展的根源，包括教师个人的兴趣爱好，个人的专业方向。不能让所有的学科都使用一个标准、一个模式，就是说让制度显得更加细化、简化、深化，更加具体。奖励措施能不能深入人心，是不是大家需要的东西，是不是长久之计，有没有后遗症，能不能长远等等。目前学术评价制度的主要问题是效益效率问题。为什么制度会存在效益小、效率低的问题？最根本的问题就是学术领域的生产关系不顺畅。生产关系没有理顺，没有进行必要的调整。在学术生产和学术评价中，在科研成果奖励中，存在诸多不顺畅的因素，即使是利益既得群体，也会感觉很不自在、倍感别扭、也很不自然的一些东西。就其内在的感觉，往往是学术生产并非发自学者们心灵深处的内心独白，不是发自学者的肺腑之言。而是一种不得已的机械性行为。并不是说我们不需要激励机制，因为人和人的天赋、能力、知识有是差别的。我们过去讲人生而平等，其实现在讲人生而不平等。哈耶克在走向奴隶制度里专门讲了一个问题，我们现在要解决什么问题呢？包括我们的文化生产，就要解决公平的问题，正义的问题，怎么能够体现出公平？

"比如说评价标准里面，如何能够体现出每一个人的特性，每一个单位的特色。人和人之间是有差别的，你不能要求每一个人都是一样的，每年都发20篇的文章。这就是，公平的评价得有相对公平的措施，公平合理的评价标准、评价机制。"（汪老师语）

没有切合实际的评价标准、评价机制，就难以有公平的评价结果；而没有公平的结果，也就难以体现学术制度的高效益、高效率。目前的学术生产制度效益效率的提升，关键就在于通过学术生产机制和体制的改革，解决好学术生产力的问题，调整好学术生产关系的问题。不同的学术主体，在生产关系里面的定位是什么？角色是什么？发挥什么样的作用？都需要作制度的科学设计，提出不同的要求。让处于学术场域中不同位置的学术主体，都能秉持自身所有的资本，能够心情顺畅地去进行学术生产。虽然说制定了这些规则和标准，但是就像没有规则一样，这就是学术生产管理的最高境界：有规则的没规则。大家都能心甘情愿去做研究，但是又感觉不到规则的存在，最后得到了很好的效果。

> "现在，解决学术生产面临的问题，归根到底还是要从管理的视角上来入手，先去松绑，先去寻找这样一个宽松的环境。这里面一个是细化、简化、深化、人性化的问题。可以说，这四个原则，就是学术生产的四个现代化。把握好了这四个原则，学术生产的效益效率问题就解决了。"（汪老师语）

生产效率的高低，某种程度上依赖于制度的效率。而"制度要有效率，就应该简单、确切、抽象、开放和适度稳定"。[3]而现有的制度，特别是职称制度和科研奖励制度，通过分等分层的办法，试图提高学术生产效率，恰恰跌入了制度为其自身挖掘的陷阱之中。因为，"任何制度都不应当将人分为三六九等，不应当在不同集团之间亲此疏彼。那样的话，制度很难得到遵守，也无法很好地发挥其节约知识搜寻成本的功能。"[4]

所以，学术生产制度的变迁，包括量化规则的一些变革，需从教育管理体制改革开始。文化体制、管理体制，对学术生产具有重要的作用。学术生产制度的低效问题归根结底就是一个学术生产力的提升问题，是精神和文化生产力的提升问题，也是调整学术场域的生产关系问题。只有把学术生产力解放了，把学术场域的生产关系调整理顺了，大学的整个学术生产才能得到真正的繁荣。

学术生产制度的低效还表现在于学术资源利用的有效性问题上，也就是资源的利用率问题。目前，整个的学术生产系统面临着一种普遍的资源浪费。一方面是学术资源的严重不足；另一方面，在学术资源不足的情况下还面临

---

3 [德]柯武刚、史漫飞著，韩朝华译.制度经济学：社会秩序与公共政策[M].北京：商务印书馆，2001：116.

4 [德]柯武刚、史漫飞著，韩朝华译.制度经济学：社会秩序与公共政策[M].北京：商务印书馆，2001：114.

着学术资源的浪费，甚至是严重的资源浪费。比如，现在大学教师申请到的科研经费每年都在递增。但是，怎样有效使用这些经费，其实权力并不在教师的手中。经费的分配和使用，很大程度上得听命于行政人员的意见。这样，教师就不会很认真地规划经费的使用，只好怎样用着方便就怎样去用。之所以这样，最根本的还是制度层面的问题，国家的科研经费使用制度设计得不够完善，所以资源浪费问题也就接二连三地出现。

"比如国外，一个团队如果拿了一个项目，可能五六年七八年你就不用再想着拿另外一个项目了，它就可以把一个团队的人都养活了。而且很少存在经费使用上的问题。咱们国家这几年，科研经费使用方面经常会出很多问题，包括研究院和高校的都有这种情况。可以注意一下国家让报的经费预算，全是材料费等消耗品，那么人员费用呢？研究者作为一个老师既得上课，又搞科研，就不应该有一些科研收益了？但是它就不让你预算这个费用，好象就是白给国家干的。不做项目的还轻松一些，做了项目的还得应付检查、准备结项材料啊，教师的心里肯定不平衡。不平衡怎么办？不平则鸣！大家在经费使用时的责任意识就大打折扣。"（丁老师语）

三是资源配置场域的潜规则表现突出。在学术生产场域，最为凸显的问题是，学术资源配置场域的潜规则问题十分严重。在学术资源配置过程中，往往存在暗箱操作的情况，夹杂着很多人为的因素，潜规则的东西，或者人情化的因素。谁有关系，可能在资源配制过程里就能获取较多的资源。特别是地方院校，假如没有任何官场职位的教师，即使是一个博士、一个教授，在学术生产领域也会面临着方方面面的坎坷，面临做任何事情不畅的问题。

"在目前的学术制度环境里，包括职称评审、发表文章，假如你没有人情关系，可能你拿着版面费也发表不了。一个已退休的高校领导这样说道，'现在不是退休了才敢说嘛，就比如评奖、评项目嘛，如果谁和领导竞争，那肯定上不了；即使你不和领导竞争，如果想上，也得找到有权力的人。当然，找了人不一定上，但不找人肯定上不了。即使说你的成果比较好，如果没有关系也很难获得成功'。按理说，自己的学术成果本来很好，干吗要去求人才能中奖啊，干嘛还出去跑项目啊。很多案例证明了，不跑就不行，这就是现实，谁也没办法。"（丁老师语）

很显然，在学术场域中，所谓的成功似乎都打上了权力的烙印。而一旦权力渗透到学术中来，优秀的成果自然可以得到承认，垃圾成果也会由于权力的作用贴上优秀的标签。本章的结束部分，通过案例专门介绍学术场域中科研项目评价中的一些潜规则现象。对科研评价中往往渗透着各类、各层级权力影响一些因素，特别是，在学术资源竞争激烈的情况下，勾画了运作与成功之间的关系。

> "所谓运作，就是经常和规划办的人'走动'，参加规划办组织的正规和非正规的活动，经常向专家和规划办推介自己，当然不能空手而去、空手而归"。"这几乎成为一种风气，只要科研评价体系不作变更，大学发展和教师发展的鼓励政策不作调整，科研量化评价办法的极端化的推行不予遏制，学术生产机制和办学理念不做创新，这种风气就很难能从本源上得以肃清，学术功利、学术造假、学术腐败也很得到根本性的治理。"（X 老师语）

在学术资源配置过程中，潜规则的作用不可低估，这种作用有时是主动的渗透其中，有时也是被动地渗透其中，不论主动还是被动，一旦外在权力渗透其中，就会发生着意想不到的作用。这里展示的是权力的外溢效应，人一旦有了某种权力，另一种权力的获得也就成为可能。在学术场域，权力的某种外溢效应，恰恰损害了学术的自身神圣、污染了学术创新的源泉。

> "现在学术领域中的潜规则太重要了，它往往凌驾于游戏规则之上。比如说论文发表这一块，假如说你的成果确实写的非常好，但是你不符合编辑的口味，期刊的口味，或者其中的一些潜规则你不知道，也就是不知道背后运作的东西、暗箱的东西，你可能也发不出去。即使发出去了，也可能只发在一个一般的核心期刊上。而这就意味着，你的这个东西就成不了标志性成果，往往在我们国家发到核心上这些东西大家根本引起不了重视。现在为什么那么多泡沫出现的那么多，就是你潜规则的作用太大太多。而这就跟楼市一样了，你这个泡沫太多，最后楼市都要崩溃了。"（宋老师语）

现在的潜规则似乎太多，而游戏规则的力量又显得太弱。如前所述，现在决定学术资源分配去向的主要依靠行政力量，行政力量处于学术资源分配中的强势地位，决定项目数量、分配科研经费等等，主要是靠行政手段。一些级别较高的项目主持人基本都是具有行政权力的，大学的领导占据学术资源的主要数额。这些领导拿到项目不一定就有时间去做科研，他们往往委托他人代劳，这样的质量究竟有多高，很难说清；但是，在成果鉴定的结论上，他们一定是最好的。因为，权力资源在学术鉴定结论中同样发挥着作用。

> "搞科研的人本来应该专心搞科研，因为人的精力毕竟是有限的，但是他非要想办法去做一个行政干部不可。为什么做了科研以后，还非要挤进这个行政队伍当中去呢？因为他需要项目，要发表文章，或者做社会交流，这样他手中占用的资源会更多，对外联系更加方便了，对下一步争取其它学术资源会更有利一些，包括争取科研项目等等。"（张老师语）

因为如果潜规则太多，暗箱东西、灰色的东西已经超过了人的心里承受能力了，到最后肯定是对这个知识生产、学术生产产生毁灭性的打击。就是说潜规则下的东西，在人的心里已经不再是真实的有价值的知识了，它对整个知识生产，对学者群的负面影响是非常之大的。如果照着这样情况，钱学森之问再问多少年都问不出来。为什么问不出来呢？原因在哪里呢？就是说能够真正推动学术创新的制度有问题。

（二）学术资源遭遇的高度垄断

学术权力对学术资源的垄断，是当下学术生产场域的一个突出问题。比如，政府对项目、奖励、荣誉、经费等学术资源的控制，学术管理部门对评审组织权力的控制，大学领导对评审结果的申报权力控制，等等，都是这种学术资源被权力垄断的现象。无论何种垄断现象，对大学学术的繁荣和发展同样都能产生阻碍和影响作用。

权力是怎样对学术资源进行垄断的呢？学术资源遭遇的垄断并不是一个新命题。因为它涉及的是当下的一个公共话题，即大学和政府的关系问题，以及大学内部学术权力与行政权力的平衡问题。从这两重特有关系中，可以寻找到学术资源遭遇垄断的特殊环境。

一是学术的规划时代与规划的学术生产，是当代学术资源遭遇垄断的最突出的制度环境。学术制度怎样对教师的学术行为进行制约的呢？笔者在前面已经有诸多的论述，这里需要补充的就是学术生产的规划制度对学术生产行为所产生的影响。目前的学术生产，几乎完全处于学术规划的制度环境中。不仅项目生产是规划的，一切其它的学术都是规划的产物。规划时代学术生产的特点在于，人们从事学术生产，更多的不是处于教师本身的内在制度，而是依赖于外在制度的惩罚、发号施令和强制执行。在这种压力下的学术生产，虽然出现了似乎可以用来炫耀的数量上的繁荣；但实际上，这些繁荣的迹象则是教师不得不在面临强制性的压力之下完成计划的组织任务。也就是说，这种学术的规划制度，鼓励教师服从简单命令，却不鼓励教师的满负荷工作和学术生产的主动性和自主创新。

本来学术生产，每一个学校有它自己的特点，有它自己的规律。但是制度通过对资源的控制，却把外在的一些要求，像笼子一样套在了每一所大学身上。就是说政府怎么要求大学，大学就怎么去做。而且大学把这种要求的标准当做自己内化的惯习，也就是把外在的压力变成了内在的东西。并依据此确定自己的发展目标，突出自己的特色。

二是权力对资源的垄断比比皆是。从大学内部来看，由于行政权力一直处于强势地位，所以导致学术权力与行政权力面临失衡问题。在这种情况下，假如说你是学校的一个领导，或者是哪一个职能部门的领导，或者是院系的领导，那么你就有可能通过手中的权力去获取学术资源。特别是，当学术资源十分稀缺时，权力的垄断力量就会显得十分强大。丁教授谈到，L科技学院，每年都有几十个人去竞争限报的 5 个省部级项目，最后落选的都是没有行政职务的普通教师。限报的五个项目主持人，都是校级领导或者中层的领导。人们可能会问，作为学校领导，为什么还要和教师们去争夺这些很有限的学术资源呢？一个冠冕堂皇的理由是，项目让领导们主持，完成以后还能获得一些省部级奖励，而这样的高级别成果奖励，一般老师难以会有这种社会资本。实际上，这就是不公平，是学术管理制度造成的不公。而这种不公平伤害的不仅仅是学术数量问题，而是学术精神问题。一旦学术精神遭受践踏，还谈什么学术繁荣呢？在这种情况下，普通老师该怎么办呢？丁老师说：

> "那就得去跑跑，就是人们经常说的'跑项目'，什么是跑项目啊，就是疏通疏通关系……让外界了解自己，要和权力人物沟通……实际上就是说这些成果之所以被认可，被谁认可呢？实际上就是被政府认可，被政府认可实际上就是被政府中的少部分人去认可，被政府中的少部分人或者少部分人认可了，这才叫做成果。其实你的学术是不是成果，你周边的同行，你的学生就可以给你评价。结果转了一个大圈，这不是对评价制度的一种讽刺嘛！"

无独有偶，刘老师也谈到：

> "现在项目管理单位，每年会限制项目的申报数量，比如我们地方学院，每年给的软科学课题只有五项。……一般老师即使你再有想法再有水平也很难得到手。你若必须要这个项目，只能自己另外想办法。……就是依靠一些校友关系，校友托校友，在无限延伸的寻找关系的过程里面，最后申报成功了。"

的确，在现实中，这种现象并不是少数，只是程度有别。之所以会出现这种情况，最重要的原因，就是学术资源的权力化。所谓学术资源的权力化，一方面是说，在知识规划的年代，学术资源完全被政府所控制；另一方面的意思也就是，学术资源主要被组织中的权力人物所垄断。这种垄断，导致学术资源分配中，只有处于强势地位的人员，才有可能获得这种资源。这种学术规划制度，以及与学术规划制度密不可分的学术评价制度，是伤害学术生产、损害学术繁荣的一把利器。然而，现在学术资源遭遇垄断的现象却比比皆是。

> "包括论文发表、专利申报，似乎也都被政府绑架一般。人们好像都在一个黑洞里边，黑箱里边去跑的一样。控制着资源的政府在哪里点燃个蜡烛，然后大家都认为那个是一个目标，有一个光点，大家都趋之若鹜，都朝着那个目标走。政府说今年这个职称条件变更了，重视教学成果了，然后大家又开始想方设法捞取教学成果了。"（丁老师语）

唯政府之命是从，正是政府对资源垄断的结果。

二、制度对学术惯习的遏制

学术繁荣与学术场域的独立性具有内在的联系性。但是，在学术规划的年代里，学术场域寓于特定的制度环境之中。这在天然上决定了学术生产可能遭遇的制约和束缚，进而决定了学术创新的有限性。在这种被束缚的学术场域里，一切的学术规则必然也会打上场域的烙印。当下科研评价制度领域出现的资源竞争问题，就是一个突出的例证。一个显而易见的问题是，科研评价为什么会常常渗透着各类、各层级显性或者隐性的权力因素的影响呢？

首先，这与学术生产的制度执行环境有着密切关系。目前，学术生产的制度执行环境存在严峻的问题。事实上，现在地方院校教师的学术惯习还远远没有养成，相当一部分教师的学术内化规则还存在严重缺失。当下地方院校的大多教师并不是出于为学术而学术，出于纯粹的为伊消得人憔悴那种学术精神，出于对学术的敬畏、对知识的敬畏。而是基于很多功利性的目的，或者说是为了功利而进行学术生产。相比较而言，综合性大学的教师，"已将许多规则转化成了个人偏好，并始终一贯地运用着这些规则。这样的内化（或被习惯了的）规则构成了像道德那样的东西。你不应撒谎，你应当按时还债，都是人们已经习得的、多数人像条件反射般服从着的行为规则。因此，内化规则既是个人偏好又是约束性规则。在激烈纷争中，它们作为规则而发挥作用，使人们免受本能的、短视的机会主义之害，并常常减少人们的协调成本和冲突。对违反内化规则的典型惩罚，我们称之为内疚（另一种说法是，人们承受心理代价）"。[5]这些惩罚可以通过与超验观念或某些象征联系起来而得到加强。但是，目前大学学术生产的制度环境，特别是地方院校的科学研究的内在制度严重缺失。

学术的内在制度是在怎样的学术场域环境里形成的，是什么样的动力在驱使着学者个人甘心情愿地坐着冷板凳去孜孜不倦地进行学术创新呢？教师学术生产的创新品格究竟又是怎样形成的，是学术的惯习。当下一些教师的学术成果价值之所以难以彰显，众多教师之所以不顾质量而一味地追求学术数量，与其自身的内在学术惯习的缺失不无关系。

惯习也是一种制度，只不过它是内在制度的一种类型。在研究型大学，教师的学术惯习几乎是毋庸置疑的规则。很多教师基本上都能处于自励动机而自动地服从学术生产规则。他们之所以遵守惯习，显然是因为这样做是合算的，并且如果他们选择不遵守惯习，自己就会被逐出学术交往的圈子。但是，对地方院校来说，即使教师不去遵从这种规则，个人的生存并不会受到多大的影响。

我们知道，学术惯习，与一定的学术场域、一定的资本相关联。目前部分高校教师，尤其是地方院校的教师，何以存在比较严重的学术的内在规则的缺失，笔者认为，不仅在于学术制度场域的无序问题，而且，还在于内在制度自身的养成所必需的资本问题。包括学术生产的经济资本、文化资本等。知识分子始终抱持的负责任的科研行为是一种重要的文化资本。"负责的科研行为则基于科研人员在科学研究中所达成的基本共识：1. 诚实——忠实地提

5　[德]柯武刚、史漫飞著，韩朝华译.制度经济学：社会秩序与公共政策[M].北京：
　　商务印书馆，2001：123.

供信息，实事求是，言而有信；2. 精确——细心地设计和进行科学实验，准确无误地记录和报告结果，杜绝粗枝大叶；3. 客观——让事实说话，避免主观和偏见；4. 高效——珍惜资源，力戒浪费，对社会和公众负责。负责的科研行为，要求科研人员具备良好的科研道德，也即'integrity'。"[6]

作为知识分子，必须具有诚实、精确、高效的学术操守。这是知识分子心灵的契合。知识分子如果没有这种心灵的契合，没有这种呼应，没有这种追求，那么就谈不上是真正的知识分子。大学连同大学组织内的教师，当今最为缺失的正是这种心灵上契合。这种心灵上契合需要博大，需要胸襟，需要独特的气质、气象、气度。

"今天讲学术的繁荣，最重要的是表现在一种气度、气象这样的一个层面上。而不是仅仅所谓的学术生产数量的增多。"（汪老师语）

恰恰相反的是，在大学学术场域中，部分教师的这种内在的文化资本严重缺失。在部分教师的心中，没有良心的畏惧，没有法律的畏惧，也没有精神的畏惧；不仅如此，而且也没有政治的信仰，没有宗教的信仰，更没有道德信仰。因为信仰的缺失和模糊，与其说他们在进行所谓的学术生产，不如说是在生产学术垃圾，大搞学术忽悠。他们发表论文的目的，纯粹为评审职称的需要；发表的手段靠剪贴、靠抄袭、靠拼凑，甚至靠金钱买卖、靠找人代写；学术产品的质量对社会没有益处，对人生没有意义，对技术创新没有价值。然而这样的人在当下并非个别，糊里糊涂搞学术忽悠的也非少数。

所以，在没有任何畏惧和信仰的状态中进行所谓的学术，实际上就是在没有任何约束下的学术垃圾的制造商和销售商。当这种有意或者无意地生产着学术垃圾者已经不再仅仅是个别的人，整个领域内普遍存在的生产学术垃圾的现象也已经不再仅仅是个别现象。那么，此时的大学组织就会在法不责众的现实泥潭中，任凭学术垃圾的一度泛滥。在这种信仰模糊的背景下，学术管理制度的创新几乎是不可能的。其最终结果和必然命运，使得学者内在世界中失范的、扭曲了的那面功利追求，没有得到抑制。所以大家在这样的一个学术场域里，去从事学术生产，去进行学术评价，学术泡沫、学术垃圾，甚至学术腐败必然容易滋生和膨胀。

---

6 美国医学科学院、美国科学三院国家科研委员会编，苗德岁译.科研道德：倡导负责行为[M].北京：北京大学出版社，2007：3.

　　"现在的一些教师，他的心中没有了信仰、没有了畏惧。因为
没有这种畏惧，他的个体学术行为就会偏离学术生产应有的轨道。
于是学术泡沫也随之出来了，大家都追求数量，造成没有什么用的
东西大量涌现。……在这样的制度背景下，教师的学术生产处于应
付状态之中，反正只要给钱都行。政府给钱，我就研究；政府假装
给我资助，我就假装给政府研究。于是，就构成了一个学术生产行
为的种种假象。而且，组织和个人都没有对这种学术造假的行为买
单。如果你今天办了一件坏事，到了明天就会受到惩罚，如果有这
样一种信仰，心中有这样一种畏惧。那么，学术生产的行为就会回
归到内在的心灵法则里。"（张老师语）

　　学术生产的价值所在，在于它的超功利性。然而，现有的学术制度所鼓
励的恰恰是学术生产的功利性。由于教师内在的学术规则、学术信仰未能形
成，因而，教师进行学术生产的机会主义行为就难以得到遏制。这就如同柯
武刚等人所说，"制度是广为人知的、由人创立的规则，它们的用途是抑制
人类可能的机会主义行为。它们总是带有某些针对违规行为的惩罚措施"。[7]

　　当然，对学术生产来说，一味的惩罚措施未必就会出现满意的结果，目
前，有关机构出台的学术惩戒办法、学术规范条例，未能抑制学术泡沫的事
实便是一个明证。事实上，学术生产的本质，关键在于**激活**学者的内在规则，
激发教师的内在驱动力。让教师把学术生产活动作为一种很正常的一种需
求，成为一种常态的习惯。

　　"我工作，我快乐；我研究，我幸福。如果不工作，吊儿郎当
的四处悠闲，反而觉得十分痛苦。"（汪老师语）

　　那么，科研评价制度如何才能提升教师的研究习惯呢？

　　X 学院科研处的几位负责人都谈到，作为新升本的院校，在经费有限的
情况下，不能一味地提升科研奖励力度。比如，当大多数教师形成了一种研
究习惯，能够处于一种正常的自然学术生产状态，已经不需要政策指令再给
他抽鞭子了，也就是说，即使没有奖励，他还十分乐意去干，能以科研为快
乐，到那个时候外在的制度被内在的制度所代替，学术生产的驱动力就真正
产生了，大学学术生产的目的就达到了。

7　[德]柯武刚、史漫飞著，韩朝华译.制度经济学：社会秩序与公共政策[M].北京：
　　商务印书馆，2001：116.

而要达到这种目的，必须变原来的纯粹的以奖励资助为主要导向的制度，为多样化、多层面的学术交流活动。

> "把经费用到学术交流上，用到学术起步阶段，也就是用到刀刃上了，这样一项制度就是把人才培养放在了首要位置，就是通过鼓励老师走出去，让教师开阔眼界，先把一个专科水平的教师变成一个本科水平的老师。眼界的开阔，每个老师都很需要。……这样的制度不仅扩大了教师个人的影响，也扩大了学校的学术影响，提升了学校的学术地位和影响力。教师自身的素质、学术品性也能随之得以真正的提高。"（张老师语）

内驱力说到底还是教师心理上形成的一种惯习，在纯粹以奖励为导向的科研制度环境下，学术惯习受到了功利主义的抑制。学术惯习只有在一个开放的、一个更大范围的学术生态系统中，才能逐步地形成。这种大圈子的学术文化生态，对教师的学术生产是一种无形的激励。这种激励虽与经济没有关系，但是，他对教师进行学术生产所起到的作用则是经济资本不可比拟的。

三、组织官僚化倾向对学术动力的抑制

从现代大学的起源与制度演变来看，中国与西方存在传统意义上的区别。特别是从中国大学与政府的关系视角上观测，中国大学的地位基本属于政府下辖的一个机构类别。因此，在不同类别的大学中，几乎都能看到与政府相似的运行模式。

在马克斯·韦伯看来，"官僚化"是理性化过程在政治及其他人类组织中的表现形式。对大型组织而言，理想的官僚化组织设计也是一种可供选择的显示世界的重构方案。但是，在现实世界，马克斯·韦伯所设计的"官僚化"理想方案并不存在。官僚化在组织运行初期可能会起到统一执行和规范化的效果，但由于官僚化在实际工作中往往表现为高高在上，脱离民众，重视结果，不重实际，独断专行，决策武断等，因此，官僚化模式往往会破坏组织内员工的积极性，遏制了生产效率。尤其是在中国，由于受传统文化惯习的影响，官僚化的行事作风随处可见。且其本质就是对权利欲望的崇拜，而不是以提高事务本身的效率为根本。其深层的危害不仅表现在侵蚀管理体制的敏锐性与创新性，而且会导致组织管理系统滑向教条主义与形式主义的深渊。正因为如此，在新的历史时期，随着市场经济的深层发酵，管理体制中

的官僚化才越来越被执政党及其民众和媒体所诟病，依法治国和去官僚化才成为国家治理的重要战略抉择。由于官僚化表现最为突出的组织领域是政府。而大学治理体系是政府体系中的一类组织形式，因此受政府与大学关系的影响，政府的官僚化管理惯习渗透在大学的教学、科研管理中也就不足为奇。正如接受访谈的专家所说：

> "就中西比较来说，西方大学的传统是大学自治，中国大学则是官僚机构的一个组成部分。这是一个最根本性的区别。而且，目前中国的大学所具有的官僚机构的特征更加明显，以至于学术制度也日趋官僚化。"（汪老师语）

对于政治制度而言，官僚化的存在似乎司空见惯；但是，对于学术制度而言，官僚化的存在，直接危害着学术的生命，并直接导致学术机制缺乏发展的动力。因为，学术制度需要理性，需要自由和自觉，而官僚则往往压抑了理性、压抑了自由和自觉。为什么在当代中国这样的大学制度下会产生学术泡沫呢？为什么没有出现获得诺贝尔奖这种大师级的人物？关键在于目前的学术场域内存在专权专断的官僚化的运行模式，这种官僚化的运行模式难以有大师出现的学术自由的制度氛围。因为，大师不可能会在特定制度框架之内被逼出来，也不可能会被挤压出来，而是在制度之外或者是处在制度边缘的自由氛围中上下求索下的一种自然的结果。所以，学术场域一旦存在官僚化的管理模式，具有理性色彩的学术生产就会发生质性变化，学术生产的固有特色和理性品性，就会被雷同化和泡沫化所取代。

> "官僚化的学术制度，首先制造了没有特色、没有个性的学术场域。一个大学最重要的应该是自身个性化的东西。我们不能要求牛顿和莎士比亚一样，不能要求爱因斯坦和蔡元培一样。但是，官僚化的制度，却制造了大学的诸多雷同。不仅大学没有特色，没有个性，不少大学校长也没有什么特点和个性。现在，很多人为什么研究民国时期的大学校长，因为，那时除了大学有特色之外，大学校长也富有个性、气质和精神。过去的大学校长为什么具有卓尔不凡的超人情怀和气质，富有教育家的个性。民国时期大学为什么会崛起，取得了那么高的成就，除了大学有比较好的环境，学术有比较高的自由和独立之外，与校长的个性、脾气不能没有关系。如果遇到不懂教育的官僚硬要介入教育管理中去，大学校长就会愤而辞

职。很多大学校长看重的不是校长的位置，而是大学的发展。不像现在这样，大家拼命想保住自己的位置。蔡元培先生就说过：'教育的事业，应当完全交给教育家，保有足力的资格。' 我们要去西方学习，要办我们自己的大学。蔡元培当了北京大学校长以后，就提出了 16 个字的办学原则：囊括大典，网罗百家；思想自由、兼容并包。这就是北大的办学原则。清华有梅贻琦为之奠基的教授治校。梅贻琦说，大学非大楼之大，乃大师之大也。所以，他强调厚德载物。北大和清华的内在精神是相通的，一个是兼容并包的思想；再一个是会通，厚德载物，我们要向大地那样包容万物。"（汪老师语）

的确，北大蔡元培时代，不管你是新派的，老派都可以到北大教书，只要你有学问；不管你有学历，还是没有学历；不管你是留洋的，还是没有上过学的都可以走上北大的讲堂。蔡元培既聘请新文化运动的代表人物陈独秀、胡适、鲁迅、钱玄同等来校任教，也延请了持复辟政见的辜鸿铭等旧派人物执教。一时间北京大学人才荟萃，声誉鹊起。胡适、梁漱溟、钱穆，这些人没有受到什么正规的教育，也没有留洋，他依然可以在北大教书。包括鲁迅，很难说清他有多高的学历，但是，蔡元培就敢请鲁迅到北大讲学，因为，蔡元培看中的不是外在的学历，而是有无真正的学问。

"那时有个性的校长、教育家不是个别，而是一批。现在，有个性的大学校长、教育家实在寥寥无几。因为，现在的制度造不出来教育家的真性情、真个性。在一种死板的官僚机构模式下，就不可能培养出有特色、有个性的教育家。"（汪老师语）

目前的学术生产制度与大学校长的思维惯习不能说没有内在的联系。可以说，目前学术生产的局面与大学官员的构成结构及管理者的思维惯习密不可分。讨论学术制度，必然会涉及到大学领导；讨论大学领导，首先就会想到校长的风格、能力与选拔问题。现在选拔的校长，很多都是某一学科的学术研究精英。的确，让某一学科的学术精英担任校长有其内在的逻辑必然性。但是，要认识到学术精英是以特定学者相关的。之所以称为一个学者，是某一个学科里面某一个方向领域他是学者，是大的专家。但是超出他这个学科领域，超出他研究的领域，他的见识有一些并不比平常人高出多少。

　　"因为每一个学科都有独特的思维方式，工作模式。如托马斯说的，特定的思维方式对他解决学科内的问题是有效的。而且也只有当学者们树立起某种思维方式或者是行为方式，形成一个学科方式的时候，这个学科才会成为比较成熟的学科。但是这种学科的思维方式用在管理大学适合不适合？……从学科自身的思维方式看，文科出身的做社会管理工作有他得天独厚的优势；相对而言他的视野比较开阔，比较适合做管理。……可是，就全国来看，不说大学书记，就说大学校长，究竟文科的占多大的比例，人文社会学科的占多大比例，自然科学占多大的比例。经过我自己的初步研究，目前还是自然科学的校长占的比例大。"（田老师语）

　　注重专家个性应当遵循高等教育的规律，特别是要注重管理学的基本规律。大学校长应该是一个既在某一个方面学术上有所见识，同时又有一定的组织能力、管理能力、对高等教育教学的基本规律有深刻认识和把握的人。国外的中学校长非常职业化，而我们的大学校长一旦当了校长，基本上就是终身制了。

　　"大学的校长，能不能实行竞争演说，试行大学书记委派制，大学校长竞聘演说直选制。就像台湾总统选举，我上任多少年，我要解决哪些问题。然后中层各个处长也实行竞聘演说，你的理念是啥、目标是啥、工作方法是啥、准备执行什么政策，你有哪些资源、哪些条件，你怎么去实现你的治学理想等等。实际上，就是说，是骡子是马拉出来溜溜就知道了。组织不要担心大学教师没有评价领导的眼光，其实群众的眼睛真是雪亮的。校长给大家讲讲自己的思路，谁都能听出来，哪个水平高，哪个水平低。然而，在专权专断的官僚体制下，这样的设想都是天方夜谭。"（张老师语）

　　的确，目前大学校长的选拔任命制度不能适应当今大学发展的现实需要。因为，在当代，大学校长不但要职业化，而且更应当让那些有经营管理能力的人来做校长，而不仅仅是一个学者来做校长。像蔡元培他不一定是最好的学者，但是他却是一个最好的大学校长。就是说时代对大学校长的要求，现在更多的偏向于一种管理能力的要求，社会活动能力的要求，不仅仅是一个学识性的要求。例如湖南某大学校长，原来是做学问的，但是当了校长之后，不再做学问了，不再专门搞研究了，首先提出来自己不再申报项目，不再做课题，实际上就是说要把自己的精力放在大学的管理上。因为既然作了校长就要履行校长的职责，校长贵在领导一个学校的发展。他的任务比单纯做一个研究课题带一个研究团队的作用要大的多。人的精力和时间都毕竟是有限的。这个校长在网上赢得了一片喝彩，这种现象也体现了民众对大学校长的一种期望和要求。

从另外一个角度说，为什么其他的 90%多的大学校长现在却做不到这一点，还愿意做学问，愿意带研究生，积极做科研，致力于课题的申报中？

> "这既涉及到校长的职业精神、对职业的忠诚问题；也涉及到个人对利益的态度问题。……对于大学来说，校长若是学科带头人，由校长出面更容易申请来经费。于私来说，校长虽然掌握有一定的资源，但是他觉得那些钱可能是不够花，支出自由度更大一点。……从根上说，一个人在什么位置上就要干那个位置上的事，但是很多大学校长并不是这样。……这种职业精神之所以没有确立起来，究其根源主要是，计划经济这种关系已经根深蒂固，就是大学校长完全是在计划的模式下运转运作。他和官本位有着天然的关系，就是说官本位和这种大学的职业精神有着内在的关系。"（田老师语）

大学校长是大学的引导者，而大学是社会的引导者。大学校长的引领之所以没有充分的体现出来，并不完全是校长的责任，而是官僚化制度环境的必然结果。

> "大学校长管的事情太多了。不但要求他是一个专家，还是一个外交员，还是一个公关专家，他要跑资源、跑项目、跑资金。……校长本应主要考虑诸如办学理念是什么，大学应该往哪些方面发展，应该体现出什么样的精神传统，办学的定位是什么，培养的人才往哪儿去，学术研究的方向是什么，学术的特色是什么，等等问题。然而，现在我们这个政府，包括我们社会，需要大学校长呼吁的东西太多了。"（汪老师语）

所以，校长已经不再纯粹是校长了，它更重要的角色实际上是一个官员。久而久之，校长也就形成了急功近利、行政化的思维惯习。校长引领大学的责任日益淡化，大学引导社会的功能也就荡然无存。所以，正是官僚化的学术制度，制造了学术责任缺失的组织和群体；还设计了缺乏远见的功利主义的学术规划。

在官僚化的学术制度环境里，大学学术责任意识的提升往往面临更为严峻的挑战。目前，不仅大学的学术责任亟待提升，大学教师的学术责任意识也需要提升。这里讲的责任，正如蒋凯引用德鲁克的观点那样："知识工作者管理的特殊性，就是是对自己负责，对知识负责，而不是对外部要求负责"。因为，"知识工作者，是不能加以严格监督的，也是不能给以详细指导的，我们只能多方面加以协助。知识工作者本人，必须自己管理自己，引导自己朝向绩效和贡献。"[8]为什么说大学和教师的责任意识存在问题呢？那是因为现有的高等教育责任制出现了问题。"高等教育责任制是一个与效率、效果和绩效评估相关的概念，它要求通过有效的方式证明高等教育取得了预定的结果和绩效。"由于"高等教育的运行以高深知识为基础，与企业的产品和服务生产、政府的科层管理相比，高等学校的知识操作过程更为复杂，知识操作需要较高程度的自主和自由，过于严格细致的责任要求不利于基于高深知识的高校教学、科研和社会服务"。这就使得以绩效测量为基础的高等教育责任制，在具体实施中存在着极大难度。特别是，"高等学校具有多个目标，这些目标相互关联，使得绩效责任更加难以度量。"[9]

然而，目前人们对"高等教育责任制的潜在风险"，以及"责任制对高校办学自主权的侵蚀"还缺乏一个客观、全面、清醒的认识。大学在面对目前的投入机制、学术机制等问题时，还几乎无法规避高等教育责任制为自身可能带来的风险。

因为原来都是计划经济，计划经济时期一切皆听命于政府下达的指示，大学就是按照上面的指定办事就可以了。就大学管理来看，虽然国家确实在不断的说要向大学放权，为什么政府不放权呢？实际上我们当下的体制是放放收收的。当然政府也有政府的考虑，政府一放权你大学不能自律怎么办？大学本身自律能力其实也确实没有确立起来。大学出现了很多的问题，比如大学腐败的丑闻到处都是，管基建的领导有腐败现象，其他领导也有腐败现象，一般大学有腐败现象，像武汉某重点大学原领导也有腐败现象。这就必然引起政府对大学的不放心。殊不知，这种腐败，实际上还是制度引起的。

所以说现在国家教育部在国家中长期发展规划纲要中，提出来要引导大学制订自己的大学章程，大学章程就是一个大学的宪法。大学要依据章程治

---

8 蒋凯.全球化背景下的高等教育责任制[J].教育研究，2008（3）.

9 蒋凯.全球化背景下的高等教育责任制[J].教育研究，2008（3）.

理大学。但是目前各个大学，有一些做的比较好的大学拿出了自己的大学章程；许多地方的大学还没有宣传自己的章程。政府特别是省级政府也没有有意识引导大家去建立这样的章程。特别是地方院校只是倡导性的，缺乏监督的措施。甚至一些地方院校制订发展规划的目的，主要还是为了应付上级检查。这种应付性其实也是大学自律性缺失的表征，是大学责任缺失的表征。

官僚化的学术制度，还设计了缺乏远见的功利主义的学术规划。现在的大学科研为什么会出现泡沫现象和功利现象，这跟大学长远的发展眼光、发展规划不能说没有关系，与短视、近视、功利化的心态不无关系，也与大学领导的视野不无关系。现在部分大学领导，缺乏一种长远的眼光；也就是说，具有战略眼光的大学领导比较少见。为什么一些大学领导会缺乏这样一个长远的战略眼光，或者说很多大学为什么难以形成一个长期的政策，去促进学校的学术发展呢？笔者认为，这与大学学术制度的官僚化倾向有关。而现在很多学术制度难以完善，与现在的大学管理的官僚意识关系密切。

当下大学管理的官僚化模式的产生既有深刻的社会原因，也有复杂的个人原因。从社会的原因说，市场经济下的大学组织，刻下了特定时代的烙印，他注重的往往是短期效应，制度设计也是一种短视理念。从政府的角度说，特别是一些地方政府以及政府的一些主要领导，也是短视的。讲发展，只看数量的，不注重质量。这种短视现象的普遍存在，与上级组织对下级组织领导的管理方式密切相关。组织考核只看任期业绩，不看可持续性生产力的发展。因为，大学内的不同职务都有任期，任期内都想做出一点业绩。

当然现在我们国家已经认识到这方面的问题，不仅仅看 GDP，还看可持续发展能力；不仅看短期成效，更侧重于所管理区域的和谐程度。从深层次挖掘，具有中国特色的社会主义历史阶段尚比较短暂；从社会制度上说，封建社会时间比较长，又曾经长期处于殖民地半殖民地这样一种社会制度；建国后我们中间又经历了一些制度上的变动等等。这一社会历史背景，也会影响人们对大学发展的认识。真正重视大学改革与发展的，仅仅是从改革开放以后这短短的几十年历史。因此，对于大学发展的内在运行规律、内在发展机制、外部制度环境等等问题，还有一个较长时期的认识深化的问题。

这就给当下学术生产提出了一个严肃的课题，即大学学术动力失灵问题究竟怎样才能得以有效解决。前文已经说过，大学学术发展的动力问题，不仅在于发动机内部存在的某些故障问题，还在于整个机体本身的结构性的非和谐问题、非逻辑问题。而其结构性的问题病原，不在其它，而是大学组织自身形成的官僚化特征，以及大学组织内部人员的官僚化意识。这就表明了，要解决大学学术动力失灵问题，就必须解决大学学术的官僚体制问题。

第二节　学术机制的困境与学术生产危机

前面多次提及，学术生产中出现的很多问题，都与制度有关。没有学术制度的创新，学术的繁荣也永远只能停留在数量的层面上，而不能真正体现出具有大气派、大气象的实质性的学术繁荣。学术繁荣的根本标准在于一种气度、气象、气韵。中华民族需要有大国的气度、气象、气韵；学术生产也要体现大国的学术气度、学术气象、学术气韵；学术管理更要体现大学的管理气度、管理气象、管理气韵。

然而，这种学术气度、学术气象、学术气韵不会凭空而来，它需要学术制度的保障，需要学术机制的引导。如果制度存在缺陷，机制存在问题，学术生产不仅难以出现这种气度、气象、气韵，而且还会面临各种各样的学术生产危机。目前，由于制度和机制问题导致的潜在学术生产危机，值得学界的高度关注。

一、功利性的学术导向机制造成的目标偏移

目前，众多大学的学术生产的经济性目的已经超越了学术生产的非经济性目的，在这种引导机制作用下，造成学术目标的偏离。本来学术生产，特别是文科学术生产是一种闲逸的好奇，是心灵的宁静和安慰。然而现在人们从事学术——不论是发表论文、申报项目，还是争取成果奖励，并不是源于对问题本身产生的兴趣，而是因为发表论文可以给自己带来利益，申报项目可以拿来多少经费，能从项目里获得多少经济利益。由于学术生产的内在激励因素出现了问题，因而必然导致学术生产结果产生意想不到的各种危机，引发了大学学术目标的偏移和一系列难以解决的问题。

其一，学术生产的公平性面临严峻挑战。目前的各类学术制度归根结底都是以量化为手段的科研评价制度。这种以量化评价为主要特征的学术生产制度，在实践中显现的本质特征主要重在数量繁荣，轻视学术质量提升。从大学科研评价的实践效果上看，量化为主的科研评价，往往因忽视教师学术信息完整采集的应有要意，而影响到科研评价指标体系的科学性，

进而掩盖了学术生产深层领域的诸多不公平，也因此引发了学术生产的一系列危机。

例如，评价制度对学术生产劳动特点的忽视，导致学术生产内在动力的锐减。制度制定得好，就能把人的积极性调动起来。反之，组织和管理者，如果没有认识到教师从事科研劳动的特性，仅仅采取简单的量化办法，不仅科研政策的杠杆作用难以发挥应有的作用，而且，会使复杂的精神劳动产生异化；使得富有社会引导价值的精神生产，演变成纯粹的功利化的计件工作。

> "我们不能把精神劳动和体力劳动完全的划等号，精神劳动在很多情况下，它是金钱衡量不了的。……学术生产不能目光短浅，急功近利；不能用计件工资的办法去衡量学术生产劳动的成果。"
> （汪老师语）

对精神劳动特殊性的忽视，必然造成对学术生产本身的价值判断偏颇。进而在学术制度中，造成对精神劳动的某种制度的傲慢和偏见，本该体现的制度奖励往往未能体现。

> "现在写一篇文章，比如说就不是核心吧，你也得花十天半月的时间。……更何况是核心期刊文章，对很多教师而言，一篇好的学术论文，在大多数情况下得花几个月的时间才能够完成。我觉得知识分子的劳动有的时候没法量化，……不能把精神劳动和体力劳动完全的划等号，精神劳动在很多情况下，它是金钱衡量不了的。你能说我给了曹雪芹的《红楼梦》20万，这本书我就买断了，我就给曹雪芹奖励那就完事了。那可不是，它产生了多少价值，它影响了多少人，养活了多少人。"（汪老师语）

虽然这些人的学术是自发的，也许不需要任何经济鼓励，他就会去寻找各种资源、创造各种条件，去自觉进行研究。但是学校毕竟有这种经济奖励政策，如果在制度范围之内，本该给予奖励的而因价值判断的偏颇未能奖励，在制度里面体现的就不很公平。市场经济条件下可能大家都觉得劳动了就应该有收获。特别是各个大学都制定了学术奖励制度以后，大家对学术劳动的收益和分配就更加在乎了。既然大家都在乎，那么从制度上说，就按照游戏规则多劳多得。我付出了，就应该获取经济的补偿。或者是荣誉的补偿，或者是其他一些政治待遇的补偿。这样的补偿，可能促使大家更加努力去做科研。但是现在这个政策鼓励的因素并不明显。

"本来科研人员应该享受的待遇比其他一般成员略高一点的，结果搞科研的人，反而天天忙的一塌糊涂，最后还得接受上边的检查，搞不好了还得接受批评。不搞科研的，反而没有任何问题、没有任何压力。那谁还愿意主动地、实心实意潜心去搞学术啊！所以最终结果就导致了大家只是为了评职称才去做科研，真正为学术繁荣的科研积极性销声匿迹了。……最后只能是马马虎虎的去应付，敷衍了事。"（丁老师语）

这就是科研量化评价机制带来的负面问题。过分的量化考评，往往导致适得其反的结果。

"量化是必要的，但是需要简化。……对知识生产有一个宽容。而现在的问题是太急功近利了。在最短的时间内，要求出最多的成果。这就是现在大学学术生产领域出现的一个问题。说明管理者对知识生产不了解，所以制订了一些违背规律的标准，于是出现了学术大跃进。当年违背了生产规律，亩产粮食上万斤，一个订单能生产几万件，那也是要求更快更高更强。现在又违背了学术生产规律，在最短的时间，三五年之内各个大学都想出多少多少产品。就学术生产规律而言，是荒唐可笑的，是不现实的。生产出的成果，肯定也会出现很多有水分的垃圾东西。"（汪老师语）

过分的量化，实际上是大学学术管理中采取的一种急功近利的短期行为。这种短期行为，不仅仅存在于一所大学里，而几乎是整个高等教育场域的所有大学。众多大学的科研管理几乎采取的都是短视的管理机制。科研往往有一种效益的长期性，投入的长期性和效益的滞后性的特点。从科研自身的发展规律来说，短期的科研考核实际上对科研发展是不利的。短期的科研考核机制会让教师保持功利心态，仓促生产一些短平快的知识产品，使得学术产品质量面临严峻的危机。

为什么会普遍存在重量轻质的学术评价？过度重视量化评价的制度何以不能得以改变？究其根本原因，在于普遍地存在着对知识生产规律研究的欠缺，对知识生产内在逻辑的研究不够。这种不够，实际上是对学术生产力、学术生产机制等诸多问题的普遍淡化。现在的问题正是对学术外部的东西、外在的东西强调的过多，而对于学术生产本身的内在规律，缺乏必要的认识，研究和尊重的很不够。

"现在支付给老师的工资和他付出的学术劳动是不成比例的。从这个意义上看,通过科研奖励制度给予教师科研适度的弥补是有必要的。当然,资助性的奖励它确实也会带来一些灾难,会产生一些问题,……当教师为了自身的生存被逼着去适应这个规则时,……或者说,当知识分子是因为看重金钱时才去进行知识生产的时候,其知识生产的产品本身不可避免地就会出现质量的问题"(汪老师语)

在这里,一方面教师面临学术生产资助的不足;另一方面,在学术资助奖励的制度环境下,又面临着学术生产的质量问题,二者之间就产生了强烈的冲突和矛盾。这种矛盾和冲突,可以说,正是学术生产面临危机的主要根源。

其二,育人为本的教学中心地位受到冲击,学术生产的目标发生了偏移。奖励导向下的科研评价,冲击了教师的教学热情,导致大学教学资本与科研资本流向的不公平,教师队伍的分层日趋明显,贫富不均的两极分化现象更加严重;并因教师价值取向的偏移和学术精神的淡化,影响到了学生培养质量的提高。

量化评价导致了学科的严重分化和学术人员的严重分化;大学学术目标发生了严重的偏移。

"现在众多的高校,很多教师都不愿意教学,都愿意去做科研。好像教学是科研的累赘,上课多就影响了科研,影响了自己成果的发表,所以都不愿意上课。"(宋老师语)

为什么众多人员,甚至很多后勤人员也都对科研趋之若鹜,都设法申报项目、发表论文,积极地从事研究工作?其机制问题不容忽视。笔者并不是说非教师人员就不能搞研究;事实上,非教师人员也具有一定的研究潜质和研究水平。当然,更不是说地方院校可以让所有人都去搞研究。

"现在的学术机制好像鼓励地方院校所有的人都去搞科研,比如现在评职称,一个后勤也得有文章,这有意义吗,有必要吗。还有搞行政的也要求他写文章。后勤人员你就踏踏实实搞好服务,搞好管理。结果这些人也要评职称,也要挤这一条船。为什么,其实还是能够带来更多的利益。"(宋老师语)

的确,大学内部人员由于学术资源占有量的不均、不公,并且这些资源占有往往与特殊权力有着天然的联系,这就使得学术人员对学术本身的神圣性产生了怀疑。目前评项目也好，评成果奖励也好，它不完全是凭你本身的论证的质量，你个人所占有的权力、资源也会起到很重要的作用。最为严峻的是，在这种量化的评价机制里，学术精神遭受了空前的亵渎，学术责任遭遇了严峻危机。

对学术生产来说，来自学者内在的学术精神需求的机制非常重要。因为，学术生产必须是一种基于生产者内在的要求。为什么现在出不了大成果，就是现在的学术生产的动力机制没有解决，学术的内在机制存在问题。现在主要是靠外在的机制，即靠外在的量化指标硬逼强压，而不是内在的机制。这就必然导致一些不做学术、也无意于学术的人，为了评职称，为了拿奖去设法剽窃抄袭一些东西。最终造成学术垃圾泛滥，剽窃成果成堆。

大学学术的真正发展，学术水平的真正提升，很多时候不是靠指标规定出来的，它是内在的需要。什么时候科研变成了每一个教师自身发展的需要的时候，真正作为自身发展需要的时候，他的科研的质量才能真正的获得提升。而现在的制度并不这样鼓励学者们去设法出精品，而是多出产品；不是基于学者自身的学术需要和学术探究的兴趣，而是外在的学术目标和学术压力。真正的标志性成果，往往依赖于教师形成的内在文化机制。这种内在的文化机制，要求教师把知识当做一种趣味，一种乐趣，它作为一种文化精神的象征。这种精神象征虽然离现实很远，但是它能够获得人们对他的尊重。

> "知识分子最重要的需求是什么？就是社会对他的尊重。这种尊重就是精神动力的来源。目前最需要制度解决的，就是教师进行学术生产的精神动力。"（汪老师语）

教师热衷于学术生产无可非议。问题是，为什么众多教师甚至很多从事行政管理的人员，无不纷纷以非自然的手段去夺取学术资源呢？其主要原因在于，目前的大学存在着比较严重的制度错位和政策的不稳定现象。职称、行政几个系列在大学相互交织，对每个系列的评价很不稳定，每个系列的人员待遇和发展前景也不明朗，于是，导致大学学术资源和行政资源交织性的遭遇和非理性地夺取。

行政上现在为什么要往职称上挤呢？因为行政上要么只有评职级，科级、处级、厅级，一级一级，但是这个指标非常有限，很多人一生也难以晋升到理想的位置。可是，大量的行政人员倾其一生的精力、心力，都是在或明或暗地做这个工作。他可能做到处级干部已经非常了不起了，但是，这个处级干部岗位津贴，退休以后的工资可能没有教授工资高。

> "行政工作，为什么要按照副处级、处级、副厅、正厅这样的职级，不是明显的官本位么，如果也按相应的科研一级、科研二级、科研三级，让它和职称系列的工资待遇不相上下，大家可能就不会再去往职称这条道上硬挤了。"（宋老师语）

针对机制问题产生的一些现象，张教授的话也许解释了其中的一部分缘由。她说：

> "一些从事行政的人员，干了几年、十几年甚至几十年，觉得越干越没有出路，于是，就设法走教师系列的职称，到教师岗位上捞到一杯自己满意的粥饭。同时，教师岗位上的人员，觉得当教师越当越没有出路，于是，就设法到行政岗位上捞个一官半职。这种交织性的制度，让大学的每一个员工没有一个价值的特别稳定的一个价值判断。到底应该评职称还是从事行政啊，职称可以拿多少钱，行政可以拿多少钱啊。大家就这样比来比去，这种可比性本来是不应该有的，但是，由于客观存在的两种评价机制，把大学不同的人都混淆到一块了，所以大家在这两界之间，或者天平的两端，不断的添加份量使它失衡。如果一种制度，让不同的人员不管在什么岗位上，干什么工作，只要干好本职工作，只要自身的工作能力得到了提升，都应该叫他看到希望，得到应该得到的实惠，他就不会去刻意去竞争不该竞争的职位了。"

当下大学官职的竞争，可以说十分激烈。为什么大家都热衷于官位，因为制度对官员呵护有加，而对教师则过于苛刻。本来，不论是做行政还是教学，把自己本职工作完成的特别好就行了。但是现在的情况并不是这样。大家都一起向官位拥挤，通过官位又一起争取所需要的各种资源。大学成了知识分子争取权力和利益的名利场，这是现有学术制度下的又一学术生产危机。

其三，科研评价办法的同质化现象趋于严重。资助性奖励的制度模仿，使得不少院校尤其是一些教学型院校的科研评价，基本遵循"普适性"的理论原则和"数量中心"的实践范式。教学型院校模仿研究型大学，研究型大学模仿国际评价准则。最终导致众多大学的科研评价个性尽失、毫无特色，并直接影响了知识生产机制的创新和学术的可持续发展。以上诸多问题的积累，使得科研评价在高等教育场域产生了极大的负面效应。特别是，学术行为的不端面临较为明显的扩散窘况。虽然政府与学界从不同的方面对学术行为作过明确的规范性要求，但是，学术抄袭、学术造假等不端行为仍然无以遏制。这一负面效应，已经影响到高等教育系统的整体声誉。一些人甚至认为，这是"无可奈何的大学颓败与学术暗淡"。

特别是，在制度趋同的环境下，大学和教师面临的压力也越来越大。在多种强大的压力下，导致人的学术心态的浮躁和扭曲，使得教师的学术生产往往会因制度的非逻辑性而导致产品的质量的下滑。

> "学术生产的高压制度，会很容易造成低水平的学术重复和学术造假行为……因为短时间内必须采取杀鸡取卵的办法，这个鸡蛋还没有长成呢，还没有发育成熟了，他提前就把它剖开拿出来了，结果拿出一个低水平的，低质量的东西。"（周老师语）

所以说，短期的学术生产和管理机制，造成了大批的学术人员不得不分配大量的精力去做别的与学术创新无关的事情。大学教师特别是地方院校的大学教师，很少真正有埋头苦干，一门心思扎下来一心一意的搞科研的。

其四，知识生产的功利现象更加明显。重量轻质的科研评价，使得有限的学术资源遭遇日益激烈的竞争和瓜分，学术价值的利益取向日益明显，评价场域中的权力冲突时有发生，学术泡沫现象屡见不鲜；知识生产者甚至学术精英们的学术失范"惯习"，难以得到有效遏制；学术权力化、学术商品化、学术市场化、学术资本化的特征日趋明显。由于大学过分强化了科研的激励政策，巨大的经济诱惑，和强烈的外部条件的刺激，导致人心浮躁，使一般人很难安心躲在自己的书房里去进行十年磨一剑的精品成果。特别是，为了夺取学术资源，学术场域内部进行极其复杂的明争暗斗，使得学术生产的殿堂笼罩在极其功利的商场之中。这种学术资源的夺取，已经不仅仅是对科学研究本身规律的违背，而且，最为严峻的问题是，它对大学精神和对学术本身带来的损害，给国家的文化命运造成了难以弥补的危害。

二、学术场域的资源竞争案例与学术生产危机

科研评价往往渗透着各类、各层级权力因素的影响。科研评价与权力场域之间究竟有无关系，二者之间又究竟存在怎样的关系，借助案例对项目评审中权力场域存在的问题做一分析，以达窥一斑而知全豹的目的。

（一）立项路径：主持人的经验与反思

科研项目是学术研究的一个重要方面、重要组成部分，科研项目从申请到立项，往往倾注着申请人的诸多心血。尤其是高级别的文科科研项目，立项的难度尤其难以言表。对立项人来说，他们的成功经验值得分享，遇到的困境也值得分析。需要说明的是，这里的"研究"，目的不是进行经验总结，而是透过表层的经验透视出权力因素的影响机理和权力之间的互动关系。

笔者的研究从访谈开始。X 教授是一位某校公认的知名专家、资深教授。截至目前，他已承担国家社科基金和省部级科研项目十余个，获得科研资助经费上百万。2011 年 6 月，他再次获得一项省哲学社会科学规划资助课题。他坚守的成功之道就是："申报才有机会，精美才能成功。""申报是自己享有的权力，不充分使用自己的那份权力是学者责任感的旁落。""学者的权力，存在于机会之中，如果说学者自身还存着一种独享的特权的话，那么，这种权力就是掌控于股掌之中的知识生产和学术自由权。项目申报是自己应该享用的权力之一，只要符合条件，没有人能干涉和阻止你去申报，即使面临限项申报时，你也丝毫不要放松自己的申报机会。"多年来，项目申报的参予热情在高校异常而且持续高温，这种情况使得项目的申报和评审的竞争也变得日趋地激烈。显然，项目的申报人在大学都是能够称得上是精英的群体，面对精英之间的角逐，大学几乎没有什么力量可以去阻止。因为，这是精英的特权，也是对精英们的要求。即使已经获得过多项立项项目的精英们也依旧如此。于是，这就必然会出现学术资源紧缺的情况，相应大学或项目单位也必然要出台限项申报的规定。

那么，如果面临限项申报，又该怎样不失去成功的机会呢？"限项申报时，立项的成功只有依靠质量。""申报不等于立项，能否立项在于你的论证水平。""精美的论证材料是成功的前提。"新颖的选题和价值意义，精心的论证和独特的方法，坚实的研究基础和丰硕的前期成果，以及最终形成的精美的申请书和规范的论证活页，都是申请成功的重要因素。"不过除了这些必要条件外，成功的关键资本，还要看你的'运作'能力。"在访谈中，他使用最多的一个词，除了精心、精细、精美、权力之外，就是"运作"。"在竞争激烈的情况下，即使论证的再好，申请书再精美，仍需要必要的运作，运作得越好，成功率就会越高。""无论是第一阶段同行专家的通讯评审，还是进入第二阶段的会议评审，只要有运作条件，就尽可能做些努力。"

如此精美的论证材料，为什么仍有"运作"的必要？"高级别的社科学规划项目，大家的需求总是这么旺盛，而立项比例仅仅是十分之一甚至是几十分之一，怎么会有把握申报成功呢。在这种情况下，申报人直接或者间接地去寻找一些成功的资源是可以理解的。对申报人来说，假使你不运作，而其他人运作了，你的项目即使再好，也会面临被边缘化的危机，这就是所谓的劣币驱良币的现象。况且，专家也有看走眼的时候，好的项目不一定必然就会获得高分；规划办也会有自己的偏好啊，也就是说，好的项目也不一定必然就会立上项。"

教师有项目需求，也有申报的权力，而这种权力显然指的是符合申报条件和要求内的基础性权力。作为基础性的权力，在申报中的作用也不可忽视。因为这种基础性的权力并不是同等的，条件好的申报人，其基础性的权力也就越大。如具有博士学位的教授在申报项目时，其外溢的隐性权力就比没有博士学位的一般教师权力大，虽然这种权力并不显于外。冠以荣誉、高学历、高职称的申报人，其成功机会往往高于一般的教师，其间发挥作用的并不一定是申报的质量，而是自身的自然权力产生作用的结果，这就是"优先"论的起因。为什么通讯评审阶段，在《项目论证活页》上没有显示申报人的自然信息，笔者认为，其主要原因就在于从制度层面，抑制自然权力可能产生的消极影响。

应该说，各级哲学社会科学规划项目的通讯评审还是组织得相当严密的。这里需要对项目评审的制度性措施做一些必要的补充性说明。通讯评审阶段，组织者采取的措施是：先从专家库中随机抽出若干同行专家，并采取排列组合式的办法分配给专家若干评审任务，其通讯评审任务和论证活页一般由各院校科研处代为转发。专家根据评价指标的内涵，审阅《项目论证活页》、填写评审表、标明建议等级。为了提高专家评审的准确率，评价指标由一、二级指标构成。二级指标不仅有内涵的诠释，而且还有评分范围的限定，以此间接地对二级指标加权，如"评分表"分为先进程度、创新程度、难易程度、社会效益、实用程度和推广应用程度等。然后，根据专家的权威性、熟悉程度和可信度，对不同专家的评分赋予适当的权重系数，如设有"评审人对评审项目内容的熟悉程度"一栏，以用于了解专家对评审项目"很熟悉"、"熟悉"、"较熟悉"还是"不熟悉"，评定程度赋分按 1～9 分范围提供分值选项，专家判定后在评审表中认真填写分值，然后将评审表密封后按程序交项目评审组织单位，最后由组织单位计算出专家评分的有效分值。组织单位根据专家评审意见，依分数高低的顺序，按当年立项规模、申报项目总数确定比例，择优推选出参加会议评审的项目。

应该说，《项目论证活页》分送若干名同行专家进行匿名评审，评审专家依据统一制定的评价指标体系写出评审意见并给出分数，从专家遴选、评审程序，到分值计算办法，在制度层面上都是无懈可击的。然而，如此严密的评审制度和组织行为，申请人又该如何进行运作呢？即使运作了又有什么作用呢？

"每年的通讯评审专家，虽然都是从专家库中随机抽取，并处于保密状态的，分送的《项目论证活页》也是匿名的。但是，每个学科圈子里的专家其实很有限，每所大学就那么几个人，能出专家的就那么几所大学，有点权力的申报人在省内各大学也都能找到一些本学科的关系人，即使一个一个找，也能问出一两个专家，还是能够知道自己的《活页》究竟分在了谁的手里。况且，《活页》都是通过学校科研处分发的，只要和科研处的主管人员关系好，他们就会告诉你评审的具体时间，活页大概分发的去向。如果你的运作能力较大，知道《活页》在谁的手里也不是一点没有可能。接下来就是找专家了，这年代转转圈、托托人谁还找不到专家啊，和专家的关系搞好了，让专家照顾一下，分数可能就提高上去了。只要通讯评审能通过，立项的希望就大大提高了。""当然，专家的照顾都是有限度的，如果论证得确实太差，专家也不敢给太高的分，因为，专家的给分如果不公平，比如和其他专家打分出入太大，下一年即使再抽出来了，规划办也不会再让他担任通讯评审任务了。但是，适当的照顾肯定没有问题，专家们都有自己给分的自由裁量权。"问题是，有什么理由肯定专家一定就会照顾呢？"一方面，能够找到专家的，基本都是有运作权力的人，也许是熟人，如同学或朋友，今天你有权力对我关照，明年我也会用我的权力对你关照。即使没有机会给你学术上关照，也会日后寻找资源给予利益的补偿。况且，即使你不去关照，也会有他人去关照，现在还有哪个专家，会拿手里的公共资源去得罪自己的熟人。恐怕大多数专家都是这样的思维：手里握的都是公共资源，用公共权力资源照顾有求于自己的熟人，即使没有其它收益，最起码也建立了自己的人际关系。只要得到了通讯专家的照顾，比如你应该得 7 分，专家却给你了 9 分，这样你可能就有机会出线了。如果你能和 5 个专家都打招呼，你立项的希望肯定就会大大提高了，因为从十分之一赶到了二分之一。"

专家的照顾基于自己给分的自由裁量权，照顾的目的是构建有益于自己发展的人际关系。这种权力的交换甚至销售，直接损害的是学术的公平，间接上又损害了学者的操守。专家权力的销售权和申报人购买立项的机会权，暴露了知识生产和学术评价中权力支配力的泛滥和权力场域的混乱。

根据《规划项目终评办法》的规定，项目最终能否立项需要参加会议评审的终评专家们的投票表决，如果终评专家不予支持，即使项目上会了，也有可能最终被淘汰。专家会议评审是科研项目评审的主要阶段，其基本办法是：首先确定所要上会的评审材料，遴选有权威性和有代表性的同行专家组成员，然后召开专家评审会议，实施评审的各项程序，并经过投票决定拟立项目。"终评时的运作比通讯评审时的运作容易一些，由于专家会议评审是公开进行项目评审的一种方法，因此有些评审专家可能碍于情面，当你有特别需要照顾，要求或者请求专家照顾时，就很容易如愿以偿。只是这时候的专家太多，你不可能一个一个地去找，那样的成本和代价就太高了，包括经济成本、时间成本、人力资源成本等。最好的办法就是能够直接找到规划办的实力派人物，就是有话语权、有权力操作的人，可以委托人家帮你或者代替你向专家们打招呼。运作到这步程度，你的项目就不愁立不上了。"

专家的遴选权力在于规划办，对于专家来说，规划办的话语权毋庸置疑。虽然，在评审中专家的话语总是最多的，但是专家的话语权力并不总是最大的。支持专家话语权的是邀请他们参加评审活动的组织者。因此，"能找到规划办的实权人物是成功的保证。"

这样的事情自然都是个别的。"如果项目申报者人人都是这样，社科项目评审就乱套了。事实上，大部分申报人并不会和专家打招呼，更没有机会让规划办帮忙。他们可能没有权力，也没有资源，不知道究竟该向谁打听评审专家的名单。再说，如果没有了资源，即使知道了谁是专家，也见不到人家的影子。能够攀上专家和规划办的人，差不多都是有些特权的，或者有其它一些实用性的资源。这就是大学里为什么会有那么多的博士、教授竞相想当校官的原因，归根结底，还是想寻找到自己需要的权力资源。"据统计，目前该校的项目承担人，三分之一以上都是学校的管理者，这种评审结果显然对没有特定权力的申报人来说，是极其不公平的。怎样才能改变这种不公平的现状呢？"在通讯评审阶段，《活页》不宜让本省域内的专家评审，而应该由省外专家评审。理想的办法是委托省外某高校，分学科进行评审。或者，委托省外同行单位组织专家进行匿名评审。而且，委托评审的省域应该年年变更。这种办法成本虽然增加了，但是公平性提高了，质量也会更有保证了。"

"这只是一种理想，也许道高一尺魔高一丈，现在的评审制度不能说不够严格，但是，能够运作的余地仍有很大的空间。"

X 教授对"运作"概念的解释极其通俗，"就是经常和规划办的人'走动'，参加规划办组织的正规和非正规的活动，经常向专家和规划办推介自己，当然不能空手而去、空手而归"。"这几乎成为一种风气，只要科研评价体系不作变更，大学发展和教师发展的鼓励政策不作调整，科研量化评价办法的极端化的推行不予遏制，学术生产机制和办学理念不做创新，这种风气就很难能从本源上得以肃清，学术功利、学术造假、学术腐败也很得到根本性的治理。"

（二）资助馅饼：谁更应获得项目经费

2011 年 6 月的某哲学社会科学规划项目评审现场，专家之间出现了少有的讨论、争辩现象。这既是有关学术价值的一场争鸣，又似乎是学术权力之间的某种较量。因为，大家在为 S 教授的项目是否应该获得资助而激烈争论。S 教授是主持 L 大学财务工作的副校长，她论证的是关于区域文化发展的课题，在通讯评审阶段，通讯专家所给的评价结果是"良"，分值界于上会与不上会的边缘区间。5 月下旬，通讯评审结束后，还处于保密状态的通讯评审结果却被 S 校长得知，她立即要求科研处处长，抓紧时间去省规划办了解情况，确保自己主持的项目能够上会。经过几天时间的运作，S 校长主持的项目终于如愿以偿，形象地说，可谓理直气壮，雄赳赳、气昂昂地奔赴会场。

在项目的会议评审阶段，贯穿的重要原则是质量第一、坚持公平等，与此同时，还有一个非常重要的原则就是平衡的原则。S 校长所在的学校有九个项目获得优秀，且分值较高。按照平衡的原则，该校获准立项的数额最多只能九项。也就是说，按照评审的原则，S 教授主持的项目会因为单位之间的平衡被淘汰。事先，在学科小组上，评审专家 W 教授在会上就 S 教授申请项目的价值意义发表了自己的意见，并为评委给其项目投票做了动员性的解释，希望大家给予支持。访谈时 W 教授满脸无奈。"我之所以努力争取她的项目，因为，S 校长给我打招呼了，包括规划办的领导和科研处处长也都说了，不让她立项交不了差啊！让她立项，学校其他申报人就得淘汰下来一个。可其他人论证的项目，质量都比较好，分数都很高，能给谁的挤下来啊，给谁的挤下来都不合适。我坚持要追加一项，别的学校专家都不同意，规划办也不同意，结果追加项目没有办成。最后，规划办领导说，能否上会的决定权在学科评审组，如果S教授的项目要上，同单位其他人的项目一定得弄下来一个。我想来想去，还是让S教授的项目上会了。结果，J博士的项目就被学科小组淘汰了。"

规划办Y主任对S教授的项目赞誉有加，他有最终的裁决评判权力，即使这种权力显得并不那么傲慢，也没有个人更多的偏见。事实的确如此，有时并不张扬的特权恰恰发挥着最特别的作用。"S教授的项目是今年省领导讲话精神中要求调研的一个问题，项目选题很好，论证也不错。经专家评审投票，一致同意资助。规划办之所以给了最高一等的经费资助，就是希望把文化发展研究这个课题做大做强做深入。我对S校长还比较了解，包括参加她课题研究的人，我都认识，她不仅有能力也有资源做这样的课题。"

在科研项目评审和立项中，外在的权力的作用不可低估，这种作用有时是主动的渗透其中，有时也是被动地渗透其中，不论主动还是被动，一旦外在权力渗透其中，就会发生着意想不到的作用。科研处E处长说"S校长很支持科研处的工作，作为领导，还坚持搞科学研究，积极申报项目，对老师而言是个榜样，对科研骨干也是一种鼓励。她能获准立项，大家都很受鼓舞，并且获得最高一档的经费资助，也是理所当然。如果今年她的项目没有立项，以后怎样再让人家支持科研处的工作啊，所以，从材料报走就开始运作，最后的立项，主要还是S校长靠自己的关系运作成功了。""当然，运作的情况虽然也存在一些，关键是研究的基础怎么样，论证的质量怎样，课题的价值怎么样。要是她的课题论证不过关，任你再怎样地运作，恐怕也运作不成，难以获准立项。"权力的多少，对评审结果有着极大的影响。"J博士的项目论证的虽然也不错，但是，申报人在省里的知名度不够高，大家担心给你立项了，是不是你就能按时结题，研究成果的质量是不是有保证。况且，即使规划办让J博士的项目立项了，他也得不了资助经费，因为每年省里资助的项目并不是很多，获准立项的很大一批项目都是自筹经费项目。"在项目评审和立项的问题上，S校长有着自己的独特看法。"我原本没有打算申报，觉得当校长就是管理，做不做项目并不重要。科研处多次催促让我申报，说这是对科研工作的支持；一些同行也说，毕竟是学校领导，应该承担一些高级别课题，这样对将来职务晋升也会有好处。其实，我报项目并不是为了那点经费，经费不经费都不重要，对普通老师来说，如果有经费，自己出差、买书等等，使用起来会方便一些。对我来说，不存在这些问题。申报课题就是觉得自己和其他校领导比较起来在学术上也不是空白。就这样，我让几个博士帮我论证了一下，觉得还不错，又修改了几遍，包括两个周末都没有休息，写好了，就把项目报上去了。报上去之后，又觉得如果没有立项该多丢面子，就让科研处去做工作，我自己也联系人，最后总算申请到了资助项目的立项。"这里展示的是权力的外溢效应，的确，权力具有外溢效应，人一旦有了某种权力，另一种权力的获得也就成为可能。而在学术场域，权力的某种外溢效应，恰恰损害了学术的自身神圣、污染了学术创新的源泉。

权力运作的非透明化，往往会给申报人一种前景模糊的期待。在访谈 J 博士时，他对申报项目不可预期的期待感觉十分明显。"我报的项目是依据我的博士论文重新加工论证的，当时系领导让我申报，我就申报了。可报去以后该怎么办，总觉得无从下手。原来想顺其自然，可顺其自然的结果却是立项的落空；现在看来，被动地等待总不是办法。再说，我评审教授的年限也快到了，评审教授还亟待需要有两项省级项目去主持完成，如果不去运作，也许再等两年也立不了项。我正寻思着，明年该找谁去帮忙呢。"虽然如此，事实上和 J 博士一样的申报人、学者已经在悄悄地改变着自己的行为，如果说目前他们还是一个因为学术资本的不足而尚处于被支配地位其发展路径不明的知识分子的群体，那么，在理想的世界中，他们已经成为或者即将成为跻身于学术强人的"共谋者"。

如果说，有一点运作权力的申报人对申报的前景还有一线的希望的话，那么，缺乏运作所必须的权力资源的申报人也许缺失的是一种申报的自信，他们往往会给人一种意志消沉的印象。"局外人"H 博士说："这些年我一直没有申报项目，我总觉得，适当做点科研够自己的工作量就是了。这并不是说我不需要科研项目，我也需要，最起码有科研经费，还为评审教授创造条件，年终还有奖励；有了项目，可以说是名利双收的事，如果有机会，干吗不去争取呀。没有申报是因为我常听同事们说花费的沉没资本太多。要想立项，得做方方面面的工作，科研处不去帮你不行，科研处凭什么要帮你呀；就是科研处想帮你，你还要通过他们去找到规划办的人，省里的人是那么好见到的吗？此外还得见到专家，你怎么知道需要见哪些专家，又拿什么去见这些专家。总之，要见到这么多的人，我哪有这方面的精力和时间，就是有精力、有时间，我也不想去运作。运作，就是找人，就是找关系，就是舍得花钱。现在找人办事哪有不花钱的，天上掉不了馅饼，那些获得项目经费资助的，基本都是很有运作能力的，光说运作，运作能力从哪里来，说到底是你手里有没有一点可以用得上的权力。没有权力就没有运作能力，就没有这方面的资本。我见过有的申请人，他们到处找人，结果找了人，花了钱，浪费了时间，最后还是没有立上项目。我要是那样，气也给气死了。所以，我就不去找人。不找人没有立项也不生气，干嘛累得够呛非要去找气受啊。"

如果说 H 博士能够代表当下大学组织的一类学者，那么，可以肯定地说，这一部分人已经不再多见。因为在更多人的眼里，项目申报已经成为鸦片般的必须，而运作也许已经成为大学精英们学术生活的惯常，这种惯常已经渗透进学者们的日常生活里，他让很多知识分子已经忘却掉了自身的本质使命，并且也让众多的知识群体成为推波助澜、"钱学交易"、"官学交易""职称交易""项目资源分赃"的"共谋者"。

（三）群英角逐：喧嚣的项目申报景象

人们也许奇怪，为什么众多的知识群体在当下会蜂拥群集于项目申报的行列之中，为什么肩负着引导社会前进方向重任的大批学者会成为推波助澜、分赃项目资源的"共谋者"？如此多的大学精英——教授、博士为什么需要项目，X 教授的话语引人深思。"制度是导向，职称是动力，经费是引力，量化是压力。"

首先，项目是大学发展的需要。大学出于发展的需要，必然会制定一系列科研政策，如科研绩效管理就是大学普遍实行的一种激励性政策。而项目则是科研绩效的重要组成部分，大学的学科建设需要项目，没有项目，大学在竞争中就会失去经费、丧失优秀团队等很多发展的优势。特别是，随着社会的发展和国家发展战略的需要，人文社会科学等基础性研究活动对社会的各个方面所产生的影响会更加深刻，因而，对科研的社会效益等间接产出的科研成果必然会成为各个高校更加关注的问题，对人文社会科学等具有长期性和不确定性的成果的政策性支持会更加凸显出来，其导向性的影响也必然会成为科研项目申报的焦点。其次，项目也是教师发展的需要。每年一次的职称晋升工作是大学教师最为关心的事情之一，职称评审的科研绩效要求，主要看拟晋升者所具备的科研工作能力和科研工作效绩、水平，而能力和绩效水平又主要体现在项目、论文、奖励上。为此，大学在教师绩效考核中把项目申报作为最重要的方面之一，教师也把项目申报作为提升科研实力的重要方面。第三，项目带来的经济效益吸引着教师的申报行为。随着人们经济意识的普遍增强，大学教师的科研活动已经成为可以转化为有经济效益的劳动，科研项目的申报也均有相应的经济补偿，所立项目大多都有经费资助，不仅项目源单位会为所立项目资助一定的研究经费，项目申报人所在单位为了提高教师开展科研工作的积极性，也会出台配套政策，为所立项目一定的配套经费。假如按照一比一的经费配套，对于文科科研来说，将意味着研究者由于拥有了充足的科研资金而使自己的学术竞争力有了提升的动力和条件。第四，科研量化考核是教师申报项目的压力。由于科研评价的量化办法有简单明了、便于操作的优点，并可以强化学术人员多出成果、快出成果的意识。所以，目前高校纷纷采取了量化的学术评价取向。在对教师科研绩效评价时，教师承担的科研项目的数量、项目级别、项目经费的多少等，已都成为科研评价的核心内容。教师为了完成学校规定的科研工作量，就不能不主动申报项目，尤其是，哲学社会科学课题作为省域最高级别的项目，对文科教师而言一旦获准立项，将意味着其应承担的科研任务的完成。

正是这些因素，使得教师的项目申报意识日益提升。2011 年 L 大学申报的哲学社会科学规划项目达到 80 余项，其中三分之二的项目主持人是精英级的教授或者博士群体。由于立项率仅占十分之一，于是便出现了群英角逐社科项目的奇特景观。科研项目本是学术领域的一个类别，但是在众多精英进行项目掠夺式的角逐中，项目的学术本质以及主持人的学者本色似乎已经变异。因为，激烈的角逐客观上暴露了项目运作现象的泛滥，进而也暴露出整个社会正被过度的权力主义所侵蚀，暴露了拜金主义已经征服了最不该被权力和金钱来左右的神圣领域。这种角逐，损害了学术的真实要义，偏离大学的学术目标。我们知道，学术是大学的生命。学术的真实要义是培育学术精神，学术精神是求实创新、民主自由、追求真理等精神的集中体现。项目评审做为科研评价的一个方面、一个部分，就是对学术价值的判断与评定，科研评价作为一种工具、手段，其目的是繁荣学术。对科研评价的不同运用，在很大程度上影响到学术工作者的价值取向和工作重点，进而影响到学术的繁荣发展和大学职能的全面实现。没有规范的科研评价，新的学术理念难以成为学者的学术信念，更谈不上形成体现于各种学术活动的学术文化。

那么，本当维护神圣学术殿堂精神的大学学者，为什么会出现群英角逐科研项目的现象？常年参加项目评审的 W 教授做了自己的解释："一方面，教师角逐项目的动力来自于各个权力群体的利益驱使。目前，由于极端量化的学术评价取向，使得大学的发展渐渐偏离了其本质性的学术目标，而更加趋向于功利性目标，由于这些'数量化'的评价直接影响着教师的名利地位，因此，导致了广大教师形成多出、快出成果的压力，持续滋生急功近利心态。可以说，在纯粹以项目数量和项目经费为量化指标的科研评价环境下，促使大批教师一改从对项目质量的追求，为对项目数量和科研经费的追求，就是一种客观的必然。另一方面，这一现象的出现与我国学术界至今没有形成一个客观而且公正的评价体系和完善的学术评价制度有关，对项目的评价只有一些量化指标体系，而没有从学术的本质出发建立起广泛公认而且客观公正的学术生产和评价机制，往往容易导致在评审过程中，某些权力因素向学术活动的渗透，并对项目评审活动产生了负面的影响。文科项目评审的办法还往往会让申报人员自然地平添或者徒然增加诸多机会主义的心态。如单纯依赖既成的《项目论证活页》的评价，而对论证过程的监督和控制失去监督，就容易出现借力论证的现象。主持人往往会利用自身的权力资源，委托他人代为论证。这就是项目的论证者往往并非项目主持者的原因所在。所以有学者说，只评结果而不评过程的绩效评价方式，是懒汉的管理哲学在管理中的反映。其直接的后果，就是可能导致项目评审的有失公平和科学，致使评审结果变得意义失常。特别是，借助外力进行项目论证还容易导致学术道德沦丧、引发学术行为失范等严重后果，引发学术造假、抄袭、剽窃、粗制滥造等浮躁学风的形成。如一些教师为了追求项目数量，不得不为凑数而粗制滥造，项目重复立项等现象比比皆是。致使许多堂而皇之的项目研究实质不过是低水平重复，制造出大量学术垃圾，也造成了大学虚假的学术繁荣和虚伪的学术之风，形成'学术泡沫'效应。因此，从某些方面反映出项目评审风气亟待净化的现实要求。"

项目研究的本质是发展知识、创造知识。思想的原创是文科项目研究的最高原则和最高境界。创造性的研究课题，尤其是文科研究课题本身就有着许多不确定性和不可预知性，因此判断项目价值的标准是真理和知识的客观性，而非项目数量的多寡。如果单纯以项目的数量或者经费的多少去要求和鼓励教师申报课题，不仅不利于项目研究成果的创新，而且容易滑向功利主义的泥潭，并出现大量的非理性的项目申报现象，最终引发项目申报的无序竞争和狂躁式的喧嚣。

第七章　学术生产制度创新的实践与反思

　　学术生产数量繁荣与学术生产制度之间具有内在的逻辑关系。除了学术生产的内在制度和外在制度对学术生产数量繁荣具有关键性影响之外，学术生产的制度理性和制度失范对学术生产数量繁荣也具有重要影响。即学术制度理性可以促进学术生产的真正繁荣，而学术制度失范给予的则是学术精神的创伤和危害。诸如高度统一、低效的评价规则失范，学术规划制度下的学术资源配置和控制行为失范等，进而导致了学术资源的无序竞争和产品的粗制滥造，催生了学术生产数量繁荣背后的种种危机。

　　大学学术评价制度的创新及其创新程度，还受制于人们对科研定位的认识，即人们普遍把学科与科研作为大学核心竞争力的核心要素这一成熟的观念形态。值得注意的是，大学的核心竞争力与企业核心竞争力，因大学与企业的组织属性不同而有着本质差别。其差别主要体现在各自要素的功能延伸及其功能发挥模式之间的差别。基于这样的认识，本章还讨论了大学的"自然"生长状态下其发展的核心竞争力问题。以此促使人们能够更加清楚地思考促使大学发展和学术生产制度创新的一些深层次动力问题。

第一节　学术生产制度及其理性反思

　　制度的概念已在前文中做了合乎逻辑的理性界定，即"制度"概念在本文中不仅具有理论上的生成依据，而且还具有特定的现实存在意义和内涵的价值旨归。如柯武刚等人所说，所谓制度即"由人制定的规则。它们抑制着人际交往中可能出现的任意行为和机会主义行为。制度为一个共同体所共有，并总是依靠某种惩罚而得以贯彻"[1]，"制度是广为人知的、由人创立的规则，它们的用途是抑制人类可能的机会主义行为。它们总是带有某些针对违规行为的惩罚措施"，[2]即"制度是行为规则，并由此而成为一种引导人们行动的手段"。[3]笔者在斟酌选用制度这一概念时，曾经对"制度"做过深入的理性分析并从多个定义中做过精细选择。通过理性分析，尽可能将"制度理性"和"制度失范"下所导致的不同的学术生产结果有一个明晰的判准。

一、制度理性与制度失范的内涵解读

为了说明何谓制度理性、何谓制度失范，需要首先对"理性"和"失范"做一简要界定。

关于理性，不同国度、不同时期、不同哲学思想的人们对其理解也不尽相同。本文对理性概念及其相关内容的理解，主要指称西方哲学视界中的理性意义。即所谓理性，"一是指属于判断、推理等活动的（跟感性相对）；二是指从理智上控制行为的能力"[4]"从本体论上讲，理性是存在于人脑外的客观精神，是万物的本质和共性，是世界的本体和主宰。其典型代表为柏拉图的理念和黑格尔的绝对理念"。"从历史发展的角度看，首先，理性是认识和探索世界的一般与本质的能力。……其次，理性还是人们的一种推理能力。"[5]正如《简明不列颠百科全书》（第五卷）所定义的：理性是"'哲学中进行逻辑推理的能力和过程，严格地说，理性是与感性、知觉、情感和欲望相对应的能力。'从这个角度上看，理性是一种最高层次的理智、推理、思维能力"。[6]其中，"理智是理性最基本的含义，是批判性、创造性和沉思性的统一，是用来认识、理解、比较、选择、推想和决断的能力，当今甚至有时称之为'智能'"。总之，"理性就是'人类对宇宙、自然及人类自身相关的秩序、法则、公理、规范的认同、创设、遵从以及批判性改进、优化选

1　[德]柯武刚、史漫飞著，韩朝华译.制度经济学：社会秩序与公共政策[M].北京：商务印书馆，2001：32.

2　[德]柯武刚、史漫飞著，韩朝华译.制度经济学：社会秩序与公共政策[M].北京：商务印书馆，2001：116.

3　[德]柯武刚、史漫飞著，韩朝华译.制度经济学：社会秩序与公共政策[M].北京：商务印书馆，2001：112.

4　张学文.大学理性研究[M].北京：北京师范大学出版集团，2013：9.

5　张学文.大学理性研究[M].北京：北京师范大学出版集团，2013：39.

6　张学文.大学理性研究[M].北京：北京师范大学出版集团，2013：38.

择的思维与行为表现。简而言之，理性即人类理智对待秩序、法则、公理、规范（简称秩范）的品性"。[7]

依据张学文《大学理性研究》，笔者认为理性虽与感性、情感相对应，但就其内涵而言，理性不仅包括"科学"的要义，还具有"情感"的因素；不仅是逻辑的思辨过程，还是灵性的智慧结果。失范，亦称"脱序"。《辞海》界定为无行为规范，或虽有行为规范，但不够明确甚至互相矛盾的社会结构和社会品质。作为社会学的术语，所谓失范，"是指在现代化过程中，因传统价值和社会规范遭到削弱、破坏乃至瓦解，导致社会成员心理上的无序状态"。[8]正如涂尔干所界定的那样，"失范概念是指与正常社会现象相对立的一种反常社会状态，是'社会在个体身上不充分在场'的结果，它的本质是社会整合的病态征兆"。"失范不仅指个人行为，也涉及群体行为"。"失范是所有道德的对立面"，失范状态"造成了经济世界中极端悲惨的景象，各种各样的冲突和混乱频繁产生出来。"[9]"总而言之，失范是现代社会转变过程中不可规避的紧张状态。首先，就强调整合的传统理论来说，失范既代表了社会秩序紊乱和道德规范失衡的反动倾向，又是这一理论无法逃避的社会基本事实；其次，对正常的社会秩序而言，失范现象实际上是一种可以治愈的反常现象或病态现象，它对整合理论的基础并不会构成多大的威胁。"[10]制度、理性和失范的上述概念界定，以及大学学术的现实生产状态给予人们的诸多反思，可以引领我们对大学组织的"制度理性"和"制度失范"内涵进行合乎逻辑的理解。这里的"制度理性"，是指大学组织理智设计、制订和对待其组织内部各主体之间相互交往规则的合乎逻辑的品行，或者说是大学组织内部各主体相互之间形成的富有秩序、法则、公理、规范的学术生产运行品性。很显然，大学组织的制度理性是大学理性的一种具体表现。因为"在高等教育哲学思想史上，大学理性是人类的理性与非理性、理智与情感交融的产物与统一体，其哲学基础既根源于大学是人类追求理性秩序下学术知识与道德规范的普遍必然法则，又渊源于大学是人类自身精神制度化的产

7 张学文.大学理性研究[M].北京：北京师范大学出版集团，2013：40.
8 张学文.大学理性研究[M].北京：北京师范大学出版集团，2013：7.
9 张学文.大学理性研究[M].北京：北京师范大学出版集团，2013：8.
10 张学文.大学理性研究[M].北京：北京师范大学出版集团，2013：9.

物与人文主义机构"。[11]大学组织的制度理性正是基于大学组织追求理性秩序下的学术知识与道德规范的普遍法则而生成的；也是缘于大学自身所具有的人文主义机构特征和精神制度化产物的特点所决定的。亦即说，大学组织的制度理性是在大学理性的哲学基础之上所生成的，是生存于大学组织系统中那种特有的逻辑、秩序、公理、规范的富有品性的制度体现。所谓制度失范，主要是指制度本身的"价值与规范体系产生紊乱而导致的功能丧失，无法指导与约束社会成员的思想与行为，使整个社会秩序呈现无序化状态"；也是指特定社会成员违背主导的制度规范的行为。[12]就大学组织而言，恰如张学文所说，制度失范正是大学理性失范的一种具体表现。就其逻辑关系上看，制度失范也是大学理性缺失的必然结果。其具体表现是：在现实的层面上，大学组织时常表现出行为规范的缺失；或者，虽从表层上看，组织行为貌似规范，但组织内部时常出现结构性的问题冲突和矛盾混乱，以及制度规范背面的组织行为失序、组织品性紊乱、组织病态性征兆。并且，从组织行为紊乱发展到个体行为的失范，以至延伸到整个大学系统出现无法逃避的秩序紊乱和道德规范失衡的事实。这种秩序紊乱和道德规范的失衡，即使大学学术场域也未能幸免于难，某种程度上，大学学术场域所遭遇的生产制度的理性危机和制度失范已经到了病入膏肓的地步。虽然，制度失范并非不可治愈的不治之症，也不是不可救药的反常的病态顽症，大学组织通过制度理性的确立，必然会使制度失范现象在大学理性的文化氛围中被抑制。但是，大学的学术生产制度失范现象，毕竟影响的不仅仅是学术自身的道德和价值取向问题，而影响的是整个大学精神、大学肌体，乃至大学质性和功能的丧失。因此，可以说，如果大学学术生产制度失范现象不得到抑制，那么大学精神就不可能如人们所期望的那样得以永存和创新。

二、学术制度失范对学术生产的危害

学术生产的制度理性可以促进学术生产的真正繁荣，而学术生产的制度失范，给学术生产带来的除了数量的繁荣之外，更多的则是给学术精神带来的创伤和危害。那么，学术生产数量的繁荣与学术生产制度失范之间存在怎样的内在逻辑关系呢？

---

11 张学文.大学理性研究[M].北京：北京师范大学出版集团，2013：65.
12 张学文.大学理性研究[M].北京：北京师范大学出版集团，2013：7-8.

前文曾经论述，基于量化评价的学术生产制度，的确给学术生产数量的繁荣带来了机会；但是，从另一侧面来看，量化主义的学术评价制度不能不说是大学理性被片面解读的结果。因为，就其结果而言，极度的量化导致了学术生产制度的失范，并因此遏制了学术生产质量的提升。"过度强调量化不仅不能增进绩效，反而破坏了学术生态和学术精神。原本为了办一流大学而采用的评价标准，现在反倒成为抹杀大学人文精神的工具，以理性的形式导致了反理性的结果，最后演变成了大学理性悖论"。[13]可以说，从理性出发又走向理性背面的学术制度失范现象，在大学场域比比皆是。以至于人们日益地意识到，这种学术制度失范在给学术生产带来数量繁荣的同时，也给学术的真正生命带来了致命危机，其学术制度的弊端也日益为学界所广泛认识。

首先，学术失范的危害之一，便是直接催生了学术评价中的机械化模式，即前文所说的高度统一、一成不变的量化评价制度弊端。量化评价的出发点虽是为了提高科研绩效，但不分学科、不分场域、千篇一律的过度量化，则又成为效率提升的可怕杀手。因为，它与学术生产的本质与知识创新的规律相违背，"效率标准扼杀想象力。想象力是一种无法评估、只能加以运用和鉴赏的能力，是知识创新不可或缺的动力之一。知识创新并不是一个纯粹的理性活动的过程，而是理性活动与非理性活动的辩证统一。"[14]

所以如前文所述，这种自上而下地设计出来、并令大学不得不付诸实施的职称评审制度、项目评审制度等科研评价制度，在实践中暴露出的量化弊端日益明显。众人皆知，学术生产有一个稳定性、延期性、时代性的问题，而目前采用的则是一种与之相矛盾的懒汉式的量化评价制度。在这种机械性的评价制度下，学者的精神劳动往往得不到最深刻意义上的理解，人们对学者学术生产规律的认识也难以到位。从本质上看，这种看似十分理性和科学的评价制度设计，其实已经走向了理性的反面，其科学性也大打折扣，看似规范的制度背面处处却是失范的标记，表面公平的办法实质上并不十分公平。而只要存在制度的失范和不公平，就必然会影响到学者的生产情绪，进

---

13 任增元.量化评价、知识生产与理性大学的追寻——兼评《大学理性研究》[J].清华大学教育评论，2014（4）.

14 展立新，陈学飞.理性的视角：走出高等教育"适应论"的历史误区[J].北京大学教育评论，2013（1）.

而影响到学术质量本身。本以追求高效率为目的的科研评价却在机械般的制度面前陷于低效甚至负效率的深渊。

其二，学术失范的另一大危害，直接导致了学术生产评价效果的低效甚至无效。只有数量而没有质量的知识产品，正是学术生产效益小、效率低的现实表现。如前文所述，效益小、效率低的制度根源，正在于过度量化的学术生产、学术评价及成果奖励制度中存在的诸多失范现象，尤其是学术生产关系构建的失范现象。当下学术生产中存在的一些非自然、非理性的失范因素，学者们无不感同身受，即使是利益既得群体也概莫能免。最明显的例子便是，当下的学术生产往往并非发自学者们心灵深处的内心独白，不是发自学者肺腑的自然结果，而是一种迫于无奈的学术生产应付行为。为了这种无奈，又不得不学会适应资源配置场域存在的潜规则，而学术资源配置场域的潜规则正是制度失范的结果。也即说，不论学者出于何种目的、何种需要的学术生产行为，都脱离不开制度失范下的潜规则场域，而当下学术场域的潜规则似乎太多，游戏规则者的力量又显得太弱。特别是在学术资源配置过程中，往往存在一些暗箱操作的情况，夹杂着些许的人为因素，或者说是人情化的因素。一旦制度失范下的潜规则超过了学者心理承受能力，学术生产必然会因"生产关系"的不畅而遭受致命的打击。因为潜规则下的知识产品，在人的心灵深处已经不再是货真价实的有价值的知识创新产品了。

其三，学术失范引发了学术资源分配的不公，进而遏制了学术生产的繁荣。学术权力对学术资源的垄断，是当下学术生产场域的一个突出问题。比如，政府对项目、奖励、荣誉、经费等学术资源的控制，学术管理部门对评审组织权力的控制，大学组织内职能部门对评审结果的申报权力控制，等等，都是学术资源被权力垄断的具体表现。学术资源垄断并非全无益处，规范化的学术资源垄断有利于资源整合，进而促使学术生产的发展；而失范的学术资源垄断，无论何种垄断现象，对大学学术的繁荣和发展都会产生意想不到的阻碍和影响。

学术资源垄断的失范，源于学术资源的权力化。所谓学术资源的权力化，一方面是说，在知识规划的年代，学术资源大多被学术管理机构之外的组织所控制；另一方面是说，学术资源主要被特定组织中的学术权威人物所垄断。这种垄断，导致学术资源分配中，只有处于强势地位的人员，才有获得这种资源的可能。这种学术规划制度，以及与这种学术规划制度密不可分的学术评价制度，是伤害学术生产、损害学术繁荣的一把隐性利器，也是学术规划和学术评价制度失范最为突出的表征。当然，笔者并不是说在学术生产和评价活动中不需要权力和权威，恰恰相反，在特定的学术场域，学术权威的作用还必须给予应有的强化，因为，任何学术评价都不能缺失必要的学术权力和权威发挥关键性的作用。只是说，所有权力和权威的发挥都需要寓于规范的大学理性场域之中。

三、学术制度失范对学术生产影响的内在机理

值得追问的是，学术权力是怎样走向失范的？或者说学术权力是怎样对学术资源进行垄断的呢？前文已述，学术资源遭遇的垄断并不是一个新命题，因为它涉及的是当下的一个公共话题，即大学和政府的关系问题，以及大学内部学术权力与行政权力的平衡问题。从这两重特有关系中，可以寻找到学术资源遭遇垄断的特殊原由。学术的规划时代与规划的学术生产，是当代学术资源遭遇垄断的最突出的制度环境。学术规划时代的生产特点在于，人们从事学术生产的主要动机，更多的不是源于教师本身内在制度作用下的内在需求，而主要是依赖于外在制度的惩罚、发号施令和被动执行。在这种制度压力下，学术生产虽然出现了似乎可以用来炫耀的数量繁荣；但实际上，这些繁荣背后则是教师不得不面临的在强制性压力之下的诸多无奈。目前的大学学术生产，几乎完全处于学术生产的规划环境之中。在学术规划的环境里，学术生产必然受到特定场域的制度制约，而一旦制度出现失范现象，就必然会使学术生产遭遇制度的制约和束缚，进而决定了学术创新的有限性。在制度失范的学术生产场域里，一切的学术规则必然也会打上场域的烙印，当下科研评价制度出现的资源竞争，以及科研评价常常渗透着各类、各层级显性或者隐性权力因素的影响，就是显而易见的突出例证。

再次，制度要素的官僚化结构对学术生产动力产生了巨大抑制作用。当下学术的治理制度往往具有官僚化的结构特征，这与制度形成过程中权力向制度领域过多渗透不无关系。学术生产场域也是如此，既有的学术生产评价制度与大学官员的构成结构与管理者的思维惯习密不可分。而正是学术场域出现的行政权力日益强化的现实，才使学术制度日益地彰显官僚化的特征，进而导致学术生产机制日益缺乏发展的动力。这一影响大学学术发展动力的机制问题，不仅在于发动机自身存在某些故障，还在于整个机体本身存在结

构性的非和谐、非理性、非逻辑问题。就其结构性问题而言，其主要病源不在其它，而在于大学组织自身形成的富于官僚化的特征，以及大学组织内部管理人员富于官僚化的意识。有学者认为，量化评价的推崇者往往是行政管理人员，这种判断并非没有事实根据。由于学术与官场关系的过分亲密，使得学术活动难以自主与自觉。学术生产规划本来无可厚非，甚至十分必要，但由于当下的学术规划几乎不得不完全听命于行政系统的指挥，致使教师的学术生产往往会因规划的非理性和非逻辑性而导致学术产品质量的下滑。

可以说，学术制度的官僚化和规划的行政化，是导致学术制度失范的主因，也是导致学术机制缺乏发展动力的根本缘由。在官僚化浓郁的学术生产场域内，难以呈现具有大师出现的学术自由氛围，因而也难以生产出具有大师印迹的学术产品。因为，大师不是在特定制度框架之内被逼出来的，真正的高水平学术成果也不是被挤压出来的，而往往是在制度之外或者是处在制度边缘的自由氛围中上下求索的结果。正如汪振军教授所说："目前，由于学术制度失范和学术生产机制问题，导致了诸多潜在的学术生产危机，诸如学术生态或者说是学术气象萎靡等现象。学术生态萎靡的深层原因，在于学术评价制度创新的缺失。而没有评价制度的创新，学术繁荣也永远只能停留在数量增多的层面上，而不能真正呈现出具有大气派、大气象的实质性的学术繁荣。学术繁荣的根本标准在于一种气度、气象、气韵。然而，这种学术气度、学术气象、学术气韵不会凭空而来，它需要学术制度的保障，需要学术机制的引导。如果制度存在缺陷，机制存在问题，学术生产不仅难以出现这种气度、气象、气韵，而且还会面临各种各样的学术生产危机"。[15]

值得引起注意的是，当下众多高校推动的学术生产制度和机制，其功利性导向和经济性目的已经超越了学术生产的非经济性目的。在这种机制引导下，造成了学术生产目标的严重偏离。教师从事学术生产的更多原因本应出于某种闲逸的好奇，出于心灵的宁静和安慰。然而现在众多教师从事学术生产——不论是发表论文、申报项目，还是争取成果奖励，并不是源于对问题本身产生的兴趣，而是因为发表论文可以给自己带来额外利益，申报项目可以拿来更多经费，成果奖励能够获得意外报酬等。由于学术生产的内在激励因素出现了问题，因而必然导致学术生产结果的目标偏移和其它诸多问题，诸如：因学术生产深层领域的诸多不公平而引发的学术生产系列危机；因大

---

15 汪振军.系本文作者进行质性研究访谈时，摘录汪振军教授话语.

学教学资本与科研资本流向的不公平，使得教师队伍分层日趋明显，贫富不均现象更加严重，育人为本的教学中心地位受到冲击，并因教师价值取向的偏移和学术精神的淡化，影响到学生培养质量的提高；"数量中心"的实践范式和日趋严重的科研评价同质化现象导致大学理性精神失范，并直接影响了知识生产机制的创新和学术的可持续发展；知识生产的功利现象和学术价值的物质利益取向屡见不鲜，学术权力化、学术商品化、学术市场化、学术资本化的特征日趋明显，知识生产者甚至学术精英们的学术失范"惯习"难以得到有效遏制等等。

第二节　学术治理的理性缺失与大学理性的重构

回顾我国大学发展历史，人们会惊喜地感叹既往的三十年取得的累累硕果令人鼓舞，未来的发展前景也一片光明。但是，不容否认的事实是，这三十年，社会各界裹挟着爱恨交加情绪的人们也从不同的视角对大学提出了振聋发聩的批评。在对大学批评的诸多响音中，莫过于基于政府与大学关系而对大学办学自主权不足、大学理念缺失、育人目标错位和质量滑坡等而发出的愤懑抨击之声。特别是对大学办学自主权不足给予的批评，贯穿了当代高等教育发展的始终，至今仍不绝于耳。纵观学界对大学办学自主权的批评，基本包含两个层面的含义：一是大学的实际权利小于法定的权利；二是法定的权利小于大学发展实际需要的权利。事实上，目前大学办学的实际权利与《高等教育法》规定的权利的确有不小出入。

一、学术治理的理性缺失及其表现

笔者曾以大学办学自主权为例有过说明：三十年前的现在，《中共中央关于教育体制改革的决定》就明确提出了"扩大高校办学自主权"。如《决定》第四部分提出：高校"有权提名任免副校长和任免其他各级干部；有权具体安排国家拨发的基建投资和经费；有权利用自筹资金，开展国际的教育和学术交流，等等。对不同的高等学校，国家还可以根据情况，赋予其他的权力"。如果说，三十年前的《决定》还比较宏观，缺乏可操作性的抓手。那么，1998年 8 月通过的《高等教育法》则对高校办学自主权有了更加明确的规定。如《高等教育法》第四章第三十七条规定："高等学校根据实际需要和精简、效能的原则，自主确定教学、科学研究、行政职能部门等内部组织机构的设置和人员配备。"应该说,《决定》和《高等教育法》所具有的内在统一性,正是大学理性的一种具体体现,亦即说,这样的条文规定是符合大学之"理"的。[16]但在实践中,大学理性却被远远抛在脑后,出现了大学理性治理的文本框架与实践操作技术的严重割裂,致使大学具有人员配备自主权的法律规定与现实之间存在着根本性的冲突。以校长任命为例,大学校长和副校长当然是大学组织的内部人员,否则校长就不应该具有做大学"法定代表人"的资格。既然属于内部人员,就应该由大学自主确定人员的配备。具体地说,就是让大学通过民主选举产生校长,这样的校长才能成为组织自身的代理人,才有可能实行"有效治理"、"民主管理"。但是,三十年过去了,我国现有的高等教育体制依然如故,各所大学校长全部都是上级组织任命的结果。所以,形成了校长是政府的校长、大学是校长的大学这样非理性的治理局面。大学不仅无权选举校长,也无权任用教师。尤其是地方院校,教师的编制和任职资格均不在大学手里,而是操纵在政府手里。这种以行政制度简单地替代学术制度的"一刀切"办法,表明了大学自主权在目前的有限性。虽然,这种有限性有着极其复杂的原因,但最根本的原因就是大学理性治理的实践和技术能力不足。

有人也许认为,大学理性治理的实践技术能力不足,源于大学办学自主权迟迟难以扩大,而大学办学自主权的有限性对大学治理和大学发展又产生了消极影响。所以大学理性治理的实践技术能力不足,原因并不在大学,而在于政府不愿放权。甚至有人会说,政府之所以不愿放权,主要源于某些既得利益集团的权力寻租需要。笔者认为,这样的结论有损政府的执政形象,也不完全符合高等教育发展的历史事实。事实上,政府的控权行为和大学办学自主权不足的深层原因,在于在高等教育发展过程中包括政府和大学组织在内的整个社会普遍存在的大学理性缺失,正是大学治理理性的缺失才导致了理性治理的实践技术能力的不足。由此可知,欲提高理性治理的实践能力,需要对大学治理理性进行合乎逻辑的意义重构。仅以两例为证:

其一,就整个社会来看,普遍存在对"高等教育法"的忽视,对"依法治校"的漠视,这是大学治理理性缺失的一种典型表现。

大学理性治理,主要是依法治理、依法治校,"法"是理性的第一要素。解决大学固疾的根本,既要依靠法律,也要依靠具有法律意识和依法治校的

---

16 杨光钦.大学改革:功利的陷阱与出路[M].北京:社会科学文献出版社,2005:73.

执法者，更要对何谓法、如何依，何谓治、如何治等问题有一个结构性的理性认识。但是，既往的高等教育场域对依法治校的本质和要义并未进行深度的解析，对教育法律关系未能进行科学界定，以至于无论是政府还是大学，在依法治校的表层和深层，缺乏"权利和权限的边界划分"。从教育法律关系上看，由于主体、对象、视角等等的不同，不同的组织和人群对依法治校可能会有不同的理解。从国家立法机关以及政府以大学为对象进行的治理角度而言，所谓的依法治校，主要指各级政府及教育主管部门，还包括其他行政机关对学校各项具体事务的依法管理。从大学内部管理者的角度，依法治校则主要是以学校各项内部事务为对象，由大学内部相关人员进行的依法治理。这种治理，不可避免地会涉及到大学组织、教师、学生以及其他职员等多边之间相互的法律关系。面对这种复杂的法律关系，如何才能协调各方利益，以达到有效实施依法治校的目的，从大学发展的逻辑上看，显然唯有依靠大学理性。然而，过去几十年恰恰是大学理性从理论到实践的严重不足。政府视大学如同一个行政机构，大学之于内部又常常借用企业的管理之道。由此，使得大学的治理行为既不合乎大学之"理"，更谈不上具有大学之"气"。我们业已知道，依法治校的本质则是基于"理""气"和合环境下的"理性治理"，大学理性在大学治理中的内在依据也主要体现在"理""气"的和合关系中。也就是说，寻找"理"与"气"的和合规律，则是"理性治理"的根本之道。只有找到"理"与"气"的和合规律，才能成熟地认识和运用大学理性并指导大学治理的实践活动。这是大学发展变化的内在动力，是大学发展变化的根据。然而对"理"与"气"和合规律的认识，亦即对大学理性的意义存在和意义建构的认识，无论是政府还是大学，乃至整个社会目前都显得还很不够。

其二，大学治理的理性缺失还体现于政府和大学普遍存在的对"权利"本质的认识缺失，以及对"依法治校"理解的偏颇。

首先，针对权利本质的认识，克拉科·科尔说，通常认为权利等于责任。[17]

任何组织没有真正的权利，也就难以履行自身的责任。无论是政府还是大学无不如此。就大学而言，如果自主权太小，大学就会失去主人公的责任感。办大学，为谁办、怎么办，与大学的责任和权利紧密相关。应该说，自

---

17 [美]克拉科·科尔著，陈学飞译.大学的功用[M].南昌：江西教育出版社，1993：24.

中共中央《关于教育体制改革的决定》和《高等教育法》颁布以后，特别是，十八届三中、四中全会以来，大学办学的自主权明显扩大了。但是，如果进行深入的考察，就不难发现当下大学治理的主要难题仍然存在：一方面，大学既有的办学自主权遭遇着执行的困境和落实力的缺乏，甚至不少大学业已颁布的大学章程，其执行也受到了极大的限制，特别是大学行政化现象，如大学官员的行政职级制和行政任命制，使得大学的权利受到了极大的限制；另一方面，大学办学自主权与大学发展所需要和要求的权利还相去甚远，即从发展的角度看，大学办学自主权需要继续扩大。所谓大学办学自主权，就是大学依据国家法律和高等教育自身的特点和规律，为有效地完成国家所规定的"高等教育的任务"所需要的自我约束、自我反应、自我发展的权利。显然，大学办学自主权发挥功效的大小，取决于大学理性的成熟程度，取决于对大学理性意义建构的认识程度。自主权，即拥有法律所规定且不受他人支配的全部活动权利。自我约束、自我反应、自我发展讲的都是大学本身不从属于别的权威的自主性和独立性。而不具备理性特质的组织也难以具有真正的自主性和独立性。当下不少大学自主性与独立性的缺失，根源恰恰在于大学治理的理性缺失，也在于对大学理性的意义存在与建构的认识模糊所致。因为，自我约束，强调的是大学承担的社会责任和社会道义；自我反应，强调的是大学如何自主地适应社会、服务社会、引领社会，以及大学自身如何改革；自我发展，强调的是大学质和量的上升变化。由此可知，大学办学自主权从本质上看是责、权、利的有机统一，前提是理顺政府与大学的关系，根源在于大学理性的意义建构和坚守程度。也就是说，能否理顺政府与大学的关系，关键在于政府能否依据大学理性精神，寻找大学之"理"和大学之"气"的和合规律，明确自身在高等教育活动中应该发挥的职能，确保变"干涉"为"保证"：保证大学持续发展所必需的稳定的经费来源；保证营造符合高等教育规律的活动环境；保证大学组织成员的平等和组织之间的公平竞争。同时，能否依据两个原则充分认识和尊重两个规律，即依据"坚持发展、注重发展"的原则和"宏观调控、微观搞活"的原则；以及认识和尊重社会矛盾发展变化的规律和高等教育自身发展的规律。经过三十年的改革，政府对大学应具有充分的信任感，但截至目前，由于大学理性的缺失，以及人们对大学理性意义建构的不足，政府对大学的放权还远远不够到位。

其次，针对"依法治校"的理解而言，早在 2003 年 7 月 17 日，教育部在发布的《关于加强依法治校工作的若干意见》中，就对其内涵、意义、措施都做了比较明确的说明。应该说，随着《意见》出台，各地依法治校工作有了一定程度的进展，形成了一些理论成果，也创造了一些好的经验和具有地方特色的依法治校工作思路。但是从总体上看，如前文所述，目前社会各界，尤其是在高校内部，对依法治校还普遍存在一定的模糊现象。何谓依法治校，依法治校与依法治教具有怎样的内在逻辑关系，依法治校与依法治国又具有怎样的内在一致性和关联性，如此等等，在依法治校的"法"的知识界面还存在理论的荒芜或者说模糊性。这种对依法治校的理论荒芜和认知模糊，导致的一个必然结果就是：大学内部普遍存在对"法"的漠视，对"治"的忽视。以致在现实中，使得依法治校在实践层面上存在"法性"的丧失殆尽，也使得人们对"法"本身的功能和存在意义产生疑虑，并由此导致在现实层面上存在的"法性"的失语和"法"的功能的缺失。尤其是地方院校，由于受"科层制管理"的影响和"官本位"文化惯习的排斥，在学校治理实践中存在严重的"法治"精神的失位与错位，"权力"高于"法理"、"行政"高于"学术"等现象极度固化且比比皆是，以致令人痛心疾首却又挥之不去。有的学校，借助会议的决议为权力寻租，甚至借着制度的旗号出台一些权力者利益合法化的荒谬文件。某种程度上，甚至可以说是权力者借助文件形式或者法的话语，将权力者利益合法化的一种冠冕堂皇的"正经"。

当然，很难说这种现象是某些利益集团对"法理"和"学术"的蔑视，但是，最起码它说明了在当下的大学治理中，还存在着严重的法理意识偏颇、文化价值错位，亦即说存在严重的大学理性缺失。正是由于法治理性的缺失、治理文化的缺位，以及人们对治理理性意义存在的认识偏颇，才导致了大学组织法治设计能力的严重偏差和执法能力的严重不足。这种不足的负面影响绝对不是悚然听闻，某种程度上，依法治校的理性缺失和执行力的涣散及软弱，已经成为阻碍大学发展的最大精神惯习和行动障碍。而这才是大学治理中最根深蒂固的固疾所在。而解决大学固疾的根本，不仅需要依靠法律，需要依靠具有法律意识和依法治校的执法者，更需要立足于对何谓法、如何依、何谓治、如何治等结构化问题的理性认识及其理性意义的重构。

我们知道，由于大学自身处于不断发展过程中，也就是说，大学之"理"和大学之"气"是处于流动状态之中的；同时，人们对大学的认识又受到不同的哲学观、价值观、方法论和不同环境的影响，也就是说，人们对大学治理过程中，大学之"理"和大学之"气"的流动状态各有认识上的差异，因而会导致不同的认识主体对大学理性的理解也不尽相同。但是，大学理性在大学治理中所具有的特殊价值和功用，即它可以促使大学在治理过程中走向理性的治理，以及在"新常态"背景下如何促使理性治理的回归和意义重构，值得各界学人的孜孜探索。本著认为，依法治校的本质是基于制度完善环境下的"理性治理"，坚持大学的理性治理，是理性在大学回归及其意义重构的基本保证。

二、学术治理惯习与大学理性的重构

学术制度失范导致了学术生产的危机，而制度失范与大学理性缺失又不无关系。在实践中，由于大学理性缺失，导致大学治理的诸多问题。

大学是灵魂修炼和人格养成的理性场域，理性是大学固有的属性和本质特征。何谓大学，大学何为？古今中外灿若群星的教育哲人对这个问题作出的孜孜探索和铮铮回答，以及在此过程中形成的经典名言无不常谈常新、启迪来者。无论是纽曼《大学的理念》给现代高等教育场域留下的不朽贡献，还是克拉克·克尔《大学的功用》折射出的时代印记和思想光辉；无论是蔡元培的"大学者，'囊括大典、网络众家'之学府也"所折射出的精神魅力和思想智慧，还是梅贻琦的"所谓大学者，非谓有大楼之谓也，有大师之谓也"这一备受推崇的教育名言和认识启迪，无不彰显和说明了：大学是灵魂修炼和人格养成的理性场域。正是源于作为塑造人类灵魂和养成人格的特殊组织，大学才形成了如此复杂的系统结构，才有了如此复杂的组织结构特征，以致于今人们对大学品性和大学结构的认识仍然依稀模糊，也令当代大学组织遭遇的治理困境难以找到有效的破解良方。

追溯和分析大学学术治理困境的缘由，高教学界也许会形成一部部宏篇巨著。然而，若一言以蔽之地究其根性缘由，则主要在于大学组织理智对待秩序、法则、功利、规范的品性缺失和弱化。之所以有此判断，主要缘于笔者时时耳闻目睹社会各界给予大学的极其猛烈的批评。有的批评虽然言过其实，但大学自身存在的问题并非子虚乌有。诚如当下社会所批评的那样：大学所遭遇的最大问题，莫过于大学作为灵魂的塑造者而其自身的灵魂却越来越失去普度众生的应有光辉，莫过于其本有的人格养成功能日益被极端的功利和纯粹的技术所湮没，也莫过于原本具有的灵魂教化基因在历史演进中所发生的弃本逐末的异化。倘若果真如此，那么大学作为灵魂缺失的组织和人格养成功能丧失的机构，欲培养出具有灵魂、具有人格魅力的知识创新群体，无论其治理策略和方法如何创新，也很难达到预期理想的治理效果。事实上，大学数十年的治理效果的确令人扼腕长叹。而这正是大学治理在当下制度环境里难以破解的一个难题，也是大学治理遭遇的最大困境和危机。当下的"制度环境"，其内涵虽然极其丰富，但是其中"行政化"在高校学术生产场域的根深蒂固则是其核心内容。伴随着根深蒂固的"行政化"而出现的 "法"的意识和"理"的精神在高校学术场域的缺失，"依法治校"在高校的荒漠化和形式化成为大学学术生产治理遭遇困境和危机的具体表现。所谓荒漠化，即说大学组织从治理思维到治理行为对法的意识和理性精神以及依法治校的漠然置之，从顶层设计到贯彻执行对法的意识和理性精神及依法治校的认识模糊。可以说，当下依法治校的实践运行不仅远远没有渗透到大学组织的精神领域，而且也远远没有舍弃行政化的学术治理惯习。所谓学术治理惯习，是大学学术治理过程中组织个体或者群体的一种"生存心态"，具体地说是大学组织个体或者群体进行人才培养和学术生产的一种"治理心态"。惯习（habitus）是布迪厄场域理论的一个核心概念，华康德将其定义为"一种结构形塑机制（structuring mechanism），其运作来自行动者自身内部。"[18]行政化的学术治理惯习，是大学学术治理过程中个体或者群体形成并普遍存在的以官本位为价值取向的一种"治理心态"。"行政"作为社会科学的一个术语，虽然并无一个公认的共同接受的定义，但一般是指社会组织在其活动过程中所进行的各种组织、控制、协调、监督等特定手段发生作用的活动总称。尤其是，"行政"常被视为是政府进行日常管理并施行与法律政策相关的活动总称。"行政"本无对错之别，即使大学组织的"行政"也有其存在的必然和必要。但"行政化"则显然具有诸多弊端。所谓行政化，简单地说就是组织权利的高度集中化、高度集权化。大学行政化，就是大学办学权利的高度集中化和集权化。这里说的高度集中，一方面从大学与外部的关系而言，是说办学权利主要集中在主宰大学组织的政府手里；另一方面就大学内部关系而言，是说办学权利主要集中在大学组织的行政官员手里。其具体表现是：基于政府和大学组织的外部关系视角，则往往凸显

---

18 [法]皮埃尔·布迪厄.[美]华康德著，李猛、李康译.实践与反思——反思社会学导引[M].北京：中央编译出版社，1998：19.

了大学办学自主权的严重不足；基于大学治理结构的内部关系视角，则往往凸显了行政权和学术权的严重失衡。无论是内部关系还是外部关系，"行政化"使得行政权无不都是以绝对的强势力量渗透在大学的人才培养和学术生产等各个场域之中。

的确，我国大学尤其是地方院校之所以出现严重的学术生产行政化，主要在于我国大学办学自主权的严重不足，并由此引发了大学独立性的严重弱化。大学办学经费、教师编制、职称评审乃至学科、专业及课程建设，其发展的主要动力和资本来源无不主要依赖于政府。与西方大学尤其不同的是，中国大学的校长、书记和其他大学领导，无不都是来自于上级党委、政府的选派和任命。这就决定了中国大学体制和学术生产运行机制具有鲜明的政府属性和行政化特色，或者说是具有中国特色的行政化大学学术生产治理体制。而这也许正是人们所认为的是大学缺失办学灵魂的主要原因所在。因为，中国大学的灵魂，往往取决于校长的灵魂，有的或者是党委书记的灵魂。在目前的大学行政化的学术治理环境里，具有灵魂的校长和党委书记虽然并不少见，但是丧失灵魂的校长和书记也并非没有。哪所大学选派任命了一位有灵魂的校长或书记，哪所大学也就有了发展的希望。相反，一旦哪所大学遇到了没有灵魂的书记或校长，那将是哪所大学学术发展的悲哀。加以中国大学的校长，常常十分频繁且理性不足地交替和更换，这就使得不同时期的大学发展历史往往受到具有不同灵魂校长的左右，在校长灵魂丧失或者灵魂混乱的情况下，大学往往也会出现精神错乱现象。在无序状态下，不仅大学精神难以养成，而且，还会引发大学精神障碍、精神分裂等大学"精神病"。虽然，大学的精神之病并不是不可治愈的绝对顽症，但是，一旦大学精神出现了分裂，大学的学术治理也就必然会遭遇意想不到的种种危机，面临意想不到的种种困境。为了促使大学精神障碍得到有效治理，无数的教育哲人、学者和专家开出了不计其数的医治良方，无数的大学学术治理实践者进行了多方面的系统探索，但是，大学学术生产行政化的医治效果并未明显好转。也许正是源于对问题的深度关注，一些学者才不得不独辟蹊径，从另外的渠道重新思考中国大学治理的特色所在和行政化顽疾的根性原因。在这些成果中，影响较大的莫过于学界基于大学理性研究的"理性治理"。讨论"理性治理"，需要首先对理性的概念做一简单的了解。张学文认为，所谓理性，"一是指属于判断、推理等活动的（跟感性相对）；二是指从理智上控制行为的能力"。[19]"理性是逻辑规范性和自由超越性双重意义的统一","两者的对立统一赋予了世界秩序以人的意义,人类以理性统治并推动世界,以此为出发点建构人的'自由的理性王国'"。本著据此认为,这里所说的理性虽与感性、情感相对应,但就其本质而言,理性不仅包括"科学"的要义,还具有"情感"的因素;不仅是逻辑的思辨过程,还是灵性的智慧结果。张学文还认为,"从本体论上讲,理性是存在于人脑外的客观精神,是万物的本质和共性,是世界的本体和主宰"。"从历史发展的角度看,首先,理性是认识和探索世界的一般与本质的能力。……其次,理性还是人们的一种推理能力。"[20]

总之,"理性就是'人类对宇宙、自然及人类自身相关的秩序、法则、公理、规范的认同、创设、遵从以及批判性改进、优化选择的思维与行为表现。简而言之,理性即人类理智对待秩序、法则、公理、规范(简称秩范)的品性"。[21]既然理性是人类理智对待秩序、法则、公理、规范(简称秩范)的品性,是思维与行为的表现,那么就大学组织而言,理性可谓正是其固有的基本属性和本质特征。因为大学是由学者、学生和管理者按照相似性文化而组成的以具体实施高等教育功能为主要目标的一种实体性学术机构,是学者们的精神家园。作为学者的精神家园,大学组织的基本使命就是通过自主构建与社会的桥梁,以及追求科学技术和发展先进文化,引导社会理智对待秩序、法则、公理、规范,不断提升人的物质和精神生活品位。也就是说,作为由学者们组成的一种特定的学术生产机构,大学的基本属性和本质特征就是理性。其基本属性表现在大学"思维行为"方面所独有的慈爱、至善和博大;其基本特征表现在大学"表现行为"方面所具有的独立性、创新性、开放性和复杂性。由此可知,大学的学术生产也只有作为具有"对宇宙、自然及人类自身相关的秩序、法则、公理、规范的认同、创设、遵从以及批判性改进、优化选择的思维与行为表现"的大学,才可以称得上是真正的理性场域;反过来也可以说,在大学学术生产场域中,既有"理"的要素,也有"性"的基因。就其内容而言,如果把大学学术生产所具有的独立性、创新性、开放性和复杂性的基本特征,视为大学之"理";那么,大学所独有的慈爱、至善和博大等基本属性,即大学原本具有的灵魂教化基因则可以视为

---

19 张学文.大学理性研究[M].北京:北京师范大学出版集团,2013:9.
20 张学文.大学理性研究[M].北京:北京师范大学出版集团,2013:39.
21 张学文.大学理性研究[M].北京:北京师范大学出版集团,2013:40.

大学之"性"。"理"与"性"的和合程度，决定着大学的治理程度。由于我国的大学往往就是政府和社会"造化"的结果，大学的慈爱、至善和博大等大学之"性"的发挥程度往往取决于大学与政府、社会的关系程度，亦即说，取决于大学治理过程中具体的文化环境。因此，蕴涵于大学内部的慈爱、至善和博大等大学之"性"，实际上就是大学发展演进历史过程中养成的大学文化之根"气"。这里的"气"是大学的真气、元气之所在，与新儒学所讲的"气"具有内在的相似性。大学一旦失去了这些真气、元气，其一切育人教化的功能将不复存在。如此说来，"理性"关系就是新儒学所讲的"理气"关系。对大学理性的理解，实际上就是如何对大学之"理"和大学之"气"内在关系的理解。那么"理"、"性"之间或者"理"、"气"之间具有怎样内在关系呢？笔者认为，大学理性或说大学理气，与大学理念一样，都是指人与大学组织之间构成的关系。大学理念侧重于人们对大学治理的哲学观念认识。而大学理性不仅具有对大学治理的哲学层面的观念认识，而且还侧重于对大学治理行为层面的技术认识。因此，大学理念一般被视为人们对大学组织的基本观念，也可以说是人们对大学组织的基本问题所作出的价值判断；而大学理性，则如张学文所说，是大学治理过程中"逻辑规范性和自由超越性"的双重意义的统一，"两者的对立统一赋予了世界秩序以人的意义，人类以理性统治并推动世界，以此为出发点建构人的'自由的理性王国'"。[22]依据二程哲学思想中的某些观点，[23]若对"理""气"的概念做进一步的内涵梳理和义理挖掘，则大学"理"、"气"所具有的意蕴对大学场域的治理更具有实践操作价值和行为技术的创新意义。从大学治理的认识视角出发，大学之"理"，可视为是大学固有的义理和秩序。所谓义理，即大学固有的运行道理；所谓秩序，即大学固有的运行规则。这里简单地称之为"理"；也可以名之曰：实相大学，即是大学本体方面的价值存在。而大学之"性"或大学之"气"，则可视为是人作为治理主体对大学秩序、法则、公理、规范的认识和觉悟、思维与行为，即作为大学主体的人对大学机构做出的实践操作和技术行为层面的治理价值判断，我们可以名之曰：虚相大学，即是认识主体方面的技术价值存在。在理气关系上，大学之"理"和大学之"气，并不是相互孤立地存在着，而是时常处于交织融合的混沌状态。虽然

22 张学文.大学理性研究[M].北京：北京师范大学出版社，2013：39.

23 蔡方鹿著.程颐程颢与中国文化[M].贵阳：贵州人民出版社，1996：76.

大学之理决定大学之气，即理本气末、理主气从，但气的聚散或者说气化的程度和方式决定着理的存在意义。[24]

正是因为处于这种混沌变化的交织状态中，才让人们既说不清大学之"气"，又让人道不明大学之"理"。所以，不少人说不清"大学理性"究竟是何物，甚至有人还神秘地说，大学理性就是大学的灵魂。其实，大学理性是大学治理过程中"理"与"性"或说"理"与"气"的整合体，是大学治理过程中具有本体论认识意义的一种高等教育哲学观。大学理性治理，实际上就是大学组织依据大学固有的义理和秩序，并基于满足组织内人的最大幸福、愿望和对人的深度关爱的治理。

那么，"理"、"气"二者的关系对大学治理尤其是具体到对大学学术治理而言又有怎样的影响？借用二程的理气哲学观，则大学之气是大学发展的基本材料，气聚则生，气散则死；即气的聚散决定大学发展的程度。而不同大学所构成的禀气并不相同，即构成大学的种类与条件存在差异，组织中人的思维与行为也不相同。大学之间之所以互有差异、各不相同，主要原因也在于此。由于"气"具有阴阳消长的属性，尤其是当"气"与"理"在交合的过程中，往往产生阴阳二气的运动变化，即所谓的"气化"，亦即气的运动变化。还由于气化规律不可能永恒不变，这就决定了大学治理的价值取向和发展方向不可能恒定如一，也决定了大学禀气不可能千校一面。而这正是不同的大学具有各自不同办学特色的根性所在，其特色的本质不仅体现于"理"，而且主要体现于"气"。大学的不同，关键不在"理"的不同，而在"气"的不同。而不同禀气的大学，无论是其外部的治理还是其内部的治理，也一定具有自身的独特逻辑。这一独特的治理逻辑的起点和目标，无不都是通过对大学治理的理性理解，达到大学理性治理的目的。由此可知，大学理性在大学治理中具有重要的价值存在意义。就其具体功能而言，大学之理规定着大学运行的发展定位与运行规律，大学之气或者说大学之性规范着治理主体的思维定式与行为规范。大学之"理"与大学之"气"的有机结合，形成了大学发展的内部结构性动力要素。大学治理如此，具体到大学学术治理尤其如此。

大学理性不能单单被视为是形而上的东西，而是形而上与形而下的结合，是"理"与"气"有机交融整合一体的结果。在大学的治理过程中，当

---

24 蔡方鹿著.程颐程颢与中国文化[M].贵阳：贵州人民出版社，1996：79.

一定的"气"和合于一定的"理"时，治理者才能够很好地坚守大学理性，找准大学定位和路径选择，大学的发展才会健康顺利；反之，大学理性就会很容易地被人忽视，大学的发展就会受到阻碍。也就是说，大学理性治理，一方面要求治理主体必须首先认识和尊重大学发展和运行规律，同时要求大学组织必须具有尊重自身客观存在的自我认识和科学定位的理性能力；另一方面，必须使治理的主体对大学机构的主观价值判断遵循和符合大学固有之理，营造符合大学组织自身存在的特定环境并具有寻找符合其内在规律的治理路径能力。由此可知，大学理性治理既是一种认识能力，也是一种实践能力。我国大学近三十年发展的历史经验和实践教训，无不充分说明了大学理性在大学治理实践和发展中的独特价值和地位；无不充分说明了当下大学的治理困境与大学治理的理性缺失无不密切相关。

第三节　评价制度的创新与竞争力的意义解读

　　大学学术评价制度的创新及其创新程度，受制于人们对科研定位的认识，即人们普遍把学科与科研作为大学核心竞争力的核心要素这一成熟的观念形态。本著认为，"核心竞争力"是市场化时期因"竞争"需求而生成的特定话语特征。值得注意的是，组织之间的差异决定着核心竞争力也必然具有质的不同。大学的核心竞争力与企业核心竞争力，因大学与企业的组织属性不同而有着本质差别。其差别主要体现在各自要素的功能延伸及其功能发挥模式之间的差别。基于这样的认识，本节主要不是从竞争的视角审视大学发展所需要的"常态"化的核心竞争力；而是从大学的"自然"生长状态，探究"新常态"下基于大学发展的核心竞争力。以此促使人们能够更加清楚地思考促使大学发展和学术生产制度创新的一些深层次动力问题，促使人们对大学治理的运行效率研究得更加深入，对大学发展的一些现实问题把握的更加准确，理解得更加透彻。

一、学术竞争力的要素构成

　　"核心竞争力"是市场化时期因大学发展的"竞争"需求而生成的特定话语特征。人们知道，大学核心竞争力这一概念源于 C. K. 普拉哈拉德（C. K. Prahalad）和 G. 哈默（C. Hamel）于 1990 年在《哈佛商业评论》上发表的一篇题为"企业核心竞争力"（The core competence of the corporation）的论文。论文强调企业的核心竞争力不仅要关注外部环境变化给企业带来的机会和威胁，更要积累企业自身独特的资源优势，形成有别于其他企业、为本企业所特有的核心竞争能力。很显然，强调自身资源和优势即强调组织内因的理论，某种程度上也适应于高等教育系统的发展问题研究。也就是说，运用核心竞争力这一概念，对研究大学发展与研究大学学术评价制度创新具有重要的启迪意义。学界业已关注并需要继续值得重视的是，作为企业的核心竞争力与作为大学的核心竞争力虽然具有相似性，但是，二者却具有本质上的诸多差异性。或者说，二者之间的构成要素存在关键性的异质特征。

值得追问的是，企业核心竞争力与大学核心竞争力的构成要素究竟有哪些差异？为了回答这一问题，需要从竞争力要素的来源入手进行分析。笔者认为，二者之间的关键性异质因素，主要源于企业和大学所生产的产品以及产品生产的过程均存在本质的不同。也就是说，大学生产的产品是"人"以及附着于人体之上的思想、智慧、知识与技术等学术产品，而人的培养具有"双主体"的意志，需要发挥"双主体"的作用；在任何被生产的"人"的产品身上，不仅浓缩了生产者的意志，而且也极大地渗透着被生产者自身的意志。而企业生产的产品是"物"，在物的产品身上，凝聚的主要是生产者的意志。学术产品虽然以"物"的形式而呈现，但每一学术产品无不影印了具体个人的特质，因此，学术产品与企业产品同样具有质性的不同。由此可知，大学作为学术生产、人才培养和技术养成的学术生产场域，客观上决定了其与企业之间的核心竞争力存在本质的差异。作为大学的核心竞争力，不仅需要关注作为生产者的动力提升要素，更要关注作为被生产者的动力提升要素。大学组织可以借鉴甚至可以部分的模仿企业的核心竞争力，但不可照搬企业的核心竞争力。大学完全照搬企业的核心竞争力以作为自身发展动力的提升，某种程度上说是理论选择与移植的偏差。当然，二者毕竟具有相似性，准确分析二者之间构成要素的异与同，并且，将有效的竞争要素引入到大学发展研究的理论与实践场域，在当下也显得十分必要。

那么，哪些竞争要素对大学学术的发展才是最有效的？其有效性具体体现在哪些方面？这是值得追问的又一个问题。为了讨论这一问题，笔者权且从两个向度加以分析：

一是，从"需求"的视角，即从促进大学学术发展的普遍需求视角加以分析。人们知道，无论是企业还是大学，其资源、能力、知识和文化积累，无不都是保持其竞争优势的关键。亦即说，资源、能力、知识、文化都是大学提升效率和效益的核心要素，或者说是形成大学学术生产核心竞争力的关键要素。正如有的研究者将核心竞争力凝练为"一个由制度体系、能力体系和文化体系有机组合而成的系统"那样，笔者认为，无论是企业还是大学，人才与物资、技术与知识、治理与文化等等，无不都是构成其核心竞争力的共性要素。二者不同的是，对于具体的竞争要素而言，其功能以及功能的发挥模式并不一样。首先，有关人力资源的竞争要素，对于企业而言，其功能重在创造经济效益，其功能的发挥模式是按照利益最大化的原则，即按照追求利益最大化的思维模式进行运作；对大学组织而言，人才的功用以及学术成果的功用并不是为了直接创造经济效益，而是重在进行文化传承、思想传授、精神熏陶和知识、技术创新；其功用的发挥模式是按照公平、公正与正义的原则，即大学组织按照追求真理、真知、正义的思维模式进行的运作。也就是说，企业是按照追逐直接经济利益的思维模式，大学是按照追求真理、获取真知的思维模式，这是二者的本质不同。其次，有关技术和知识的竞争要素，二者也有本质的不同。就企业而言，掌握技术和知识的直接目的，是为了直接用于物的产品生产并以此赢得生产利润；虽然物的生产目的最终是为了服务于社会，但是，服务社会只是企业的间接目的，赢得利润则是其直接的目的。大学则不然，掌握技术和知识则是为了人才培养服务，并通过特定的人直接为社会服务，亦即说服务社会是大学生产的直接目的。为了服务好社会，大学需要首先做好人才培养、科学研究，其中把培育人才作为其首要的也是最根本的目标。也就是说，企业和大学各自与社会的关系有本质的不同，由此决定了二者之间与人才培养及其人力资源使用的关系也具有本质的不同。其三，关于治理和文化的竞争要素，企业治理和企业文化，也不同于大学治理与大学文化。企业更多的是依靠统一模式、固定模型与合作生产的模式，即其生产与经营客观上需要按照求同思维与合作模式。因为，任何单个个体力量，在企业的生产中都难以生产出合乎社会需要的产品，尤其是在现代企业中，必须要求企业依靠群体的力量，设计出具有共性的现代生产基地、生产流程。而大学崇尚更多的则是无为而治、大道至简，它主要依赖个体精神生产与个性化的思维漠视，进行富有个性的思想、理论和技术创新。虽然大学也需要建立学术和学科团队，但所有的学术生产和学科团队无不都是建立在学者个性的基础之上。对大学组织而言，没有个性就没有共性。而对企业来说则恰恰相反，没有共性就没有个性。

　　二是，从"供给"的视角，即从不同层次、不同属类大学的特定"供给"视角加以分析。人们知道，核心竞争力的要素并不一定会形成核心竞争力。作为大学组织，只有经过特定的机制性塑形，各构成要素才能整合为核心竞争力。然而，大学组织的特定机制性塑形，需要依赖于符合组织自身特定场域的特色定位、特色治理和特色文化。按照"供给侧结构"理论，大学的人才培养和人才队伍，其自身的生产逻辑并不是仅仅为了适应社会，而是要求具有引导社会发展的功能。大学的学术生产、大学的治理和文化，也必须具有引导的能力。也就是说，从供给视角看，必须具有符合大学自身生产逻辑的特定的质性要求。大学生产的各类产品，无论是人才还是科研成果，无论是有形的文化产品还是无形的思想产品，都不应仅仅局限于适应层面，而应该上升到引导的层面，这是大学作为一类组织的特定功能所决定的。从需求侧来看，大学强调学术竞争力（科研成果、学科建设等）、人才竞争力（教师、学生等）、治理能力、文化驱力等等，都是必要的，但这些都是普遍的、具有一般需求属性的竞争力。而大学的特色定位和特色目标等，则是提供特殊产品和提供特殊服务能力的要素，它们决定着大学供给怎样的产品，也决定着产品的内在品质，即决定着特定的人才培养规格以及成果的特定品质。这是由特定大学的特殊质性所决定的要素，没有特定的质性的竞争要素，就不可能形成具有为特定领域服务的引导能力。从这方面来看，大学的引导能力，特别是大学的思想引导力、理念引导力、技术引导力、思维引导力、治理引导能力，是构成大学核心竞争力的关键要素。有的学者将大学的这些引导能力界定为核心竞争力的软要素，并非没有道理。只是，本文强调的大学核心竞争力的要素与既往学界提出的包括企业在内的核心竞争力的软要素有所不同。笔者认为，这里所谓的供给侧视角下的大学核心竞争力的构成要素具有自身的内在逻辑结构，其竞争力要素主要体现在大学所具有的引导力上。而具有引导力，就必然要求大学具有高于常态的组织品质，并要求大学核心竞争力的各要素必须建立在常态组织品质之上的新常态的品质。这一新常态品质，不是别的，正是合乎特定大学发展之需的独有特色，是与众不同的"这一个"，是独一无二的"这一个"。如果说，过去的大学核心竞争力是建立在常态之上的"适应能力"，那么，当下的大学核心竞争力则应是建立在新常态之下的"特色引导力"。

　　如此而言，大学学术生产核心竞争力与企业的核心竞争力便有了本质的差别。这种本质的差别，主要体现在构成核心竞争力的核心要素的功能延伸及其功能发挥模式之间的差别。构成大学学术生产竞争力的核心要素，从表面看来与企业一样，都是人才与物资、技术与知识、治理与文化等；但是，从深层次上看，大学学术生产核心竞争力的构成要素则主要是大学学术生产应然的合乎规律性程度。具体而言，其生产是否合乎大学自身的功能，是否符合自身的目标设定，是否符合应然的人才培养的思维逻辑与人才服务品质，是否符合技术创新与知识传播、运用的模式，以及是否符合大学学术治理与文化发挥功效的运行机制。从需求侧的视角审视，作为大学学术生产核心竞争力的构成要素，实际上就是蕴涵于大学组织之中的人才与物资、技术与知识、治理与文化发挥应然功效的程度。它强调的是大学参与社会、适应社会的能力。这就是说，包括人才、技术、治理、文化等等在内的组织适应能力，才是大学学术生产核心竞争力的关键性构成要素。但是，从供给侧的视角审视，大学学术生产核心竞争力的关键要素，则是建立在新常态下的"特色引导力"。

　　如果说从需求侧的视角审视，大学的核心竞争力要素是"适应能力"，从供给的视角进行结构性的审视，大学的核心竞争力要素是引导能力。那么，正是适应能力和引导能力，才构成了大学学术生产核心竞争力的车之两翼。为了具有"适应力"，大学必须满足"社会需求"；为了具备"引导力"，大学又必须具备自身的"特色供给"。既往的大学竞争力，其主要要素均有其存在的合理性。其主要的问题，是过分强调了大学的适应性，即放大了大学满足社会的"需求侧"，进而使得大学陷入了发展的盲目，并且时常扭曲了自我，陷于功利的办学模式之中，重规模、重数量、重模仿、重攀比，模式雷同、结构相似，进而导致"学术漂移"、质量滑坡，人才培养缺乏特色。其结果必然是，大学本欲适应社会，而最终陷于严重的不适应之中。人才质量疲软，学术成果缩水，人云亦云成为常态，剽窃抄袭铺天盖地。由此可知，大学若不进行供给侧结构性改革，大学斯文扫地的局面就难以扭转，所谓的大学核心竞争力就难以发挥到动力性的功用。

二、学术竞争力的品质构成

　　分析大学学术生产核心竞争力的品质构成，需要首先回答何谓竞争力要素，何谓竞争力，何谓核心竞争力。

竞争是比较优势或者比较劣势环境下组织的一种存在形式，是同一生产场域中有两个以上主体之间的相互比较、相互作用的结果；即竞争的出现与形成，需要同一生产场域中有两个以上主体之间的相互比较、相互作用。在此过程中，那些有利于产生动力、引力、支持力、向心力的要素，便是竞争力要素。就大学而言，力是源于大学组织内部或者外部的一种作用，单据效果来分，其种类就有办学的压力、动力、引力、阻力、张力、向心力、排斥力、支持力等等之分。竞争力是指那些有利于推动大学组织发展的动力、引力、支持力和向心力等内部和外部的力量之和；核心竞争力就是指在同一生产场域中，那些能够在促进组织个体发展中起到主导性和关键性作用的各种力量之和。核心竞争力虽由组织的各种竞争要素而生成，但是又与核心竞争力的构成要素的内涵有着结构性的不同，亦即说，不能把核心竞争力构成要素等同于核心竞争力。大学组织的竞争要素只有具备了优良的品性，并且其要素构成具有形成合力的有效机制时，竞争要素才能发挥有效的功用，即各竞争要素才能转化为竞争力。尤其是，核心竞争力作为一种力量之和，其构成要素只是其中可能发挥某种作用的一种力量要素，而并非力量本身。这些力的要素能否发挥作用，其发挥作用的大小以及发挥功能的正向与负向，最为关键的还在于其要素的整合方式与程度。无论是大学的物质资源，还是大学的学术文化与精神资源，都不能视为是大学的核心竞争力，只能说它们是大学核心竞争力的重要构成要素。只有当各要素通过有机的资源整合，要素所蕴含的能量才能以力的形式发挥应有的作用。正如汽车的发动机，在单一分散的状态下，发动机的每一个构成部件都不可能发挥力的作用，只有将各个部件通过有机的要素整合并纳入运行环节，其各个部件才能以力的方式发挥其应有的动力作用。且构造不同的发动机，其动力发挥的品质也不相同。

由此可知，大学学术生产核心竞争力的品质应由两个部分构成：一是大学学术生产核心竞争力的品质取决于其各个要素的品质；二是大学学术生产核心竞争力的品质取决于其要素构成的结构性品质。本著仅对第一个论断做一简要分析，即提升大学学术生产核心竞争力需要首先提升其要素自身的品质。

如前文所述，从需求侧来看，大学学术生产核心竞争力的关键要素是其"适应性"。对这些适应性分而述之，包括：人才的适应性、学科的适应性、专业的适应性、治理的适应性、文化的适应性等等。由于社会需求的客观性，即社会需求对各个大学的要求具有相对的一致性和稳定性，因此，各所大学必然会按照社会的客观要求决定组织的自我行为，最终产生组织的趋同、组织的模仿等现象。人们可能会好奇地追问，我国的大学何以会出现千校一面的现象，何以会产生追逐热门专业、热门学科等情况，其根本的原因不是"适应"本身有何过错，而在于千百所大学不约而同地依据所谓的极度相似的学术核心竞争力，去追求"适应性"的办学目的，实现"天下大同"的办学目标。我们当然不能说追求这些大同有何过错，但是，"适应性"的办学目的导致的结果必然是大量的资源浪费，是竞争的无序，是竞争力的偏差。所谓人才缺乏个性，学科专业类同，学术成果缺乏创新，服务缺乏品质，人才培养质量遽然下滑，就业创业动力严重不足。形式化的活动多，实质性的效果小，诸多变革往往是以轰轰烈烈开始，以华而不实、销声匿迹而终结。由此导致的高等教育资源的严重浪费，和高等教育发展机会的错失令人痛心不已。以致追逐世界一流的办学目标往往流于空谈，提升办学质量成为一句空话，所谓的诸多改革其实难以真正取得成效。大学学术发展的诸多无奈，不能不说与当下"适应性"的学术核心竞争力的品质不无关系。大学学术发展的美梦与当代理想，迫使人们不能不对学术生产"核心竞争力"的概念、内涵和功能，进行新的品质审视和审定。

依据供给侧结构理论，大学核心竞争力的关键要素品质是其"引导性"。所谓"引导性"，首先源于大学理念的引导性，源于其治理思维模式的引导性。即大学应具有区别于企业、区别于政府的独特属性。或说是人们对大学属性的认知能力和把控能力。笔者曾有论述：大学理念是人们审视大学的基本观念，具有本体论的认识意义。它包括大学固有的义理和秩序，也包括人们对大学组织的认识和觉悟。[25]大学不是企业，也不同于政府机构，因此大学不能按照企业和政府的运行模式进行治理。大学的治理思维模式既不能按照企业的以追逐利益为最高目的，也不能按照政府的运行模式以大一统的天下大同为治理目标。大学是"自由人的自由联合"，追求真理、崇尚学术、坚守正义、兼容并包，是大学的神圣使命和最高治理法则。没有这样的办学理念和治理思维，大学竞争力就难以具有国际性的品质，在推动大学发展过程中也难以发挥真正的富有成效的实际效益。其次，其引导性还源于其人才培养的引领特色。从就业方面看，培养适应社会需求的人才固然重要。

---

25 杨光钦.大学改革：功利的陷阱与出路[M].北京：社会科学文献出版社，2005：85.

但是，大学欲担负起推动社会进步之责，就必须使得培养的人才具有引领社会的能力，使得学术生产的各类产品具有引气启人心智的社会作用。任何社会的发展，无不需要与其特定社会的发展规律相一致的正向引导。一个缺乏正向引导的社会，其自身便难以能够健康顺利的发展。除了思想的引导、理论的引导，最重要的还需要实践的引导，即一个良好的社会需要千千万万个具有引导素质的建设者去构建。而大学要具备引导的素质，就需要具有理性、具有反思能力、批判能力、创新能力，并据此培养具有引导力的人才。而这些正是当下大学发展最为需要、最为关键的核心竞争力品质。再次，其引导性还源于大学学术生产的精神产品即其生产的思想、理论、知识、技术的引导性。大学学术生产的思想、理论、知识、技术，虽然都源于实践，但是，更需要高于实践。而这就需要大学进行可持续的学术创新，可以说，学术创新是大学核心竞争力构成要素的核心品质。没有学术创新就不可能发挥引导作用。而学术创新时常伴随对旧的否定，没有对旧的否定就不可能创新；而对旧的否定就需要大学具有批判和反思的品质，批判和反思就需要理性，需要自由意志，需要宽松的学术环境，需要构建特定的大学文化。亦即说，文化引导与环境构建是大学核心竞争力构成要素的最为关键的品质。而文化引导与环境构建，依赖于人们对高等教育规律的准确把握。遵循并构建符合大学自身发展规律的特色文化和特色学术环境，是大学提升自身学术生产核心竞争力最为关键、最为急切的要素所在。

总之，大学学术生产核心竞争力的品质，不单是立足在"竞争"基础上的要素自身品质，而主要是立足于"发展"基础上的要素整合品质。虽然，竞争与发展具有内在的相关关系，但是，竞争并不必然地会带来发展。相反，无序的竞争还会给大学的学术发展带来致命的打击。从根本上解决大学竞争要素失效问题，就必须按照"供给侧"理论对竞争要素进行结构性的整合。这一结构性整合，不仅需要关注大学学术生产核心竞争力的层次、类属与区域的差别，而且需要在关注影响数量指标的要素同时，强化对影响质量的理念、文化、精神、环境等要素的关注和整合。通过要素的取舍与整合，进一步厘清政府和大学的关系，激活大学办学主体的活力，解放大学学术生产力，摒弃大学办学过程中的功利化快餐，避免大学"供给侧结构"的持续失灵，最大可能地发挥竞争的有效性，最大限度地提升包括人才贡献率和科技贡献率在内的大学社会贡献率。

第八章 研究结论与政策性建议

笔者基于对学术生产数量增长的表现，对研究的核心问题作出了结论性的回答。首先，对促使学术生产数量迅速增长的内在制度原因和外在制度原因，分别进行了详细分析和比较深入地讨论。指出在当下的学术生产场域中，学术生产数量的繁荣是制度的必然。其次，在肯定既有的学术制度对学术生产数量的增长所起到的促进作用的同时，又着力于对学术生产制度存在的不足和主要制度缺陷作了系统分析；指出了制度缺陷对学术质量可能造成的损害，对学术的实质性繁荣和学术的创新可能造成的制度性遏制。最后，分析了学术生产数量繁荣背后可能存在的潜在危机和政策性的建议。

第一节 研究的基本结论

众多数据表明：近十余年以来，随着我国高等教育的快速发展，各个大学的学术生产数量均取得了显著进展；地方院校的学术生产数量和研究型大学一样，也呈现出了数量繁荣的局面。所谓**数量繁荣**，是指高等教育大众化进展过程中，大学组织的学术生产场域出现的知识产品数量成倍增加的现象。当然，在本研究中，笔者着力探讨的并不是数量繁荣本身的一些现象问题，而是这些现象背后的制度性问题。诸如学术生产繁荣与制度因素之间有着怎样的内在关系？这种繁荣现象，反映了怎样的学术生产的本质特征？其现象的背后又潜藏着怎样的学术生产危机？等等。基于上述研究，笔者就此问题作出以下三个方面的结论性回答。

一、学术生产数量的繁荣是现行制度的必然

本研究首先根据柯武刚等在《制度经济学》中的分类观点，将制度分为内在制度和外在制度。并且肯定了不同的制度在学术生产数量繁荣过程中所产生的不同作用。

首先，学术生产数量繁荣具有内在的制度必然性。所谓内在制度，即"群体内随经验而演化的规则"。科研奖励制度、职称评审制度，这些都是促使学术生产数量繁荣的内在制度。内在制度可以分为四个较宽、有时不无重叠的类型。即：习惯、内化规则、习俗和礼貌、正式化内在制度。习惯、内化规则、习俗和礼貌属于非正式的内在制度；科研奖励制度、职称评审制度、人才遴选制度等，都是正式化的内在制度。

科研奖励制度、职称评审制度、人才遴选制度等正式化的内在制度，对学术生产数量繁荣的影响具有明显的促进作用；同时，教师养成的学术惯习，即教师形成的学术精神、学术责任、内在规范等非正式的内在制度，也对学术生产数量的繁荣发挥着不可忽视的作用。

制度的作用，在于其自身所具有的资本属性和功能。知识生产需要经济资本，而制度为教师从事学术生产提供了必要的经济资本。那么，制度是怎样成为促进学术生产数量增长的经济资本呢？学术生产数量的繁荣，主要是通过学术奖励制度，将经费资助转化为学术生产资本的结果。而能够为学术生产提供经济资本的，或者说，教师从事知识产品生产的经济动力，主要是科研奖励制度的激励作用。由此可知，知识产品数量的增长，与科研奖励制度之间存在着密不可分的内在关系。

如果说，科研奖励制度为大学学术生产提供的是经济资本的话，那么，职称评审制度，以及其它的人才遴选制度、学科建设制度等，则是学术生产所需要依赖的文化资本。也就是说，教师从事知识产品生产的经济动力，主要是科研奖励制度的激励作用。教师从事知识产品生产的文化动力，则主要是职称评审制度、学科建设制度、人才选拔制度等推动的结果。

特别是职称评审制度，它与学术生产数量繁荣之间无疑存在必然的关系。因为，任何教师只要参加职称评审，就必须按照职称评审制度的规定，完成制度规定的学术生产任务。大学组织内部参加职称评审的人数越多，则意味着大学学术生产的人员队伍越大，学术生产的数量也会随之增多。因为，职称评审制度曾对教师的学术生产数量提出了具体要求，并在文件中做过明确规定。

教师对学术资本的依赖，主要源于经济的拮据。在当下，学术资本尤其是经济资本对教师而言面临严重的稀缺。而不具有关键收入的大学教师，为了自身的生存和发展，就不得不寻求学术资源。否则教师的稳定性就会受到威胁，荣誉、职称等象征资本就难以获取。由此可知，学术激励制度在促使知识产品数量的增长时发挥了重要的作用。

学术惯习，是教师进行学术生产的一种生存心态。这种生存心态，包括学者的学术良知、学术心态、学术责任、学术精神和思想境界等诸多方面。在现实的环境下，虽然大多教师的知识生产行为源于自身的生存，甚至源于生活中比比皆是的功利性目的。但是，应该肯定的是，作为知识分子的大学教师，毕竟还有一批愿意坚守自己良知、追求着真理的人们，他们宁愿过着简陋的生活，宁愿走过寂寞的人生，也不愿意委曲求全，不愿意随波逐流地去向握有行政权力的官僚队伍靠拢。在这些教师的人生历程中，他们对于自身的学术道路、学术目标的设计，以及对内在的学术精神、学术规则、学术责任的坚守，与学术生产数量繁荣的结果也有着极其密切的关系。此外，教师使命意识的提升与学术生产数量也有一定的内在关系。

本研究还表明，学历与学术层次之间存在着明显的正相关关系。它预示着一个问题：即大学教师对学术激励制度的态度，可能存在着结构性的差异；同时，它也告知大家，学术生产的激励政策与学校高学历人员之间形成的契合关系。

其次，外在制度对学术生产数量繁荣具有重要影响。所谓外在制度，是设计和执行规则的政治行为。无论是由普适的禁令性规则构成的外在制度，抑或是具有特殊目的的指令构成的外在行为规则，它们对学术生产数量的繁荣都具有激励促进作用。

大学学术目标的漂移，对学术生产数量的繁荣具有直接的影响。所谓学术漂移，本研究中的含义主要是指大学不不顾自身的场域位置，刻意追求更高一层目标，向更高一层的大学看齐，追求更高一层大学的场域位置和学术资源的一种行为。

政府对大学发展的期待，与大学组织自身的发展愿望，促使了大学学术目标漂移现象的发生。大学是政府的大学，大学追求卓越是政府的期待和要求。要求大学成为最好的大学，几乎成为各级政府的思维惯习。尤其是地方大学，地方政府和区域社会对其发展的关注往往更多；因为，地方政府和区域社会会更加期盼地方大学成为地方的名片，更多地期待大学能够产生更大的影响，能为地方培养更多的人才。

大学之所以形成学术漂移的情结，在于大学在审视自身所处的场域位置时，往往作出将自己与其它大学进行相似的比较假设中。就大学组织而言，发展是永恒的主题；大学发展，不仅是规模的扩大，更在于学术的繁荣。任何大学都不会满足于自身的发展现状。虽然国家对不同属类、不同层次的大学发展目标做了诸多详细的规定，并从招生、经费划拨、学位点、学科基地等方面给予了具体的体现。但是，在内涵上、层次上，任何大学都有提高和发展的需求，都有追求卓越的愿望；都愿意在国家高等教育发展的历程中彰显出自己的优势，总希望达到更高一个层面的学术目标。

大学学术生产数量的繁荣，与大学发展所承受的外在制度压力密不可分。大学的发展，大学层次的提升，大学组织内部高职称教师数量的增加等等无不需要学术。为了促进学术繁荣，同时也为了便于管理，就不得不实行与外在考评要求相匹配的制度，那就是目前大学普遍实行的科研量化考核办法。科研量化考评制度，作为一个共同体所共有的一套关于行为的模式，它总是依靠某种惩罚而得以贯彻的。而大学组织和教师受外在制度的约束甚至惩罚，必然会产生外在的压力。而这种制度的压力，也同样带来了学术生产数量增长。

学术制度环境影响了大学组织的行为模式。目前大学组织对政府的严重依赖，就是制度环境引发的必然结果。所谓严重依赖，不仅在于依赖的领域广泛；而且，在于依赖的程度严重。**首先**，大学对政府资源的严重依赖。**其次**，大学对政府思维模式的依赖。在这种严重依赖关系中，导致大学内部的管理结构、大学的管理模式与政府趋同。众多大学之所以趋之若鹜地追求量化，实际仍是为了追求政府掌控的资源。这些量化指标，就是政府对不同学校进行资源分配的依据。

不仅高校对政府所提供的学术资源依赖性强，而且，几乎整个高等教育领域，对政府提供的学术资源的依赖程度都很高。由于政府对高等教育的控制力十分强大，整个高等教育领域的行政化现象十分突出，并导致整个高等教育场域强烈的资源竞争与制度趋同。就学术生产而言，就是多所大学不约而同地提升科研奖励力度。而一个学校资助力度的增加，有可能引发本领域其他学校奖励力度的同时增加，进而促使大学学术制度的趋同。

特别是，在高等教育场域中，大学与政府之间还存在着频繁交易关系。高等教育系统内部普遍存在着发展目标模糊等问题，这些问题，促使整个大学共同体处于学术制度趋同的现实环境中。

在相似或者相同的制度作用下，大学组织已经养成了一种盲目攀比、盲目漂移的制度惯习。正是这种盲从的发展惯习，才催生了大学学术生产数量的盲目的发展、盲目的增加。也正是由于学术制度的趋同，才导致了**学术生产数量盲目增长的普遍化**。某种程度上看，这种数量繁荣已经成为当代学术生产场域中的**泛化现象**。

二、学术制度的缺陷遏制了学术质量的提升

学术制度虽然带来了学术生产数量的繁荣，但是，从另一侧面来看，制度的诸多弊端也遏制了学术生产质量的提升。

首先，机械模式的弊端十分明显。高度的统一性，是学术生产制度的第一个弊端。这种自上而下地设计出来、并强加于大学付诸实施的职称评审制度、项目评审制度等科研评价制度，在实践中暴露出的量化弊端日益明显。在高度统一的机械化制度下，人的精神劳动往往得不到最深刻意义上的理解，人们对学术生产本身规律的认识难以到位。学术生产有一个稳定性、延期性、时代性的问题，而目前采用的则是一种与之相矛盾的**懒汉式的量化评价制度**。从本质上看，这种看似科学的管理，其实并不一定十分科学，表面公平的办法实质上并不十分公平。而只要存在不公平，就会影响到学术生产者的情绪，进而影响到学术质量本身。**效益小、效率低**，是固化形态下的学术制度的另一弊端。只有数量而没有质量的知识产品，导致学术生产的效益小、效率低的现实。而效益小、效率低的制度根源，在于生产关系不顺畅。在学术生产和学术评价中，在科研成果奖励中，存在诸多不顺畅的因素。即使是利益既得群体，也会感到学术生产中存在的一些非自然因素。当下的学术生产往往并非发自学者们心灵深处的内心独白，不是发自学者肺腑之言的自然结果。而是一种不得已的被压制之下的机械性学术行为。**资源配置场域存在的潜规则现象是制度的又一弊端**。学术场域的潜规则是制度的结果。由于决定学术资源分配去向的主要依靠是行政力量，也即说，行政力量处于学术资源分配中的强势地位，决定着项目数量、分配科研经费等等。而目前的诸多行政手段具有不透明性，于是潜规则也便应运而生，资源随之也被权力

者所窃取。如果潜规则太多，暗箱东西、灰色的东西一旦超过了人的心里承受能力，必然会对知识生产、学术生产产生毁灭性的打击。因为潜规则下的知识产品，在人的心里已经不再是货真价实的有价值的知识产品了；这种潜规则对整个知识生产，对学者群的影响非常之大。当下的学术场域，潜规则似乎太多，而游戏规则的力量又显得太弱。特别是在学术资源配置过程中，往往存在暗箱操作的情况，夹杂着很多人为的因素，或者说是人情化的因素。

其次，**学术资源遭遇的高度垄断，遏制了学术生产的繁荣**。学术权力对学术资源的垄断，是当下学术生产场域的一个突出问题。比如，政府对项目、奖励、荣誉、经费等学术资源的控制，学术管理部门对评审组织权力的控制，大学组织的领导者对评审结果的申报权力控制，等等，都是这种学术资源被权力垄断的现象。无论何种垄断现象，对大学学术的繁荣和发展都同样地产生着阻碍和影响作用。

学术资源的垄断，源于学术资源的权力化。所谓学术资源的权力化，一方面是说，在知识规划的年代，学术资源大多被政府所控制；另一意思是说，学术资源主要被组织中的权力人物所垄断。这种垄断，导致学术资源分配中，只有处于强势地位的人员，才有可能获得这种资源的可能。这种学术规划制度，以及与学术规划制度密不可分的学术评价制度，是伤害学术生产、损害学术繁荣的一把隐藏的利器。

权力是怎样对学术资源进行垄断的呢？学术资源遭遇的垄断并不是一个新命题。因为它涉及的是当下的一个公共话题，即大学和政府的关系问题，以及大学内部学术权力与行政权力的平衡问题。从这两重特有关系中，可以寻找到学术资源遭遇垄断的特殊环境。**学术的规划时代与规划的学术生产**，是当代学术资源遭遇垄断的最突出的制度环境。规划时代的学术生产特点在于，人们从事学术生产的主要动机，更多的不是处于教师本身的内在制度，而是依赖于外在制度的惩罚、发号施令和强制执行。在这种压力下，学术生产虽然出现了似乎可以用来炫耀的数量上的繁荣；但实际上，这些繁荣的背后，则是教师不得不在面临强制性的压力之下的诸多无奈。目前的学术生产，几乎完全处于学术的规划之中。在学术规划的年代里，学术场域寓于特定的制度之中。这天然地决定了学术生产可能遭遇的制约和束缚，进而决定了学术创新的有限性。在这种被束缚的学术场域里，一切的学术规则必然也会打上场域的烙印。当下科研评价制度场域出现的资源竞争问题，就是一个突出的例证。一个显而易见的例证是，科研评价常常渗透着各类、各层级显性或者隐性的权力因素的影响。

再次，制度的官僚化对学术生产的动力产生了巨大的抑制作用。 学术生产局面与大学官员的构成结构与管理者的思维惯习密不可分。日趋严重的学术制度的官僚化，导致学术生产机制缺乏发展的原动力。影响大学学术发展的动力机制问题，不仅在于发动机自身存在的某些故障问题，还在于整个机体本身的结构性的非和谐问题、非逻辑问题。而其结构性的问题病源，不在其它，而是大学组织自身形成的官僚化特征，以及大学组织内部人员的官僚化意识。由于学术与官场关系的过分亲密，使得学术活动难以自主与自觉，学术规划几乎不得不完全听命于行政的指挥。由此，使得教师的学术生产往往会因制度的非逻辑性而导致产品质量的下滑。

学术制度的官僚化，是导致学术机制缺乏发展动力的最根本的原因。在官僚化的学术场域内，难以呈现具有大师出现的学术自由的制度氛围。因而，也难以生产出具有大师印迹的学术产品。因为，大师不是在特定制度框架之内被逼出来的，真正的高水平学术成果也不是被挤压出来的，而往往会是在制度之外或者是处在制度边缘的自由氛围中上下求索的结果。

三、学术生产数量繁荣的背后潜藏着诸多危机

目前，由于制度和机制问题，导致诸多潜在的学术生产危机。学术生产的最大危机，就是学术生态或者说是学术气象的萎靡。学术生态的萎靡源于制度性原因。没有学术制度的创新，学术的繁荣也永远只能停留在数量的层面上，而不能真正体现出具有大气派、大气象的实质性的学术繁荣。学术繁荣的根本标准在于一种气度、气象、气韵。然而，这种学术气度、学术气象、学术气韵不会凭空而来，它需要学术制度的保障，需要学术机制的引导。如果制度存在缺陷，机制存在问题，学术生产不仅难以出现这种气度、气象、气韵，而且还会面临各种各样的学术生产危机。

目前，众多大学的学术生产的经济性目的，已经超越了学术生产的非经济性目的。在这种机制引导下，造成学术目标的偏离。本来学术生产是教师的一种闲逸的好奇，是心灵的宁静和安慰。然而现在人们从事学术——不论是发表论文、申报项目，还是争取成果奖励，并不是源于对问题本身产生的兴趣，而是因为发表论文可以给自己带来利益，申报项目可以拿来多少经费，成果奖励获得多少经济利益。由于学术生产的内在激励因素出现了问题，因

而必然导致学术生产结果产生意想不到的各种危机，诸如引发大学学术目标的偏移和其它一系列难以解决的问题：

其一，学术生产的公平性面临严峻挑战。目前的各类学术制度归根结底都是以量化为手段的科研评价制度。这种以量化评价为主要特征的学术生产制度，在实践中显示的特征主要重在数量繁荣，轻视学术质量提升。从大学科研评价的实践效果上看，量化为主的科研评价，往往因忽视教师学术信息完整采集的应有要意，而影响到科研评价指标体系的科学性，掩盖了学术生产深层领域的诸多不公平，进而引发了学术生产的一系列危机。

其二，学术生产的目标发生了偏移，育人为本的教学中心地位受到冲击。奖励导向下的科研评价，冲击了教师的教学热情，导致大学教学资本与科研资本流向的不公平，教师队伍的分层日趋明显，贫富不均的两极分化现象更加严重；并因教师价值取向的偏移和学术精神的淡化，影响到了学生培养质量的提高

其三，科研评价办法的同质化现象趋于严重。资助性奖励的制度模仿，使得不少院校尤其是一些教学型院校的科研评价，基本遵循"普适性"的理论原则和"数量中心"的实践范式。教学型院校模仿研究型大学，研究型大学模仿国际评价准则。最终导致众多大学的科研评价个性尽失、毫无特色，并直接影响了知识生产机制的创新和学术的可持续发展。以上诸多问题的积累，使得科研评价在高等教育场域产生了极大的负面效应。特别是，学术行为的不端面临较为明显的扩散窘况。虽然政府与学界从不同的方面对学术行为作过明确的规范性要求，但是，学术抄袭、学术造假等不端行为仍然无以遏制。这一负面效应，已经影响到高等教育系统的整体声誉。一些人甚至认为，这是"无可奈何的大学颓败与学术暗淡"。

其四，知识生产的功利现象更加明显。重量轻质的科研评价，使得有限的学术资源遭遇日益激烈的竞争和瓜分，学术价值的利益取向日益明显，评价场域中的权力冲突时有发生，学术泡沫现象屡见不鲜；知识生产者甚至学术精英们的学术失范"惯习"，难以得到有效遏制；学术权力化、学术商品化、学术市场化、学术资本化的特征日趋明显。由于大学过分强化了科研的激励政策，巨大的经济诱惑，和强烈的外部条件的刺激，导致人心浮躁，使一般人不再容易安心躲在自己的书房里去进行十年磨一剑的精品成果。特别是，为了夺取学术资源，学术场域内部进行着极其复杂的明争暗斗，使得学

术生产的殿堂笼罩在极其功利的商场争斗之中。这种学术资源的夺取，已经不仅仅是对科学研究本身规律的违背，而且，最为严峻的问题是，是它对大学精神和对学术本身带来的损害，给国家的文化命运所造成的难以弥补的危害。

学术场域资源竞争的案例表明，如果单纯以学术数量或者经费的多少去要求和鼓励教师进行学术生产，不仅不利于学术的创新，而且容易滑向功利主义的泥潭，并出现大量的非理性的知识生产现象，最终引发学术资源的无序竞争和学术产品的粗制滥造。

第二节　学术制度创新及其理性回应

制度自信、制度创新与大学治理是经济新常态和依法治国框架下的一项创新性大学建设工程。大学治理既面临难得的时代机遇，又面临多重的现实挑战。机遇与挑战的相互交织，迫使大学组织必须做出理性的回应，即如何依据大学固有的义理和秩序，并基于满足大学组织内各类成员的最大幸福、愿望和对人类社会的深度关注的治理；如何通过合乎逻辑地抑制和调整大学场域的治理权力，进而确保大学组织开展富有激情的学术独创和人才培养活动；如何构建依法治校的结构性框架以达到理性治理的最终目的。

一、学术治理面临的机遇与挑战

大学治理是经济新常态和依法治国框架下大学建设的一项重要工程。目前国内各高校章程的制订和依法治校的制度体系构建，是当下大学治理的标志性工程。正是经济社会发展的新常态带来的制度新环境，才使得大学治理面临诸多前所未有的提升机遇。概括而言，新的机遇主要有二：

第一，经济新常态与依法治国方针的确立，为大学依法治校奠定了持之有据的法制基础。众人皆知，为了适应经济发展新常态，创新宏观调控思路和方式，积极破解经济社会发展难题，着力保障和改善民生，自2012年中共中央全面推进依法治国的重大部署，强调把法治作为治国理政的基本方式，到2013年党的十八届三中全会对加强社会主义民主政治制度建设和推进法治中国建设提出的明确要求，"法"的理念已经逐步渗入国家社会的治理理念之中。2014年10月中共十八届四中全会，更是以全会的形式首次专题研究部署全面推进依法治国这一基本治国方略，落实科学立法、严格执法、公正司法、全民守法，促进国家治理体系和治理能力现代化的实现路径。中共历次四中全会多聚焦于党风建设，而十八届四中全会则把主题落脚于依法治国，这在中国共产党党史上尚属首次。由此可见，选择依法治国这一主题，不仅体现了法律这一治国利器在全面深化改革关键时期的重大政策考虑，而且也充分说明了法律是治国之重器，良法是善治之前提；法律的生命力在于实施，法律的权威也在于实施这一治国方略的价值存在意义。尤其说明了，法律的实施，不单寓于政府治理的体系之中，而且也寓于国家和社会的各个行业和各个领域之中；不单单是政府的责任，也是包括大学在内的各级各类组织共同的责任。十八届四中全会指出的要加快建设职能科学、权责法定、执法严明、公开公正、廉洁高效、守法诚信的法治政府，显然也包括法制大学。全会首次提出的建设社会主义法治体系目标，即要求形成完备的法律规范体系、高效的法治实施体系、严密的法治监督体系、有力的法治保障体系、完善的党内法规体系五个体系，不仅对于加快法治中国建设具有划时代意义，而且，对法制大学的建设也具有重要的指导意义。正是依法治国的全面实施，使得大学依法治校从空想状态回归到了现实之中。

第二，教育体制改革决定发布三十年的契机，为大学治理提供了全面反思与实践的良机。2015年正值《中共中央关于教育体制改革的决定》(以下简称《决定》)发布三十周年，回顾我国大学三十年的发展历史，人们会惊喜地感叹既往的三十年取得的累累硕果令人鼓舞，未来的发展前景也一片光明。虽然不容否认的事实是，既往的三十年，社会各界裹挟着爱恨交加情绪的人们从不同的视角对大学治理中的官本位等现象，提出了振聋发聩的批评。但是，在对大学批评的诸多响音中，莫过于基于政府与大学关系而对大学办学自主权不足和质量滑坡等而发出的愤懑抨击之声。特别是对大学办学自主权不足给予的批评，贯穿了当代高等教育发展的始终，至今仍不绝于耳。这些批评之音从另外的视角恰恰说明了构建法制大学的重要性。因为，大学自主权的不足，反映出的恰恰是大学法制的缺失和法治的不足。从"法制"来看，三十年前的《决定》明确提出了"扩大高校办学自主权"的若干内容。虽然还比较宏观，某种程度上甚至还缺乏可操作性的抓手，但是其基本精神是明确的，那就是高校办学需要应有的自主权利。目前，不少省市和高校正在全力推进"依法治校"建设年，正是大学学术治理欣逢的千载良机。

当然，如前文所述，当下的大学学术治理也面临诸多的问题与挑战，大学组织遭遇着诸多意想不到的治理问题。其最大问题莫过于如何促使大学破解发展过程中的灵魂重生这一难题。的确，部分大学或者说大学组织的某些领域，其原本具有的灵魂教化基因在历史演进中因种种原因发生了诸多弃本逐末的异化：大学作为灵魂的塑造者，而其自身的灵魂却越来越失去普度众生的应有光辉；大学本有的人格养成功能也日益被极端的功利和纯粹的技术所湮没。试想，作为灵魂缺失的组织和人格养成功能丧失的机构，大学欲培养出具有灵魂、具有人格魅力的知识创新群体，无论其治理策略和方法如何创新，也很难达到预期理想的治理效果。从治理的视角来看，追溯和分析大学灵魂之所以缺失的根本原因，正是源于法制的漏洞和法治的缺失，并且因此使得大学治理面临种种的问题和挑战：

第一，大学治理面临的首要挑战，便是在当下学术制度环境里"行政化"倾向在高校的根深蒂固，以及伴随着根深蒂固的"行政化"倾向而出现的"法"的意识和"理"的精神在高校的缺失。当下，"依法治校"的观念和实践在高校的荒漠化和形式化，已成为大学治理面临挑战的具体表现。所谓荒漠化，即说大学学术组织从治理思维、治理意识到治理行为对法的意识和理性精神以及依法治校的漠然置之，从顶层设计到贯彻执行对法的意识和理性精神及依法治校的认识模糊。可以说，当下依法治校的实践运行和具体操作不仅远远没有渗透到大学组织的精神领域，而且也远远没有舍弃行政化的治理惯习。所谓治理惯习，是大学学术治理过程中组织个体或者群体面对法治时的一种"生存心态"，具体地说是大学组织个体或者群体依法进行人才培养和学术生产活动时的一种"治理心态"。 如前文所论，行政化的学术治理惯习，是大学治理过程中个体或者群体形成并普遍存在的以官本位为价值取向的一种"治理心态"。所谓大学组织行政化，简单地说就是大学组织权利的高度集中化、高度集权化。我国大学尤其是地方院校之所以出现严重的行政化倾向，原因固然很多，但是，最为根本的原因在于我国大学办学自主权的严重不足，并由此引发了大学独立性的严重弱化。

第二，就整个社会来看，普遍存在对"法制"的忽视，对"依法治校"的漠视，这是大学治理遭遇的另一个问题。大学理性治理，主要是依据"高等教育法"等的依法治理、依法治校，"法"是理性治理的第一要素。解决大学固疾的根本，既要依靠法律，也要依靠具有法律意识和依法治校的执法者、执行者，更需要人们普遍对何谓法、如何依，何谓治、如何治等问题有一个结构性的理性认识，需要人们对法律具有敬畏之心。但是，当下的高等教育场域对依法治校的本质和要义并未进行深度的解析，对法制与法治之间的关系以及其它教育法律关系未能进行科学界定，以至于无论是政府还是大学，在依法治校的表层和深层，缺乏对法律内涵的建构和"权利和权限边界的划分"。如《决定》第四部分提出：高校"有权提名任免副校长和任免其它各级干部"。这里的"有权"，具体的边界并不清楚。从"法治"来看，存在治理的无序、失序以及规矩缺失。从教育法律关系上看，由于主体、对象、视角等等的不同，不同的组织和人群对依法治校可能会有不同的理解。基于国家立法机关以及政府以大学为对象进行治理的视角，所谓的依法治校，主要指各级政府及教育主管部门等对学校各项具体事务的依法管理。基于大学内部管理的视角，依法治校则主要是指管理者以学校各项内部事务为对象，对大学内部育人活动进行的依法治理。这种治理，不可避免地会涉及到政府与大学组织，以及大学组织内部不同的教师群体、学生以及其它职员等多边之间相互的法律关系。面对这种复杂的法律关系，如何才能协调各方利益，以达到有效实施依法治校的目的，显然依赖于大学的理性治理。然而，现实恰恰是大学理性治理从理论到实践存在严重不足。大学治理往往因为各种原因脱离了自身的发展逻辑，政府视大学如同一个行政机构，大学之于内部又常常借用企业的管理之道。

第三，大学治理还面临政府和大学普遍存在对"权利"本质认识的缺失，以及对"依法治校"理解的偏颇。首先，当下大学治理面临的主要挑战是：一方面，大学既有的办学自主权遭遇着执行的困境和落实力的缺乏，甚至不少大学业已颁布的大学章程，其执行也受到了极大的限制，特别是大学行政化现象，如大学官员的行政职级制和行政任命制，使得大学的权利受到了极大的限制；另一方面，大学办学自主权与大学发展所需要和要求的权利还相去甚远，即从大学发展的角度看，其自身所需要的办学自主权还应继续扩大。自主权，即拥有法律所规定且不受他人支配的全部活动权利。大学办学自主权从本质上看是责、权、利的有机统一，前提是理顺政府与大学的关系，根源在于大学理性的意义建构和坚守程度。其次，针对"依法治校"的理解而言，目前社会各界尤其在高校内部对依法治校还普遍存在一定的模糊现象。例如对何谓依法治校不仅缺乏理性认识，重要的是还缺乏成熟的实践模式。包括党委书记与校长在"依法治校"实践中的权力边界如何划分，仍然需要诸多的实践探索。此外，针对依法治校与依法治教的内在逻辑关系，依法治校与依法治国的内在一致性和关联性等等问题，还存在理论的荒芜或者说存在"法"的知识界面的模糊性。这种对依法治校的理论荒芜和认知模糊，导致的一个必然结果就是：大学内部普遍存在对"法"的漠视，对"治"的忽视。以致在大学治理实践中，使得依法治校存在"法性"的丧失殆尽，也使得人们对"法"本身的功能和存在意义产生疑虑，并由此导致在现实层面上存在的"法性"的失语和"法"的功能的缺失。尤其是地方院校，由于自身办学自主权的不足，加以受"科层制管理"思想的影响和"官本位"文化惯习的排斥，在大学学术治理实践中存在严重的"法治"精神的失位与错位，"权力"高于"法理"、"行政"高于"学术"等现象极度固化且比比皆是，以致令人痛心疾首却又挥之不去。

这种现象说明了在当下的大学治理中，还存在着严重的法理意识偏颇、大学法治文化的价值错位，亦即说存在严重的大学治理理性的缺失。正是由于法治理性的缺失、治理文化的缺位，以及人们对大学治理理性意义存在的认识偏颇，才导致了大学组织法制设计能力的严重偏差和法治能力的严重不足。从某种程度上，依法治校的理性缺失和法治能力的不足，已经成为阻碍大学发展的最大文化惯习和行动障碍。而这才是当代大学治理面临的最根深蒂固的问题所在。

二、学术治理的理性回应与机制创新

解决大学学术生产治理中的诸多问题，不仅需要依靠法律，需要依靠具有法律意识和依法治校的执法者，更需要立足于对何谓法、如何依，何谓治、如何治等结构化问题的理性认识及其理性意义的重构。的确，大学学术治理需要理性，大学学术发展需要理性治理。大学学术生产的理性治理，即大学依据理性原则，借助理性手段，运用理性思维，对大学学术生产场域的治理权利进行合乎逻辑的抑制和结构化调整，进而确保大学组织进行有激情的学术独创和人才培养活动。由此可知，大学学术生产的理性治理是大学组织依法治校的本质所在。大学学术生产的理性治理依赖于人们的结构性思维模式。所谓结构性思维模式，就是把结构视为大学学术场域的根本特征，并从大学学术生产治理的网络关系角度出发，研究大学学术治理和依法治校的理性认知方式。在结构性思维模式的观照下，无论是政府机关还是大学组织，无论是大学内部行政机构还是学术生产实体，无论是学术生产的精英还是学术生产的评价者，在大学学术生产治理场域中，都应首先审视自身的场域位置，明白自身所拥有的资本含量，然后才能依据并审视自身与场域中的其它主体之间形成的网络关系状态，构建出符合特定层次和特定类别高校自身特色和文化气质的结构式治理框架。结构性思维模式还要求大学学术治理应具有开放式的结构框架。而欲如此，大学组织就需要从科层次的管理困境中走出来。马克斯·韦伯在《社会组织与经济组织理论》中构建的科层次管理体制，本是基于对企业和政府组织的研究模板而生成的结论，当它运用于大学学术生产治理场域时，科层次与学术性之间的冲突就成为不可避免。因为大学学术生产治理是由大学自身的独特的生产方式决定的，大学的生产——无论是学术生产还是人才培养，更类似于第一产业的农业生产行为，土壤、气候、苗种、环境、风水等等生产要素和条件，以及生产者自身的素质，都是决定其生产效果的关键因素。而这与第二产业以及第三产业中的政府行为模式就具有质的不同。虽然教育也被视为第三产业，但它与各产业中的任何生产行为、经营模式无不都是大相径庭。因此，解决大学生产冲突的有效办法，只能立足于大学自身的特点，并进行结构化的学术生产理性治理。具体而言，一是依法治校的结构性制度体系构建，一是大学的结构化改革。

构建依法治校的结构性学术制度体系，一方面需要在大学学术治理实践中重新反思"依法治理"具体内涵。如"依"的原则、依据和原理，"法"的内涵、要义和成份，"治"的主体、举措和步骤，"理"的路径、目标和效率。并由此出发设计出大学组织与政府机关和社会等外部结构治理关系，以及大学组织内部结构治理关系的实践运作路线图。其中，大学组织与政府机关等外部结构治理关系是决定能否真正落实依法治校的关键所在。目前，需要亟待理清政府与大学的权力结构，创新大学治理的实践技术行为模式，促使政府切实简政放权，强化分类管理、平等发展的理念，通过民主互动、开放接纳、公平竞争，提升大学自我造血、自我治理的能力。所谓自我造血，这里是指大学精神的自我酝酿、自我形成、自我提升；自我治理，是指政府应该依据《高等教育法》给予大学以充分的办学自主权，其中最为核心的是完成由行政权向学术权的转型。当然，大学权利转型的成效既取决于党和政府的决心，也取决于大学理性的成熟程度。在新常态下，这样的转型改革不仅是可行的，也是十分必要的。

大学学术生产的理性治理依赖于大学组织的结构化改革。大学的结构化改革与理性治理是一枚硬币的两个方面。推进大学理性治理意在促使并保证大学办学自主权的有效使用和充分发挥，核心任务是对学术权力场域的有限抑制；其抑制场域主要指向于大学学术权力集中的地方和部门，抑制对象主要是滥用学术权力的人群，抑制的依托主体是党纪、国法以及大学章程等法制文本。大学的结构化改革，也意在通过抑制办学过程中的行政权力以提升大学办学效益。这种结构既包括大学外部学术治理结构，也包括大学内部学术治理结构。

大学组织的外部学术治理结构改革，是指在政府主导下进行的大学学术治理改革。政府主导下的大学改革既具包括战略之道，也包括战术之道。从战略上看，政府主导下进行的分类别、分层次、分向度的转型发展就是学术治理结构改革的重要方面。通过分类、分层、分向度设计治理方案，使得不同属类、层次和发展取向的大学、学科、专业都能在结构化场域中找到适宜于自身发展的转型路径。从战术上看，大学的外部结构化改革，重在构建大学——政府——市场三边之间张力协调的结构关系。即大学与政府、大学与市场、政府与市场三边关系在高等教育场域中需要重新定位。具体的举措包括三各方面：一是通过提升政府的引导力，充分发挥政府在高等教育场域中的引导、协调、中介作用；通过强化市场的选择力充分发挥市场的导向、平台作用；通过挖掘大学自身的内在潜力，有效发挥大学组织的主体办学、民主治校作用。其改革的核心任务是"变革大学治理主体"、"理顺大学治理关系"。就变革大学治理主体而言，重在重组政府权力结构，即由政府对大学的全方位控制转变为由政府对大学的多元化引导；就理顺治理关系而言，重在确立"大治至简"理念，即在简化政府对大学组织行使的诸多审批制度的同时，强化社会组织对大学依法治理、创新强效的评估评价。二是在坚持党委领导下的校长负责制的前提下，进行校级领导任用制度的适度调整。大学外部结构改革的前提是：坚持党委领导，确保校长负责。三是逐步构建"大学自主生产、市场多元选用、政府依效购买"的特殊"产销"关系和投资融资机制。通过制度和机制创新，使得大学的投资融资办法逐步过渡到由政府直接投资到政府依据产品质量和办学效益予以集中购买的方式。

内部治理结构改革，是指大学组织依据自身制订的大学章程由学校党委主导下进行的改革。这里特别需要强调的是党委在大学内部治理体系中所起到的领导作用和核心堡垒作用。因为高校内部治理结构改革是大学治理的奠基性和主体性工程，决定着大学治理效果的逻辑架构。只有坚持党委领导下的大学内部治理结构改革，才能有效构建在学校与院（系、所）以及行政机关与学术机构的关系场域责权利明晰的治理框架结构；才能在人与人的关系场域，改变行政模式下的"人治"特征和"强权"、"强制"等结构性的治理惯习，并逐步建立"以法为准绳、以人为目的、以秩序为中心"的合作式治理结构模型，形成以"做事"为文化凝聚和创新纽带的大学精神结构，并最大限度地避免党政、党群之间、部门及师生之间的诸多精神内耗；才能在制度要素结构场域，构建出以大学理性为前提的依法治校制度结构框架；才能在机制运行场域，构建与大学发展相适应的高效、系统的结构化学术治理机制。

　　总之，大学作为"人类社会创造出的最复杂的组织机构之一"，[4]以及大学所具有的学术生产属性和本质，客观上要求大学在治理过程中必须运用结构化的混合机制。有效的治理结构，应是以理性为基础，以秩序为边界，以法律与文化为坐标的两轴，外在制度与内在制度相交融的立体式治理框架。构建这一治理框架虽然在当下的制度环境下，往往会遭遇诸多历史和现实问题，面临诸多意想不到的挑战，但也面临诸多提升治理效果的难得机遇；为了有效解决大学学术生产治理中的固有问题，需要确立大学理性。理性治理是大学结构化改革的奠基性和主体性工程，决定着大学学术制度框架构建的现实逻辑和基本形态。大学只有通过运用结构性思维，寻找"理"与"性"的和合规律，才能找到符合自身发展逻辑的大学学术治理之道，形成自身独有的结构性学术治理特色，实现依法治校实践中从大学治理的理性启蒙到理性治理的办学术生产目的。

第三节　制度创新与政策性建议

一、制度创新：大学的理性治理与结构化改革

　　大学的理性治理，即大学依据理性原则，借助理性手段，运用理性思维，对大学场域的治理权利进行合乎逻辑的抑制和结构化调整，进而确保大学组织进行有激情的学术独创和人才培养活动。由此可知，理性治理是大学依法治校的本质所在，它依赖于对大学治理结构的理性认识。这种认识既有治理思维的理性认识，也有治理技术的理性认识。

　　治理思维的理性认识，在大学治理中具有举足轻重的位置。例如，中国大学在治理过程中如何坚持自身特色问题就值得进行思维方式上的解读。笔

者认为，基于理性的视角，中国大学治理的核心特色就是"党委领导下的校长负责制"，坚持党委领导下的校长负责制是坚持社会主义办学方向的根本保证。在大学治理实践中，如果对党委领导下的校长负责制不予认同，或者对党委领导和校长负责等有关法律内涵的理解存在偏颇，那么"党委领导下的校长负责制"这一本来具有很大优势的制度，就很难发挥应有的作用。这就告诉人们，为了有效发挥这一制度的优势，需要首先理性思考"党委领导"与"校长负责"的关系，进而理性思考党委书记与校长的关系。因为书记与校长的关系，影响甚至决定着大学的理性发展。然而在既往的治理思维中，书记与校长的关系未能上升到大学理性层面的理性思维，二者之间的关系往往被认同为是大学内部问题，也就是说，二者关系决定于大学内部的治理结构。但是，在现实的治理实践中，特别是随着大学发展的需要，书记与校长的关系需要从内部关系拓展到外部关系。

治理技术的理性认识显得尤其重要。仍以"党委领导下的校长负责制"为例，有人或许认为，这一制度在大学治理中往往引发书记与校长之间的矛盾，并影响到大学的发展。事实上，党委书记与校长之间存在的治理矛盾，并不是体制本身所造成的，而是实践操作技术层面的理性不足所引发的。这一操作技术的不当主要体现在大学党委书记和校长的任命权力和任命渠道缺乏理性的技术举措。只有理性地在大学人事层面进行技术性的权力结构调整，才能在深刻理解"党委领导下的校长负责制"的前提下，解决好方方面面的责权利问题；才能真正构建政府、高校双边的新型关系，打造并完善大学结构性治理的理论和实践框架。

结构性治理依赖于结构性的思维模式。"所谓'结构'，即是大学场域的一种关系性的网络。它是大学场域中无处不在的各种权力要素构成的网络或构造，也是各种主体位置之间构成的网络或构型"。[1]所谓结构性的思维模式，就是把结构视为大学场域的根本特征，并从大学治理的网络关系角度出发，研究大学治理和依法治校的理性认知方式。在结构性思维模式的观照下，无论是政府机关还是大学组织，无论是大学行政机构还是学术团体，无论是学术生产的精英还是学术判准的执行者，在大学治理场域中，都应首先审视自身的场域位置，明白自身所拥有的资本含量，然后才能依据并审视自身与场域中的其他主体之间形成的网络状态，构建出符合特定高校自身特色和气

1　杨光钦.大学科研评价方法与思维模式创新[J].中国高等教育，2012（21）.

质的结构式治理框架。结构性思维模式还要求大学治理应具有开放式的结构框架。而欲如此，大学组织就需要从科层次的管理困境中走出来。马克斯·韦伯在《社会组织与经济组织理论》中构建的科层次管理体制，本是基于对企业和政府组织的研究范本而生成的结论，当它运用于大学治理场域时，科层次与学术性之间的冲突就成为不可避免。如前文所述，大学治理是由大学自身的独特的生产方式决定的，大学的生产——无论是学术生产还是人才培养，更类似于第一产业的农业生产行为，土壤、气候、苗种、环境、风水等等生产要素和条件，以及生产者自身的素质，都是决定其生产效果的关键因素。而这与第二产业以及第三产业中的政府行为模式就具有质的不同。虽然教育也被视为第三产业，但它与各产业中的任何生产行为、经营模式无不都是大相径庭。因此，解决大学生产冲突的有效办法，只能立足于大学自身的特点，并进行结构化的理性治理。

实现理性治理，仅仅停留在"思维表现"层面即对大学理性治理的意识层面还远远不够，重要的则是依赖于其"行为表现"，即大学理性治理的实践技术层面。具体而言，一是依法治校的结构性制度体系构建，一是大学的结构化改革。

构建依法治校的结构性制度体系，一方面需要在管理实践中重新反思"依法治理"具体内涵。如"依"的原则、依据和原理，"法"的内涵、要义和成份，"治"的主体、举措和步骤，"理"的路径、目标和效率。并由此出发设计出大学与政府和社会等外部结构治理关系以及大学组织内部结构治理关系的实践运作路线图。其中，大学与政府等外部结构治理关系是决定能否真正落实依法治校的关键所在。如前文所述，数十年来，大学与政府之间存在着不十分和谐的关系，二者之间的关系障碍主要体现在人、财、物、事配置权的不畅，其中人事权的不畅则是大学外部治理结构面临的核心问题。这里所说的"不畅"，主要是因为政府不愿放权而使大学办学自主权受阻的现象。当然，也许有人会这样解释，政府之所以不愿意放权，源于大学内部治理系统存在的不规范，如大学在基建、招生、财务、后勤乃至科研经费使用等多个领域出现的腐败问题，也就是说不放权源于对高校治理的不放心。笔者认为，高校腐败现象的确存在，这种腐败与内部治理不畅也的确密不可分，但是，腐败现象的产生主要在于大学与政府之间权力结构不清和监督不力所致。目前，需要亟待理清政府与大学的权力结构，创新大学治理的实践技术行为模式，促使政府切实简政放权，强化分类管理、平等发展的理念，通过民主互动、开放接纳、公平竞争，提升大学自我造血、自我治理的能力。所谓自我造血，这里是指大学精神的自我酝酿、自我形成、自我提升；自我治理，是指政府应该依据《高等教育法》给予大学以充分的办学自主权，其中最为核心的是完成由行政权向学术权的转型。当然，大学权利转型的成效既取决于党和政府的决心，也取决于大学理性的成熟程度。在新常态下，这样的转型改革不仅是可行的，也是十分必要的。其改革成败与否，不单影响着大学办学自主权的扩大问题，最重要的是影响着大学办学水平的提升和人才培养质量的提高。因此，选择怎样的技术路径和方法加快解决好政府与高校的关系，厘清大学与政府之间应然的权力结构，进而切实让大学"有权提名任免副校长和任免其他各级干部"的权力，有实然的依法治校、依法监督、依法罢免的权利，可以说这些才是高校办学效率提升的关键所在。

理性治理依赖于大学的结构化改革。结构化改革与理性治理是一枚硬币的两个方面。推进大学理性治理意在促使并保证大学办学自主权的有效使用和充分发挥，核心任务是对权力场域的有限抑制；其抑制场域主要指向于大学权力集中的地方和部门，抑制对象主要是滥用权力的人群，抑制的依托主体是党纪、国法以及大学章程。大学的结构化改革，也意在通过抑制行政权力以提升大学办学效益。这种结构既包括大学外部治理结构，也包括大学内部治理结构。

外部治理结构改革，是指需要由政府主导进行的大学治理改革。其改革既具有战略之道，也具有战术之道。从战略上看，政府主导下进行的分类别、分层次、分向度的转型发展就是治理结构改革的重要方面。分类别改革，即将大学按照学科类属和主办属性分门别类地设计其治理方案，其中学科类属即按照农林类、理工类、艺术类、师范类、财经类、政法类、医药类、民族类、体育类、外语类等类别分别给予相应的政策；主办属性即根据公办大学和民办大学、普通大学和成人大学等不同属性，赋予其不同的办学自主权。分层次改革，即按照985工程、211工程、本科院校、高职高专、成人教育、独立学院、自主招生、中外合作办学等不同层次的大学与社会的契合程度分别给予不同的资源。分向度改革，即按照学科研究、专业建设、人才培养、教师发展、实验室建设等分别设计相应的政策并依据其价值向度分别进行治理。通过分类、分层、分向度设计治理方案，使得不同属类、层次和发展取向的大学、学科、专业都能在结构化场域中找到适宜于自身发展的有效路径。

从战术上看，大学的外部结构化改革，重在构建大学——政府——市场三边之间张力协调的结构关系。即大学与政府、大学与市场、政府与市场三边关系在高等教育场域中需要重新定位。具体举措有三：一是充分发挥政府在高等教育场域中的引导、协调、中介作用，同时充分发挥市场的导向、平台作用，以及大学的主体办学、民主治校作用。改革的核心任务是"变革大学治理主体"、"理顺大学治理关系"。就变革大学治理主体而言，重在重组政府权力结构，即由政府对大学的控制转变为由政府对大学的引导；就理顺治理关系而言，重在确立"大治至简"理念，简化政府的行政审批制度，包括教师编制、职称评审、人才遴选、学科专业设置、研究机构设立等权力宜逐步下放给大学。同时，在让大学充分享有办学自主权的前提下，强化对大学依法治理、创新强效的评估评价。二是在坚持党委领导下的校长负责制的前提下，进行校级领导任用制度的适度调整。大学外部结构改革的前提是：坚持党委领导，确保校长负责。坚持党委领导，就是坚持党委书记和党委主要成员由上级党委和政府的任命制，并由党委决定学校的大政方针、发展路线、发展方向、意识形态建设等，监督检查校长负责制的落实情况；确保校长负责，就是构建大学校长、副校长等校级行政干部在党委领导下，让全体教职工通过一定的程序在大学内部选举产生并依法开展大学治理工作的一体化治理机制。三是逐步构建"大学自主生产、市场多元选用、政府依效购买"的特殊"产销"关系和投资融资机制。通过制度创新，使得大学的投资融资办法逐步过渡到由政府直接投资到政府依据产品质量和办学效益予以集中购买的方式；逐步建立以政府出资购买大学产品为主，辅以市场自主付款选用，以及大学借助自身知识优势和学术资本进行的多元"融财之道"。

内部治理结构改革，是指依据大学章程由学校党委主导下进行的改革。高校内部治理结构改革是大学治理的奠基性和主体性工程，决定着大学治理效果的逻辑架构。目前，大学内部结构改革亟待在以下几个场域开展：一是在学校与院（系、所）以及行政机关与学术机构的关系场域，需要加快构建"学校调控、部门指导、院系主体、人人负责"的责权利明晰的治理框架结构；二是在人与人的关系场域，亟待改变行政模式下的"人治"特征和"强权"、"强制"等结构性的治理惯习，逐步建立"以法为准绳、以人为目的、以秩序为中心"的合作式治理结构模型，形成以"做事"为文化凝聚和创新纽带的大学精神结构，最大限度地避免党政、党群之间、部门及师生之间的诸多精神内耗；三是在制度要素结构场域，需构建以大学理性为前提的依法治校制度结构框架，其结构框架既包括诸如办学水平评价、职称评审、项目评审、成果奖励、教学管理、经费使用、人员任用等等外在制度，也包括诸如教师发展以及内部人员的学术惯习、内化规则、文化习俗等正式的或非正式的内在制度。有效的治理结构，应是以理性为基础，以秩序为边界，以法律与文化为坐标的两轴，外在制度与内在制度相交融的立体式治理框架；四是在机制运行场域，须构建与大学发展相适应的高效、系统的结构化治理机制。大学作为"人类社会创造出的最复杂的组织机构之一"，[2]以及大学的学术生产属性和本质，要求在治理过程中必须运用结构化的混合机制。如考察组织内个人贡献的大小，有效的机制不仅要看其岗位的专业工作绩效，即其本职工作的质与量；要看岗位职责的履行情况及其工作态度；还要看其工作的"混合绩效"，即其职责之外的组织贡献。而这就需要形成由一部门牵头统筹，多部门参加配合的"混合型考评"机制。只有通过运用这种结构式的考评办法，才能全面调动人的内在的积极性，提升人员主人翁的意识。也只有这样的混合型考评机制，才能称其为"结构化的治理机制"。

总之，大学理性作为具有本体论认识意义的高等教育哲学观，在当代大学治理中具有举足轻重的现实意义。理性治理是大学结构化改革的奠基性和主体性工程，决定着大学制度框架构建的现实逻辑和基本形态。由于大学具有相似性，因而各校基于大学章程的组织治理也便具有诸多共性特性。但是，不同的大学秉承的"理性"毕竟不会完全相同，各校的内在禀气也各具优势，这就决定了其"依法治校"的结构性框架必然也会各具特色。不同的高校只有通过运用结构性思维，不断探求自身固有的发展之"理"，充分挖掘自身独有的大学之"气"，才能找到符合自身发展逻辑的大学治理之道，形成自身独有的结构性治理特色，实现依法治校实践中从大学治理的理性启蒙到理性治理的办学目的。

二、政策建议

为了提出有效的政策建议，有必要就本研究的创新之处作一简要说明。因为，作为政策性建议，不能空穴来风，而应立足于一定的研究基础，且主

---

2 史静寰.现代大学制度建设需要"根""魂"和"骨架"[J].中国高教研究，2014（4）.

要应依据于研究中的创新之处。因为，缺乏创新性的研究，也难以具有创新性的、更加有效且避免雷同的建议。即使提出了所谓的建议，也难以具有鲜明的时代色彩，更无论会有应用价值的现实指导意义。

依研究者本人的拙见，本研究最为突出的创新点，就是把学术生产作为场域进行研究，并对学术场域冲突的根源进行了多向度的制度分析和理论探讨。这种分析不仅可以帮助人们管窥到学术场域自身的实践冲突场景；而且，透过场域理论，也让人们认识到学术生产问题的深层根源，特别是对既有的学术评价思维模式严重痼疾的深层认识；让人认识到科研评价制度创新，特别是变既往的实体性评价为结构式评价的逻辑必然性。本著创新的第二个突出方面，当属对制度与学术数量繁荣关系所做的质的研究。特别是，从内在制度和外在制度两个视角对学术生产数量繁荣现象所进行的质性分析，让人们从更广阔的视野和更深的理论层面，认识到在当下进行学术制度改革，包括进行学术生产制度和学术评价制度改革的迫切性。此外，本著对研究中所提出的相关观点的论证也具有一定的创新性。如：学术资源的垄断源于学术资源的权力化；规划式学术生产是学术资源遭遇垄断的最突出的制度环境；学术制度的趋同导致了学术生产数量繁荣的泛化现象等等。这些观点的提出和论证，无不为深化人们对学术生产制度和学术评价制度创新的认识提供了丰富的理论素材。

依据研究中的创新之处，特提出如下具有一定独特性和价值存在意义的政策性建议：

（一）科研评价的制度理念亟待创新

上述研究表明，学术生产场域中的冲突和问题，和科研评价制度关系密切，特别是和以量化为主的科研评价制度息息相关。那么，众多院校，何以会将量化为主的科研评价制度作为学术场域的制度核心，而科研质量往往在考核和晋职中受到忽视？笔者认为，这并非意味人们对学术质量重要性的无知，也不意味对学术质量评价的轻视，而是由于既往的科研评价**制度理念**过于陈旧所导致的必然结果。而制度理念的陈旧，又往往源于受既往的思维模式的限制和禁锢，正是固有的思维模式，在客观上导致了质量被科研制度边缘化的结果。由此可知，科研评价制度设计理念的创新，依赖于科研评价的思维模式的创新。那么，科研评价的思维模式该做怎样的创新呢？

　　从现实的层面上看，既往的科研评价思维，基本寓于以技术性评价为主导的"实体性思维"模式之中，而对在复杂的学术生产结构认知基础上的"结构性思维"没有给予应有的重视。在"实体性思维"模式下，科研评价的关注点重在对学术价值评判的技术性"操控"，评价手段的选取偏重于操作上的简便易行，评价模式的特点凸显于制度层面的趋同，政策的选择多是层次不明、类属不分的千校一面，评价的标尺在学科之间也几乎没有差异。"实体性思维"模式导致的逻辑性结果，必然是对懒汉式的纯粹科研量化评价的过度依赖甚至推崇；并由于对量化评价的依赖，随之涌现出大量的知识生产副产品，即学术垃圾、学术泡沫；进而，为了清除学术垃圾，政府及大学组织不得不出面抑制学术行为的不端，于是又形成了相应的评价机制，出台了系列的"学术规范制度"；而这些评价机制和学术规范制度，又常常被人们机械地演绎成为抑制甚至扼杀学术生产自主性和科研评价自主性的最大杀手锏！

　　然而，本著再次强调的是：学术生产恰恰不同于车间的机器制造。机械产品必须依赖于统一的模子，而学术生产不仅需要规范化的统一模型，更需要学者具有发源于内在精神世界的自觉和自主性。一旦学术生产失去了自主性，科研评价失去了特色性选择的自主性，学术产品畸形儿的出现就难以避免。而摈弃畸形的学术产品，盛产优质的学术产品，就需要健康的学术生产制度和评价机制。为了完善科研评价制度，形成健康的科研评价机制，必须从源头上反思既有的科研评价系统中的问题，自觉养成新的科研评价思维模式，改变大学"共谋"下的"拿来主义"的评价"惯习"。变以"实体性思维"为主的技术性评价，为"结构性思维"主导下的结构式评价。科研评价之所以需要"结构性思维"，是因为既往的实体性思维模式"不但没有准确、完整地把握社会的规律，反而用这种片面的方式破坏了社会事实原有的完整性"，[3]因此，实体性的思维无法认清隐藏在学术生产和科研评价场域背后的规则和逻辑；只有用结构性思维以代替实体性的思维，才能为学术生产和科研评价提供或者建构出具有实质性立场和真实性价值意义的政策和机制。如果缺失了结构性思维，就容易忽略主体之间客观存在着的差异性。

3　[法]皮埃尔·布迪厄、[美]华康德著. 李猛、李康译.实践与反思——反思社会学导引[M].北京：中央编译出版社社，1998：9.

如前文所述，所谓"**结构**"，即是科研评价场域的一种**关系性的网络**。它是学术场域中无处不在的各种权力要素构成的网络或构造，也是各种学术位置之间构成的网络或构型。可以这样理解"学术评价场域"中的结构：如果把科研评价场域视为高等教育场域中的子场域，那么，这个场域中不仅存有各层各类的学术的位置；有占据相应学术位置的个体、群体或机构等主体；还有占据相应学术位置的个体、群体或机构所掌握的各种资本。那么，所谓的"结构"，就是占据相应学术位置的个体、群体或机构及其掌握的各种资本所形成的客观网络构造。或者说，科研评价场域中占有特定学术位置的评价主体，会秉持各种资本而与其他秉持资本的主体之间形成特定的网络，这种特定的网络亦即结构。这里的主体，可以指不同类别的大学机构，也可以指具有评价权力的个体或群体。仅以大学机构为例，不同类别的大学机构，在学术评价场域中占有的"位置"并不一样；拥有的学术资源也不同，持有的办学资本也不等；尤其是，不同的大学有着不同的独特文化和不同的知识生产"惯习"。因此，不同大学在高等教育场域中，构成的学术结构即形成的知识生产关系网络也不一样。

由此可知，结构性思维，就是把结构视为科研评价场域的根本性特征，并从学术生产和科研评价的网络关系角度出发，研究知识生产及其价值意义的认知方式。在目前的学术背景下，结构性思维有必要作为科研评价本体论意义上的一种思维模式。在结构性思维模式的关照下，无论是大学组织还是学科组织，无论是学术生产的精英还是学术判准的执行者，在科研评价场域中，首先应审视自身的场域位置，明白自身所拥有的资本含量——无论是经济资本、文化资本、社会资本还是象征资本，明确自身的职责和任务。以大学组织为例，大学应当根据自身所处的场域位置和持有的资本与资源，在科研评价中关注其知识生产的不同特质和内在学术品性；反过来说，不同的大学应该用结构性思维对自身学术生产行为进行不同的职能定位，然后才能依据并审视自身与场域中的其他主体之间形成的网络状态，构建出符合自身特色和气质的结构式科研评价制度。

所谓结构式科研评价，就是在结构性思维主导下，对学术生产和科研评价结构中的影响要素进行的一种综合性问题评价。结构式科研评价所审视的问题，不仅是成果本身等实体性问题，而且重要的是学术场域中的网络构造问题；不仅审视其产品数量，更要审视其产品质量；不仅重视其经济效益，更要重视产品的社会效益；不仅关注产品生产的个体或组织的生产行为，更要关注产品生产的个体或组织所处的生产场域中的位置。

总之，结构式科研评价的提出，源于对学术生产数量繁荣背后的制度逻辑所作出的质的研究。结构式科研评价制度的构建，需要场域理论指导下的思维模式创新。可以说，改变既往的以实体性思维为主的技术性评价，实践场域理论主导下的结构式科研评价，应是大学科研评价的一种新的政策思路和政策取向。一些大学对自身在学术场域中的位置迷失，正是导致机械地以模仿为主的实体性科研评价的主要原因，也是催生大量的知识复制产品和学术泡沫的深层根源。结构性思维方法和结构式科研评价制度，对抑制学术产品的泡沫化，促进技术性评价方法从模仿到创新，具有重要的启迪意义。它易于帮助人们理清科研评价中的关键要素，并有益于对科研评价信息的有效采购，能够有效提升科研评价结果的精确度，确保科研评价的公平、公正性；也便于寻找科研评价场域中位置、权力、资本、资源、惯习，对大学科研评价的功利化向度所产生的影响；进而在更深的评价层面上，理解科研评价和知识生产的真谛。

（二）加快推进结构式评价模式的实践创新

强调思维模式的创新，根本目的在于促进理论和实践的创新。那么，如何有效实现结构式科研评价模式的实践创新呢？柯武刚说，"制度所反映的事物一般都具有两个特点：其一，它们在过去被证明是有用的；其二，它们是人们为追求其个人目标而与他人交往时所必需的。就这点而言，制度是以往世代所获得的'知识仓库'。在面对永恒的知识问题时，制度使人们在一定程度上相信，他们与别人的交往将按他们的预期进行。"[4]也就是说，结构式科研评价模式的有效性，是其自身的内在品质和需求价值所决定的。创新结构式科研评价模式，至少包含三重含义：

一是强化分类管理，即促使科研管理由综合性的评价走向分类化的考核评价。以学科为例，对自然科学的评价，与对社会科学的评价，二者应有一定的政策性差异；对社会科学的评价与对人文学科的评价，也应有一定的政策性不同。再以职称评审为例，地方院校可以把教授系列分为教学型教授和

---

4 [德]柯武刚、史漫飞著，韩朝华译.制度经济学：社会秩序与公共政策[M].北京：商务印书馆，2001：113.

研究型教授，就教学型教授的评审而言，大学应该具有独立评审的自主权；或者说，政府应该把教学型教授的评审权力，也就是把对教师的评价权力交还给大学自身。

二是强化动态化的学术管理。所谓动态化的学术管理，就是说其管理不是一维的，对学术生产这一复杂的劳动，不能按照一维的评价体系去操作，应该是是二维的、三维的。也就是说，根据出现的问题，随时进行政策调整，达到事前控制、事中控制、事后纠偏。让奖励机制始终发挥应有的效应，最大限度地发挥制度的引导作用。逐步通过制度调整，把学术压力变为学术生产的动力，即把压力机制转化为动力机制。如制订项目资助政策时，应该关注不同学科、不同类别之间的差异。文科经费少，但是项目本身意义重大，就加大一点资助；理科经费多，就降低一点比例，不做简单的统一化的规定。

三是遵循学术生产规律，强化学术场域意识。明确不同学术场域中各个主体的位置、惯习和学术资本；在学术制度的设计和安排中，关注到不同学术场域中的不同的学术主体的利益，科学合理地安排和分配学术资源。掌握知识生产的外部规律和内部规律，让学术生产者有一个宽松的学术生产环境。所谓宽松，就是意味着时间、空间、制度、环境都能令人身心处于自由的状态中；让大多学者在时间、空间、制度、环境等各个场域，很能体味出自由生产的神奇力量。

笔者认为，欲实现结构式科研评价的实践创新，需要强化两个方面的意识：首先，需要明确结构式科研评价的实践策略；其次，需要明确结构式科研评价模式的实践路径。如果把结构式科研评价界定为：学术生产场域中的主体在获取大量和准确的学术信息的基础上，按照特定学术场域中的价值标准，对学术精英的知识生产结构和知识产品的内在品质结构所进行的价值判断的社会活动。那么，为了在实践中彰显结构式科研评价模式的绩效，需要强调如下几个关键性策略：

其一，科研评价必须建立在学术信息收集相对完整的基础上。按照结构式评价模式，学术信息采集途径的合理性和科研数据采集的完整性，是科研评价有效与否的前提。没有完整的信息，就没有精确和有效的科研评价结果。而有效的信息来源于既定的知识产品的内在品质结构以及既定知识产品的生产结构之中；也来源于学术精英的知识生产过程之中。其二，学术信息既包括学术精英的知识生产结构中的信息，即学术主体的行为"惯习"及其结果；如研究型大学的"学术创新气质"，教学型院校的"学术传播精神"等。又包括特定科研成果自身的知识结构信息，如知识产品的独特性、功用性、弥散性、时空性等。其三，强调科研评价的社会性。也就是说，科研评价会受到社会因素的多方面影响，诸如政治观点、经济利益、社会效益等各个方面，其社会性因素是科研评价结构中不可或缺的关键要素。由此可知，结构式科研评价模式，是一个完整的复杂的网络构造系统，在结构式科研评价场域中，需要综合考虑以上多种因素，即始终以结构性思维，审视大学科研评价实践。

结构式科研评价的**实践路径**包括几个方面：**第一**，应强化不同层次、不同类型、不同区域高校科研评价标准的差异意识和评价行为的自觉、自主意识。这在客观上要求包括教师职称评审在内的"评价行动"，均应回归到大学自主性的评价机制场域之内；使得不同的大学具有各自的科研评价子系统、子场域。在各自的系统和场域之中，寻找与该场域相匹配的技术手段、方式方法。**第二**，应明确不同类属、不同层次、不同学科的大学，其科研评价内容的独特性、功用性及其生命力之所在。以地方师范院校为例，其科研评价应在专业研究和教书育人的两个场域中找准自己相应的临界位置；因为，大学的专业学术研究是科研的基本方面，教育科学的实践探索也是其科研的独特领域；其科研评价，在选取包括 SCI 等在内的相应且适宜的标准的同时，也要关注"标准"之外的富有生命力的教学要素的"影响因子"。如果纯粹以期刊的"核心"地位对教师科研进行评价，而忽略了这一特定大学结构中的"知识传播"因素，就不符合该类大学科研评价的内在逻辑。**第三**，应挖掘出蕴含于不同类型、不同性质的知识产品的深层结构中的质性因素。如自然科学的技术因素及其技术背后带来的福祉，人文社会科学的思想因素及其思想背后的福音。不能因为谁发明了生产毒品的技术就认为它有价值；关键视其技术背后能给社会带来多大的福祉。特别是人文社会科学的知识产品，因其研究问题的相似性、选题的可重复性、研究对象的非客观性、研究成果的非排他性，以及研究者价值取向的趋同性等，其知识产品的价值评价特别需要关注其内在的思想要素及其思想的合理内核。知识精英形成的不同特色的学术修养、流派、治学方法及风格，以及埋藏于学术生产深层的学术探求精神，是学术生产结构中的有机矿藏。

总之，只有实行结构式科研评价的管理模式，使得大学、大学组织内部的各学科、各个学术主体，都找准自身在学术生产场域中的位置，才能真正有利于学科的发展和大学学术的繁荣。大学学术生产的路径选择，需贯穿于理论活动和实践活动的复合式的实践结构中。在学术场域中，始终保持"学术生产主体"的相对独立性和自主性，构建结构式科研评价的完善系统，是促进大学学术生产繁荣的有效前提和基础。

附　录

附录 1-1：访谈提纲（一级）

注：文中引号内的内容均是访谈时，不同的被访谈人的原话。未加引号的，
　　为笔者对访谈人话语加工整合后的内容。

访谈提纲（1）——X 教授

1、X 教授，您好！最近又在网上看到，您成功申获得了一项社科规划项目立
　　项。您已经是全国颇有名气的专家了，获得了那么多的荣誉和上百万元
　　的科研经费资助，为什么您还不停顿下来，还在年年申报呢？

2、近几年，学校教师申报项目的热情有增无减，您怎么看待大学教师项目
　　申报高温不退的现象？您认为项目申报对教师、对大学都很重要吗？大
　　家申报项目的目的是什么？

3、能不能谈谈您申报项目的成功经验？假如有很多教师申报，而又面临限
　　项的要求和规定，您该怎么办？

4、您认为项目申报成功的最关键因素有哪些？

5、您认为哪类教师申报项目的机会最多、成功率也最高？为什么？

6、您认为现有的项目申报制度有没有问题，评审办法有没有问题，都是哪
　　些问题？又该如何解决存在的问题？

7、您认为，项目申报和立项的成功，什么因素起的作用最大？

8、在立项过程中，您认为谁发挥的作用最大，或者说，您觉得谁的权力最
　　大？您是怎么看待这些权力的？

9、您认为项目评审是否公平？有没有不公平的情况？能否举出一些不公平
　　的例子。如果说存在不公平的问题，怎样才能改变这些不公平的现状？

访谈提纲（2）——S 教授

1、S 教授，您好！最近在网上看到，您成功申获得了一项社科规划项目立项。您已经是教授、又是校长，为什么您还要继续申报项目？您认为项目申报对教师、对大学都很重要吗？大家申报项目的目的是什么？

2、能不能谈谈您申报项目的成功经验？假如有很多教师申报，而又面临限项的要求和规定，您该怎么办？

3、您认为项目申报成功的最关键因素有哪些？

4、您认为哪类教师申报项目的机会最多、成功率也最高？为什么？

5、您认为现有的项目申报制度有没有问题，评审办法有没有问题，都是哪些问题？又该如何解决存在的问题？

6、您认为，项目申报和立项的成功，什么因素起的作用最大？

7、在立项过程中，您认为谁发挥的作用最大，或者说，您觉得谁的权力最大？您是怎么看待这些权力的？

访谈提纲（3）——E 教授（科研处长）、Y 主任（规划办领导）、W 教授（评审专家）

1、XX，您好！最近几年，教师申报项目的热情持续升高，您能不能谈谈其中的原因，您认为项目申报对教师、对大学都很重要吗？大家申报项目的目的是什么？

2、若想成功立项，您认为有哪些技术性问题需要处理？能否谈谈成功立项的经验？有没有一些操作的余地？

3、在通讯评审阶段，专家的权力有哪些？会议评审阶段，专家的话语权能够起到哪些作用？学校科研处和规划办的领导，都有哪些权力？

4、除了专家、组织人之外，项目立项有没有其他权力因素的影响？若有，可能会有哪些？

5、您认为项目申报成功的最关键因素有哪些？

6、您认为哪类教师申报项目的机会最多、成功率也最高？为什么？

7、您认为现有的项目申报制度有没有问题，评审办法有没有问题，都是哪些问题？又该如何解决存在的问题？

访谈提纲（4）——J博士、H博士

1、您好！您们作为博士，可能都会对科研的项目感兴趣，您认为项目申报对教师重要吗？您是否申报过项目？能谈谈您申报项目（或者不申报）的原因么？

2、您认为项目申报成功的最关键因素有哪些？

3、您认为哪类教师申报项目的机会最多、成功率也最高？为什么？

4、您认为现有的项目申报制度有没有问题，评审办法有没有问题，都是哪些问题？如何改进？

5、您认为，项目申报和立项的成功，什么因素起的作用最大？

8、在立项过程中，您认为谁发挥的作用最大，或者说，您觉得谁的权力最大？您是怎么看待这些权力的？

附录1-2：访谈提纲（一级）

访谈提纲（5）——汪老师

1、汪教授，您好！经常看到您的学术成果。您已经是全国知名教授，很有名气的专家了，获得了那么多的荣誉，为什么您还不停顿下来，还那么努力做学术工作呢？

2、近些年，高校教师从事科研如发表论文、申报项目、出版著作、争取成果奖励的热情有增无减，好像出现了学术繁荣的景象。您是怎么看待大学科研数量繁荣这种现象的？

3、您认为这种繁荣的主要原因是什么？数量繁荣的本质及其问题是什么？

4、近年来，不少地方大学纷纷出台科研奖励政策，以激励教师科研生产，你如何看待这种奖励现象？

5、学术激励制度是怎样形成的？对学术激励制度的结构性问题都有哪些看法？

6、您认为大家纷纷致力于科研的动力在哪里？哪些繁荣现象是奖励制度促进的结果？哪些是学者自己努力的结果？

7、能不能谈谈您治学成功的经验？

8、您认为取得学术成就的最关键因素有哪些？

9、您认为哪类教师取得学术成就的机会最多、成功率也最高？为什么？

10、您认为现有的学术评价制度有没有问题，都是哪些问题？又该如何解决存在的问题？

访谈提纲（6）——李老师等

X教授好！近些年，大学学术生产数量出现了比较繁荣的现象：

1、您怎样看待这种繁荣现象的？能否给予解释？

2、您认为这种繁荣的主要原因是什么？

3、近年来，不少地方大学纷纷出台科研资助奖励政策，以激励教师科研生产，贵校对教师科研有哪些规定？为什么？如何看待这一政策现象？

4、数量繁荣的本质及其问题是什么？

5、您认为，符合逻辑的大学学术生产制度应该是什么？应该形成的机制有哪些？

6、哪些学术生产繁荣现象是制度促进下的必然结果？

7、繁荣具有怎样的必然性和内在规定性？背后因素是什么？

8、制度是怎样形成的？对学术制度的结构性问题都有哪些看法？

附录3-1：国家重要期刊刊目（2004年修订稿）

社会科学部分		自然学科部分	
A类：		A类：	
1. 中国社会科学	中国社会科学院	1. 中国科学	中国科学院
2. 哲学研究	中国社会科学院哲学研究所	2. 数学学报	中国科学院数学研究所
3. 经济研究	中国社科院经济研究所	3. 物理学报	中国物理学会
4. 教育研究	中央教育科学研究所	4. 化学学报	中科院上海有机化学研究所
5. 文学评论	中国社会科学院文学研究所	5. 计算机学报	中国计算机学会
6. 历史研究	中国社会科学杂志社	B类：	
B类：		6. 水生生物学报	中科院水生生物研究所
7. 中国法学	中国法学会	7. 科学通报	中国科学院
8. 科学管理	中国科学院科技政策与管理科学研究所	8. 光学学报	中国光学学会
9. 中国音乐学	中国艺术研究院音乐研究所	9. 有机化学	中国化学会
10. 美术	中国美术家学会	10. 数学年刊·A辑	复旦大学数学研究所
11. 体育科学	中国体育学会	11. 无机化学学报	中国化学会

12. 自然辩证法研究	中国自然辩证法研究会	12. 物理学进展	中国物理学会
13. 文艺研究	中国艺术研究院	13. 应用数学学报	中国数学会
14. 中国语文	中国社科院语言研究所	14. 数学进展	中国数学会
15. 中国史研究	中国社科院历史研究所	15. 计算数学	中科院计算数学与科学工程计算研究所
16. 世界历史	中国社科院世界历史研究所	16. 系统科学与数学	中国科学院系统科学研究所
17. 外国语	上海外国语学院	17. 系统工程理论与实践	中国系统工程学会
18. 中国高教研究	中国高等教育学会	18. 电子学报	中国电子学会
19. 中国图书馆学报	中国图书馆学会	19. 电子科学学刊	中科院电子学研究所
20. 中共党史研究	中共中央党史研究室	20. 仪器仪表学报	中国仪器仪表学会
21. 社会学研究	中国社会科学院社会学研究所	21. 自动化学报	中科院中国自动化学会
22. 政治学研究	中国社会科学院政治学研究所	22. 力学学报	中国力学学会
23. 求是	中国共产党中央委员会	23. 摩擦学学报	中科院中国自动化学会
24. 科学技术与辩证法	山西省自然辩证法研究会	24. 化工学报	中国化工学会
25. 哲学动态	中国社会科学哲学研究所	25. 高等学校化学学报	中国人民共和国教育部
26. 法学研究	中国社科院法学研究所	26. 分析化学	中国化学会
27. 经济学动态	中国社会科学院经济研究所	27. 物理化学学报	中国化学会
28. 中国农村经济	中国社科院农村发展研究所	28. 高分子学报	中国化学会
29. 科学学研究	中国科学学与科技政策研究会	29. 应用化学	中国科学院长春应用化学研究所
30. 文学遗产	中国社科院文学研究所	30. 环境化学	中国科学院生态环境研究中心
31. 中国现代文学研究丛刊	中国现代文学研究会	31. 生物化学与生物物理学报	中科院上海生物学研究所
32. 外国文学评论	中国社科院外国文学研	32. 生物工程学报	中国科学院微生物研

	究所		究所
33. 语言教学与研究	北京语言学院	33. 遗传学报	中科院遗传研究所学会等
34. 新闻与传播研究	中科院新闻研究所	34. 计算机科学	国家科技部西南信息中心
35. 外语教学与研究	北京外国语大学外国语言研究所	35. 软件学报	中国科学院软件研究所
36. 中国翻译	中国外文局编译研究中心	36. 计算机研究与发展	中科院计算技术研究所等
37. 中国科技翻译	中科院科技翻译工作者协会	37. 小型微型计算机系统	中科院沈阳计算机技术研究所
38. 近代史研究	中国社科院近代史研究所	38. 控制理论与应用	中科院系科学研究所
39. 世界宗教研究	中国社科院世界宗教研究所	39. 计算机应用	中科院计算机应用研究所
40. 史学理论研究	中国社科院世界史研究所	40. 中国激光	中国光学会
41. 文物	文物出版社	41. 环境科学	中国科学院环境研究中心
42. 管理世界	国务院发展研究中心	42. 生态学报	中国生态学会
43. 中国软科学	国家科委	43. 自然科学进展	国家自然科学基金委员会
44. 编辑学报	中国科学技术期刊编辑学会	44. 光谱学与光谱分析	光谱委员会等
45. 中国教育学刊	中国教育学刊杂志社	45. 石油化工	光谱委员会，冶金部钢铁研究学院
46. 课程·教材·教法	人民教育出版社	46. 自然资源学报	中国自然资源研究会
47. 高等教育研究	华中理工大学等	47. 化学通报	中国化学会
48. 教育理论与实践	山西省教育学会等	48. 光电工程	中科院光电技术研究所
49. 心理学报	中国心理学会	49. 植物生理学报	中国植物生理学会
50. 心理科学	中国心理学会	50. 中国农业科学	中国农业科学院
51. 音乐研究	人民音乐出版社	51. 地理学报	中国地理学会，中国科学院地理研究所
52. 美术研究	中央美院	52. 地理研究	中国科学院地理研究所

53. 中国体育科技	国家体育总局信息研究所	53. 遥感学报	中国地理学会环境遥感分会
54. 体育学刊	中国高等教育学会体育研究会	54. 中华微生物学与免疫学杂志	中华医学会
55. 大学图书馆学报	全国高等学校图书情报工作委员会	55. 中国中西医中合杂志	中国中西医结合学会等
56. 档案学研究	中国档案学会	56. 动物学报	中国科学院动物研究所
57. 投资研究	中国投资学会等	57. 解剖学报	中国解剖学
58. 审计研究	中国审计学会等	58. 淡水渔业	中国水产学会
59. 会计研究	中国会计学会	59. 生理学报	中国生理学会等
60. 财政研究	中国财经学会	60. 人文地理	中国地理学会等人文地理专业委员会

附录 4-1：L 学院科研奖励条例核心内容说明

第一项：论文奖励

（1）被科学引文索引（Science Citation Index，SCI）、社会科学引文索引（Social Science Citation Index，SSCI）的光盘版收录的论文，每篇给予科研经费奖励 15000 元；其中：现金奖励 10000 元，资助经费 5000 元。

（2）被《新华文摘》或被《中国社会科学文献》转载，并且不低于 2000 字的论文，及在文件中确定的 A 类重要核心期刊上发表的论文，每篇给予科研经费奖励 12000 元；其中：现金奖励 8000 元，资助经费 4000 元。

（3）被《新华文摘》或被《中国社会科学文献》转载，字数在 2000 字以内的论文，或者被《高等学术文科学术文摘》转载的论文，以及被科学引文索引（Science Citation Index，SCI）收录，被社会科学引文索引（Social Science Citation Index，SSCI）资料库版本收录、被工程索引 EI（Engineering Index）光盘版收录的论文，以及被附件一中所列出的 B 类重要期刊中刊发的论文，每篇给予科研经费奖励 7000 元；其中，现金奖励 4000 元，资助经费 3000 元。

（4）被工程索引 EI（Engineering Index）网络版收录、被科学和技术会议索引 ISTP（Index to Scientific Technical Proceedings）收录，被人文社会科学会议录索引 ISSHP（Index to Social Humanities Proceedings）收录的论文，每篇给予科研经费奖励 5000 元；其中，现金奖励 2000 元，资助经费 3000 元。

（5）被《新华文摘》和《中国社会科学文摘》要点摘编的论文，以及在《人民日报》、《光明日报》等两种报刊理论版、学术版发表的学术论文，每篇给予科研资助经费奖励 3000 元。其中，现金奖励 2000 元，资助经费 1000 元。

（6）被《高等学校文科学术文摘》要点摘编，或被《人大复印资料》全文复印，或者被《数学文摘》、《物理文摘》、《化学文摘》、《心理学文摘》等国际类或国家级文摘转摘的学术论文，以及在《中国教育报》、《中国科技报》等两种报刊理论版、学术版发表的学术论文和在一般核心期刊上发表的学术论文，每篇给予科研资助经费奖励 1500 元。

2008 年，L 学院对论文类成果的奖励标准进行了适度调整。调整结果如下：

（1）被科学引文索引（Science Citation Index，SCI）收录的论文，根据中国科学院文献情报中心利用美国 JCR 的数据统计计算出的 SCI 期刊分区目录，发表在 SCI 一区期刊的论文，由校学术委员会核定奖励标准；发表在 SCI 二区期刊的论文，每篇奖励 12000 元；发表在 SCI 三区期刊的论文，每篇奖励 9000 元；发表在 SCI 四区期刊的论文，每篇奖励 7000 元。被《社会科学引文索引》（Social Science Citation Index，SSCI）光盘版收录的论文每篇奖励 12000 元。

（2）被《新华文摘》或《中国社会科学文摘》转载，并且不低于 2000 字的论文，及在我校确定的 A 类重要核心期刊上发表的论文，每篇奖励 12000 元。

（3）被《新华文摘》或《中国社会科学文摘》转载，字数在 2000 字以内的论文，在《人民日报》、《光明日报》等两种报刊理论版、学术版发表的学术论文，被工程索引 EI（Engineering Index）光盘版收录的论文，以及在我校确定的 B 类重要期刊上发表的论文，每篇奖励 6000 元。

（4）被工程索引 EI（Engineering Index）网络版收录、被科学和技术会议索引 ISTP（Index to Scientific ＆ Technical Proceedings）收录，被人文社会科学会议录索引 ISSHP（Index to Social Science ＆ Humanities Proceedings）收录的论文，在我校确定的 C 类重要期刊上发表的论文，被《新华文摘》和《中国社会科学文摘》要点摘编的论文，每篇奖励 3000 元。

（5）被《高等学校文科学术文摘》要点摘编，或被《中国人民大学报刊复印资料》全文复印，被《中国数学文摘》、《中国物理文摘》、《中国化学文摘》、《心理学文摘》等国际类或国家级文摘转摘的学术论文和在一般核心期刊及国内学术期刊外文版上发表的学术论文，每篇奖励 1000 元。）

第二项：各类纵向课题的经费配套或资助办法

（1）国家级资助项目和省部级资助项目，每个项目分别给予 2 倍额度的经费配套。各类资助经费一次性拨付。

（2）自筹经费项目，按以下办法资助：国家级自然科学类项目每项资助 80000 元，社会科学类项目每项资助 50000 元；省部级自然科学类项目每项资助 50000 元，社会科学类项目每项资助 30000 元；地、厅级自然科学类项目每项资助 3000 元，社会科学类项目每项资助 2000 元。"

此外，此外学校还设立了"预研项目"，对立项项目进行"项目立项奖励"等。如学校还设立的"预研项目"规定：

预研项目的资助额度为：自然科学每项资助 50000 元；社会科学每项资助 30000 元。"项目立项奖励"制度规定，"国家级资助项目每项奖励 8000 元，省部级资助项目每项奖励 5000 元。自筹经费项目减半。

2008 年，学校对科研项目资助的标准进行了调整。除国家级项目、省部级项目的资助匹配由原来的 1 比 2 调整为 1 比 1 之外，其它规则未作大的制度变动。虽然国家级和省部级科研项目的资助比例降低了，但是，学校有出台了其它匹配性制度。如《省（部）级以上科研项目培育基金管理条例》、《青年科研基金管理条例》、《教育科学研究基金管理条例》、《应用科学与技术研究基金管理条例》等，每一类项目，都有相应的经费资助办法。如《省（部）级以上科研项目培育基金管理条例》规定：

> "该基金资助项目分为人文社科和自然科学两大类别，一般每年集中申请、评审一次，每次每类项目不超过 10 项，人文社科类项目每项资助经费不超过 12000 元，自然科学类项目每项资助经费不超过 20000 元"。《青年科研基金管理条例》规定："人文社科类项目每项资助经费不超过 4000 元，自然科学类项目每项资助经费不超过 6000 元"等。

第三项：著作资助制度

L 学院在强化对学术论文进行奖励资助的同时，对学术著作、科研项目、成果奖励等学术产品，也规定了奖励标准。如 2004 年该校出台的科研管理文件规定：

> "学术专著按两大类分别给予资助奖励。（1）学院组织教师撰写的丛书类系统专著，根据著作出版的最低成本，并经丛书编纂委员会审核，给予全额资助。（2）教师个人自费出版的专著，参考专著的学术水平、出版社级别等因素，分两个等级分别给予资助。其中：优秀专著资助 25000 元；其它专著资助 15000 元。其中，优秀专著的资助需经院学术委员会遴选；其它专著的资助由科研管理处审核批准"。

2008 年，学校对著作奖励的资助标准进行了调整。调整后的著作奖励规则如下：

> "学术专著按两大类分别给予资助或奖励。（1）学校组织教师撰写的丛书类系统专著，根据著作出版的最低成本，并经校学术委员会审核，给予全额资助。（2）教师个人自费出版的专著，参考专著的学术水平、出版社级别等因素，由校学术委员会或校外专家组遴选，分两个等级分别给予奖励。一等奖奖励 20000 元，二等奖奖励 10000 元"。上级行政或业务主管部门授奖类奖励，学校规定"获

国家级、省部级奖励的各类成果，按以下标准奖励：国家级成果的一等奖 500000 元，二等奖 250000 元，三等奖 100000 元；省部级成果的一等奖 50000 元，二等奖 30000 元，三等奖 10000 元"。

第四项：成果奖励制度

对于成果奖励，学校规定：

"获国家级资助的各类成果，已发有奖金的，在原奖励基础上再配发 2 倍奖金；获省部级奖励的各类成果，已发有奖金的，在原奖励基础上再配发 1 倍奖金。上级未发奖金的高级别获奖成果，按以下标准给予现金奖励：国家级成果的一等奖 20000 元，二等奖 10000 元，三等奖 5000 元；省部级成果的一等奖 8000 元，二等奖 5000 元，三等奖 2000 元；地厅级成果的一等奖 1000 元，二等奖 500 元，三等奖 200 元"。

2008 年，学校对成果奖励的资助标准也进行了调整。调整后的规则如下："获国家级、省部级奖励的各类成果，按以下标准奖励：国家级成果的一等奖 500000 元，二等奖 250000 元，三等奖 100000 元；省部级成果的一等奖 50000 元，二等奖 30000 元，三等奖 10000 元"。这里的成果奖励的资助力度显然比 2004 年制定的文件提升了许多。当然，文件对国家级奖励的概念也作了严格界定，即"国家级奖励是指国家最高科学技术奖、国家自然科学奖、国家技术发明奖、国家科学技术进步奖、星火奖及相当级别的奖励。省部级奖励是指国家部委及省设立的社会科学优秀成果奖、政府发展研究奖、省科学技术杰出贡献奖、科学技术进步奖、星火奖"等。这一制度调整，可以视为是学院领导对学术质量重视的结果。

关于科技发明类的奖励规则是："被国家专利局授予发明专利权的技术发明成果，每项奖励 5000 元；被国家专利局授予发明专利权的实用新型成果，每项奖励 2000 元；被国家专利局授予发明专利权的外观设计成果，每项奖励 500 元"。

特别是，在 2008 年修订的《科研成果奖励条例》中，学校对美术、音乐学科的学术做了奖励规定：

（1）美术专业教师入选文化部、中国美术家协会举办的"五年一次"全国美术作品展览、入选中国美术家协会、中国文学艺术家联合会等单位举办的"国际双年美术作品展览"，并获得奖励，按照国家级核心期刊（A 类）论文给予奖励，入选作品未获得奖励的，按照国家级核心期刊（B 类）论文给予奖励。美术专业教师入选国家专业协会和国家行政部门组织的单项作品展、或者入选国际展，按照一般核心期刊论文给与奖励。

（2）音乐专业教师参加国家级（文化部、中国音协、中央电视台主办）音乐表演与音乐创作获奖，或者创作的作品在全国电台、电视台播放，并获得奖励，按照国家级核心期刊（A 类）论文给与奖励；未获得奖励的按照按照国家级核心期刊（B 类）论文给与奖励。音乐专业教师参加省级（省文化厅、省音协、省电台、电视台主办）音乐表演与音乐创作竞赛活动获一等奖，可按照国家级核心期刊（C 类）论文给予奖励，获二等奖或者创作的作品在省电台、电视台播放，可按照一般核心期刊论文给予奖励。

附录 4-2：科研资助奖励问题问卷调查表

尊敬的老师：请您在百忙之中回答下列的十个问题，对这些问题的整理，是修订科研管理条例的依据。这些问题不仅和学校的科研发展有关，而且，也与个人的学术发展有关。为了不占用您更多的宝贵时间，您只需在相应的问题后面的括号里划上相应的符号。即认同是的划√，不认同的即持否定回答的划上×。谢谢！

1、你是否认为，科研奖励制度对促进学校科研发展很有必要。（   ）

2、你是否认为，科研奖励制度对你本人的科研活动很有必要。（   ）

3、科研成果的资助奖励标准是否应该继续加大力度，继续提高。（   ）

4、如果学校取消科研成果奖励制度，你是否和现在一样仍然继续从事科学研究。（   ）

5、自己从事科学研究的目的主要是为了职称评审的需要。（   ）

6、自己从事科学研究的目的主要为了获得工资以外的经费收入。（   ）

7、自己从事科学研究的主要动力来源于对本学科学术问题的好奇。（   ）

8、自己从事科学研究的主要动力来源于学校科研任务的压力。（   ）

9、自己发表的科研论文和主持完成的科研项目的价值较大。（   ）

10、自己的同行们所取得的科研成果的价值较大。（   ）

附录 4-3：H 省高校教师职称评审规则

（一）教授职称评审规则

1、论文、著作。

　　具备下列条件之一：① 被 SCI、EI、ISTP 或 A＆HCI、CSSCI 收录，或被《新华文摘》、《高等学校文科学报文摘》全文收录论文 5 篇（文科均为独著，理工科均为独著或第一作者）以上，且被较多引用。② 在省级以上 CN 学术刊物上发表本专业学术论文 8 篇（限 1 篇教育、教学研究论文。文科均为独著，理工科至少 5 篇为独著或第一作者，其余限前 2 名）以上，其中至少 6 篇发表在全国中文核心学术期刊或本学科领域公认的权威性学术刊物上（其中至少 2 篇有创见性的学术论文发表在国家一级学术刊物上或被上述检索或刊物收录）。③正式出版本专业学术著作（本人撰写 8 万字以上/部）或译著（本人翻译 12 万字以上/部），或主持编写（主编或副主编）省级以上统编、规划教材（本人撰写 6 万字以上/部）；同时在省级以上 CN 学术刊物上发表本专业学术论文 6 篇（限 1 篇教育、教学研究论文。文科均为独著，理工科至少 4 篇为独著或第一作者，其余限前 2 名）以上，其中至少 5 篇发表在全国中文核心学术期刊或本学科领域公认的权威性学术刊物上（其中至少 2 篇有创见性的学术论文发表在国家一级学术刊物上或被上述检索或刊物收录）经专家鉴定，论文具有较高的学术价值，著作、教材具有较高的学术水平和应用价值，达到教授水平。

2、项目、奖励。

　　具备下列条件之一：① 国家级或省、部级二等以上科技奖、社会科学成果奖的主要完成人，或省、部级二等以上教学成果奖的主要完成人（二等奖限前 2 名），或 2 项省自然科学优秀论文一等奖的第一作者。② 主持完成 1 项国家级或 2 项省、部级科研（教研、工程）项目（课题），并通过省、部级以上业务主管部门的鉴定或结项验收，达到国内领先水平，产生较好的社会、经济效益。③ 省级以上教学质量工程项目的主要完成人（限前 3 名）。④ 作为主要发明人（限前 3 名）获得与本专业相关的国家发明专利 1 项以上。在上述条件中，有一项特别突出，有重大贡献或突破，经专家论证，达到教授水平，可认为符合业绩条件。

（二）副教授职称评审规则

1、论文、著作。

具备下列条件之一：① 被 SCI、EI、ISTP 或 A&HCI、CSSCI 收录，或被《新华文摘》、《高等学校文科学报文摘》全文收录论文 3 篇（文科均为独著，理工科均为独著或第一作者）以上。② 专业课教师在 CN 学术刊物上发表本专业学术论文 6 篇（限 1 篇教育、教学研究论文。文科均为独著，理工科至少 3 篇为独著或第一作者，其余限前 2 名）以上，其中至少 3 篇发表在国内核心学术期刊或本学科领域公认的权威性学术刊物上。公共课、基础课教师在 CN 学术刊物上发表本专业学术论文 5 篇（限 1 篇教育、教学研究论文。文科均为独著，理工科至少 2 篇为独著或第一作者，其余限前 2 名）以上，其中至少 2 篇发表在国内核心学术期刊或本学科领域公认的权威性学术刊物上。③ 正式出版本专业学术著作（本人撰写 5 万字以上/部）或译著（本人翻译 10 万字以上/部），或参编省级以上统编、规划教材（本人撰写 5 万字以上/部）；同时在 CN 学术刊物上发表本专业学术论文 4 篇（限 1 篇教育、教学研究论文，文科均为独著，理工科至少 2 篇为独著或第一作者，其余限前 2 名）以上，其中至少 2 篇发表在国内核心学术期刊或本学科领域公认的权威性学术刊物上。经专家鉴定，论文具有较高的学术价值，著作、教材具有较高的学术水平和应用价值，达到副教授水平。

2、项目、奖励。具备下列条件之一：

① 省、部级三等以上科技奖、社会科学成果奖的主要完成人，或省、部级二等以上教学成果奖的主要完成人，或 2 项省自然科学优秀论文二等奖以上的第一作者，或 2 项省辖市、厅级科研成果一等奖的主要完成人（限前 3 名）。② 主持完成 1 项省、部级以上科

研（教研、工程）项目（课题），或 2 项省、部级以上科研（教研、工程）项目（课题）的主要完成人，并通过省、部级以上业务主管部门的鉴定或结项验收，达到省内先进水平。③ 省级以上教学质量工程项目的主要完成人（限前 5 名）。④ 获得与本专业相关的国家发明专利 1 项以上（限前 5 名）。

（三）讲师职称评审规则

1、论文、著作。具备下列条件之一：

① 在 CN 学术刊物上发表本专业学术论文 3 篇（限 1 篇教育、教学研究论文。论文作者均限前 2 名，其中文科至少 1 篇为独著）以上。② 参与撰写正式出版的著作或参编省级以上统编、规划教材（本人撰写 1 万字以上），同时在 CN 学术刊物上发表本专业学术论文 2 篇（限 1 篇教育、教学研究论文。论文作者均限前 2 名，其中文科至少 1 篇为独著）以上。论文经同行专家鉴定达到讲师水平。

2、项目、奖励。

具备下列条件之一：① 省辖市、厅级以上科技成果奖或校级以上教学成果奖的主要完成人。② 校级以上科研（教研、工程）项目（课题）的主要完成人。③ 参与完成省级以上教学质量工程项目。④ 获得与本专业相关的国家专利（含发明专利、实用新型专利和外观设计专利）1 项以上。

参考文献

【中文资料】

1. 国家教委科技司.高等学校科技统计指南[M].北京：科学出版社，1994.

2. [英]安东尼·史密斯等主编，侯定凯等译.后现代大学来临[M].北京：北京大学出版社，2010.

3. 高宣扬.当代法国思想五十年（下）[M].北京：中国人民大学出版社，2005.

4. [美]戴维·斯沃茨著、陶东风译.文化与权力——布尔迪厄的社会学[M].上海：上海译文出版社，2006.

5. [法]皮埃尔·布迪厄、[美]华康德著，李猛、李康译.实践与反思——反思社会学导引[M].北京：中央编译出版社，1998.

6. [美]哈罗德·D.拉斯韦尔、亚伯拉罕·卡普兰著，王菲易译.权力与社会——一项政治研究的框架[M].上海：上海人民出版社出版，2012.

7. 苏峰山等.意识、权力与教育：教育社会学理论论文集[M].台湾：南华大学教育社会学研究所，2002.

8. 陈向明等著.搭建实践与理论之桥：教师实践性知识研究[M].北京：教育科学出版社，2011.

9. 邓正来.学术与自主——中国社会科学研究[M].北京：北京大学出版社，2008.

10. 周勇.教育场域中的知识权力与精英学子[M].北京：北京师范大学出版社，2010.

11. [英]迈克尔·吉本斯等著，陈洪捷等译.知识生产的新模式：当代社会科学与研究的动力学[M].北京：北京大学出版社，2011.

12. 冯苗.教育场域中的对话——基于教师视角的哲学解释学研究[M].北京：教育科学出版社，2011.

13. 布尔迪厄著，杨亚平译.国家精英——名牌大学与群体精神[M].商务印书馆，2004.

14. 高宣扬著.布迪厄的社会理论[M].上海：同济大学出版社，2004.

15. 宫留记.布迪厄的社会实践理论[M].开封：河南大学出版社，2009.

16. [美]杰弗里·菲佛、杰勒尔德.R.萨兰基克著.组织的外部控制——对组织资源依赖的分析[M].北京：东方出版社，2006.

17. [美]希拉·斯劳特等.学术资本主义：政治、政策和创业型大学[M].北京：北京大学出版社，2008.

18. 蒋凯.全球化背景下的高等教育责任制[J].教育研究，2008（3）.

19. 美国医学科学院、美国科学三院国家科研委员会编，苗德岁译.科研道德：倡导负责行为[M].北京：北京大学出版社，2007.

20. [德]费希特著，梁志学、沈真译.论学者的使命、人的使命[M]..北京：商务印书馆，1984.

21. [美]罗伯特·K 莫顿著，唐少杰、齐心等译.社会理论和社会结构[M].南京：译林出版社，2008.

22. [英]J.D.贝尔纳著、陈体芳译.科学的社会功能[M]..北京：商务印书馆出版，1982.

23. 汪丁丁著.盘旋的思想：知识、秩序、自由[M].. 北京：生活·读书·新知三联书店，2009.

24. 张永宏主编.组织社会学的新制度主义学派[M].上海：上海人民出版社，2007 年 7 月第 1 版。

25. 周雪光著.组织社会学十讲[M].北京：社会科学文献出版社，2003.

26. 马克斯·韦伯著，林荣远译.经济与社会（上卷）[M].北京：商务印书馆，2006.

27. 汪安民主编.生产[M].桂林：广西师范大学出版社，2006.

28. 何俊德.项目评估——理论与方法[M].武昌：华中理工大学出版社，2000.

29. 核心期刊与期刊评价文选[M].万方数据期刊上网项目组，2002.

30. 付亚和，许玉林.绩效考核与绩效管理[M].北京：电子工业出版社，2004.

31. [美]乔恩·沃纳.双面神绩效管理系统第 1 卷——绩效管理[M].徐联仓，皇甫刚译.北京：电子工业出版社，2003.

32. [美]Daniel R. llgen, Elaine D. Pulakos.变革的绩效评估——员工安置、激励与发展[M].张宏等译.北京：中国轻工业出版社，2004.

33. 侯定丕，王战军.非线性评估的理论探索与应用[M].合肥：中国科学技术大学出版社，2001.

34. 蒋国华.科研评价与指标[M].北京：红旗出版社，2000.

35. 姜凤华.现代教育评价——理论·技术·实践[M].广东：广东人民出版社，2003.

36. 王孝玲.教育评价的理论与技术[M].上海：上海教育出版社，1999.

37. 王战军，蒋国华.科研评价与大学评价[M].北京：红旗出版社，2001.

38. 王莲芬，许树柏.层次分析法引论[M].北京：中国人民大学出版社，1990.

39. 卜卫，周海宏，刘晓红.社会科学成果价值评估[M].北京：社会科学文献出版社，1999.

40. 孙德华.SCI 及其在科学技术评价中的作用[J].武汉理工大学学报（社会科学版），2004（8）.

41. 徐佳宁.SCI ——科研成果评估的重要标准[J].徐州师范大学学报（自然科学版），1998（3）.

42. 蔡言厚等.大学科研定量评价指标设置若干原则的探讨[J].研究与发展管理，2002（10）.

43. 黄向阳.德、法科研评估方法的启示[J].中国科学院院刊，2002.

44. 张晓丰等.对建立高校科研机构考核评估体系的探析[J].北京化工大学学报，2001（4）.

45. 胡宝民等.高等学校科研机构评价指标及有效性评估模型研究[J].技术经济，2000（5）.

46. 刘兵等.高等学校科研能力评估方法研究[J].科学学与科学技术管理，2003（12）.

47. 梁立明.高等院校科研绩效评估的数据库选择[J].科研管理，1999（5）.

48. 郑秀才.高校教师科研工作绩效测量方法探讨[J].科技进步与对策，2002（12）.

49. 徐振明等.高校科技工作效益评估研究[J].清华大学学报（哲学社会科学版），1995（3）.

50. 王建阳.高校科技人员科研业绩分类量化评估[J].情报科学，2004（2）.

51. 段尧卿等.高校科研基金的投资效益评价[J].研究开发实务.

52. 孙义燧.关于科研成果评估的一点想法[J].中国科学院院刊，2003（4）.

53. 杨列勋等.管理科学基金项目绩效评估问题研究[J].中国科学基金，2000

（3）.

54. 李玉进.核心期刊评价及其负面效应[J].情报科学，2002（12）.

55. 李正风.基础研究绩效评估的若干问题[J].科学学研究，2002（2）.

56. 仝晓秋.建立科研成果和学术论著的学术价值评判体系[J].学术界，1999（4）.

57. 丁福虎.科研绩效评估的理论与方法[J].科技管理研究，2000（3）.

58. 周耀烈.科研项目评分程序与方法[J].科研管理，2000（9）.

59. 朱蓓等.客观看待利用 SCI 进行科研成果评价[J].中华医学图书情报杂志2003（3）.

60. 毛长文.论高校科研绩效考评管理体系的构建[J].湖北财经高等专科学院学报，2004（6）.

61. 马艳玲.论高校科研机构综合评估量化研究方法[J].天津理工学院学报，1997（6）.

62. 王邦雄等.论高校科研量化评估中的个人业绩评估[J].武汉教育学院学报，1998（2）.

63. 陈学东等.论科技活动中如何避免寻租现象[J].科学学与科学技术管理科技管理，2002（8）.

64. 史秋衡.论科学规范与大学科研评价[J].论科学规范与大学科研评价，2002（1）.

65. 王楚鸿.论科研领域寻租活动的表现、危害与特点[J].科研管理，2004（3）.

66. 李喜岷.论知识场动力学及其定量研究问题[J].科学学与科学技术管理，2002（8）.

67. 刘文达等.浅谈高校科研评估体系的构建[J].科研管理研究.1999（1）.

68. 陈力丹.论人文社会科学成果评估体制的改革[J].郑州大学学报（哲学社会科学版），2004（5）.

69. 陈继红.试论科研项目评估体系与方法[J].华北水利水电学院学报 （社会科学版），2001（9）.

70. 石亚军等.提升文科基础学科教学和科研水平的有益探索[J].中国高等教育2002（13、14）.

71. 葛国耀等.新时期基础研究绩效评估特殊性探究[J].科学管理研究，2003（8）.

72. 白小萱等.研究型大学科研效益评价指标体系初探[J].情报杂志，2003（1）.

73. 钱亚东等.隐性知识管理及基于网络的交流平台的研究[J].科研管理, 2005（1）.

74. 袁锐锷等.英国高等教育的科研评估[J].比较教育研究, 2003（10）.

75. 梁立明等.再谈高校科研绩效评估的自报指标与源生指标[J].科学学与科学技术管理, 1999（3）.

76. 凌励志.中国大学排行榜评价指标体系的分析与建议[J].高等建筑教育, 2004（9）.

77. 韩彦峰.主分量法在高校科研工作综合评估中的应用[J].数学统计与管理, 1995（3）.

78. 李真真.转型中的中国科学：科研不端行为及其诱因分析[J].科研管理, 2004（3）.

79. 踏山.成果与人才的评价依据[N].光明日报, 2004-2-13.

80. 吴祖垲.科研体制"头重脚轻"制约成果转化[N].光明日报, 2005-3-31.

81. 杨玉圣等.学术规范研究的若干问题[N].光明日报, 2004-11-2.

82. 王佳宁.重视"量化"考核[N].光明日报, 2004-11-10.

83. 王华生.权力场域的强势存在：学术腐败的深层制度诱因[J]河南大学学报（社会科学版）.2010 年 05 期。

84. 高宏.大学核心竞争力的要素及其培育[J].教育发展研究, 2012（9）.

85. 刘向兵.大学核心竞争力概念辨析[J].中国人民大学学报, 2006（2）.

【外文资料】

1. C. Hadjilambrinos. Technological regimes : an analytical framework for the evaluation of technological systems [J] . Technology in Society, v20,1998.

2. Garfield E. . Random thoughts on citationology. Its theory and practice. Scientometrics 1999,（43）.

3. Plomp R. The highly cited papers of professors as an indicator of a research group's scientific performance [J] . Scientometrics ,1994,29.

4. Raisig L M. Mathematical evaluation of the scientific serial . Science, 1960, 131.

5. Garfield E,Sher I H. New factors in the evaluation of scientific literature through citation indexing . American Documentation,1963,14.

6. De Bruin R E, Kint A, Luwel M, et al. A study of research evaluation and planning: the University of Ghent. Research Evaluation,1993,3.

7. Rousseau R. A scientometric study of the scientific publications of LUC, Period 1984-1996. LUC report , Diepenbeek. Belgium :LUC,1998.

8. Hjortgaard C F Ingwersen P,Wormell 1. Online determination of the journal impact factor and its international properties. Scientometrics,1997,37.

9. Seglen P G. Causal relationship between article citedness and journal impact. Journal of the Arerican Society for Information Science,1994,45.

10. Schneier CE ,Beatly RW,Baired CS. The Performance Management Sourcebook. Human Resource Development Press Inc.1987.

11. R.Eugene Rice（1992）. Toward a Broader Conception of Scholarsbip; The American Context, in Researcb and Higber Educarion（Edited by Thomas G..Whision and Roger L.Geiger）, SRHE and open University Press121.

12. L. Egghe（2000）. Construction of concentration measures for general Lorenz curves using Riemann – Stieltjes integrals. Preprint.

13. R . Rousseau （1992）. Concenrration and dwersity in informetric research . Ph . D. thesis, University of Antwerp （UIA）.

14. Prytherch, R.（1995）.Harrod's librarians' glossary:9,000 terms used in information management,library science, publishing, the book trades and archive management. UK: Gower Publishing Company Limited.

15. BermaI,J. D. The Social Function of Science, George Routledge & Sons Ltd,London, 1994.

16. Yuasa, M. Center of Scientific Activity: its Shift from the 16th to 20th century,Japanese Studies in the History of Science,1.1962.

后　记

　　基于河南省高校哲学社会科学创新团队资助研究和博士论文而成的这部拙著，终于修改完毕。紧张的思绪可以略略放松一下了！信步走来，一幕幕美景映入眼帘：小区花坛的牡丹已经挂满了花蕾，洛河之滨的垂柳已经吐出了新绿；宽大的河面荡漾着层层绿波，阵阵春风吹拂万物苏醒。春天来了，牡丹盛开的季节即将到了。我盼望着，当牡丹盛开的时候，我能幸福地陪同我的导师，在千年帝都洒脱地欣赏牡丹花城的春色斑斓，领略河洛大地的靓丽美景，聆听正义引领下的灵魂序曲，品读富有尊严的幸福人生！

　　此时此刻，我不由自主地回想到了在北大攻读硕士和博士学位时那一段段难忘的生活历程，再现了博士研究生学习阶段的愉悦场景！

　　回忆四年博士的学习经历，一件件往事浮现眼前。我清晰地记得，在2008年入学之初的班委选举晚会上，学飞老师说过的这句话：北大教育学院历来有一传统，同学之间，不论职位高低，皆不得以职务官衔相称；诸位博士研究生自今相聚相识，日后皆当直呼其名为妥。我也清晰地记得，同班同学王少峰、王征宇等，他们滔滔不绝的演说，出色的组织和语言表达能力，令我向往至极和敬佩之至。在新生入学欢迎会上，班主任刘云杉老师的一席发言，让我记忆犹新。乍眼看去，宛若一潭宁静湖水的她，在瞬息之间却能令人激起求知的热情。她那宁静缠绵中的沉思，激情澎湃中的气韵，自由洒脱的气象，精致绰约的英姿，仿佛就是北大精神的象征和"北大人"的形象缩影。

　　我的博士生导师马万华教授的优雅风韵，折射着她对教育至敬的涵养。这种至敬的品行，给我日后的精神修行带来无限的契机，并使我受益终生；

耳闻教院曾给予她"空中飞人"的戏称，这展示的岂不正是她那国际化的教育视野和人格魅力？这种国际化的眼界更令我受益匪浅。她对我四年学业设计的指导和要求，是我能够得以顺利完成答辩的基础；没有她的周密和严格，我也许还得在京洛两地之间游荡一段不短的时间。

素有"图书馆"雅称的蒋凯博士，给予我论文写作的指导可谓细致入微，从架构到思路，从理论到方法，从选题到文字，几乎处处点化，时时关怀；我的硕士生导师陈学飞教授，带病为我指导论文的情景，让我终身难以忘却。他的深邃和独到，他的大爱与至善，他的正直与谦和，他的人格和品行，都是引导我一生前行的思想灯塔和精神食粮。我为自己的一生有这样的师长而骄傲、而自豪。我景仰的老师陈向明教授，在她身上，时时处处，都体现着大家的风范，学者的严谨，教师的良知，还有她对学生无微不至的关爱；她的严厉和执着，她的独立和自由，是当今北大最可宝贵的精神财富。阎凤桥老师的和善、真诚、睿智、博学，给予了我极其深刻的影响。在我论文的写作过程中，赵国栋博士言简意赅、切中要害的指导，展现了他在教育研究领域所具有的独到见解。还有一些令我终生难忘的任课老师：时任教育学院院长文东茅老师，谦和中的微笑、严谨中的洒脱、闲逸中透出深厚；现任教育学院院长陈晓宇老师，处处折射出敬业爱岗的精神和思想创新的潜质；陈洪捷老师，集长者、智者、学者于一身的平易风范；丁小浩老师，启发诱导，博学多识，典雅秀气，兼具酣畅淋漓的率直性格；汪琼老师，美丽而富有个性；还有秀外慧中、深受学生爱戴、却不幸英年早逝的李文利教授，以及供职于香港理工大学的孙建荣老师，等等，他们的授课情景，他们的音容笑貌，常常一幕一幕地展现在我的眼前。侯华伟老师、林小英老师、李春萍老师、尚俊杰老师、徐未欣老师，他们亦师亦友，在北大我给他们平添的麻烦可谓最多，因而相互之间感情也最深；他们给予我的方便和多方帮助，时常令我激动难言，无法释怀。对于诸位老师的付出，我将用我的赤诚之心，表示我最由衷的敬意！从老师那里得到的诸多恩典，我将用我的至诚之心，表示我最深深的谢意！

北大四年，遽尔结束。说真的，时至今日，我仍然特想在未名湖畔再多有几年的休闲信步，也仍然特想在博雅塔下多享受一点独立思考的自我空间。虽然我知道，如果再多拖上几年，自己的学业会趋于更好，论文也会修改得更加完善、更加理想；但是，作为背负着沉重工作负担的大学管理人员，过久在异地滞留，的确也是情势所不允许。况且，对于并不再年轻的半老俗人，自己真的也有点等待不及。因为，我还得挤出更多的时间陪伴我的八十八岁高龄的母亲。十年前父亲的病故让我深深懂得：孝敬老人不能等待！父亲生前给我的教育虽然极其质朴，却令我记忆深刻。他临终前的几句嘱托令我时刻铭记在心："学会尊重别人，尊重别人就是尊重自己"、"开车别和人争抢道路，生活中也别争抢不该去争抢的东西"；并劝我"有机会再去北京大学读读书"。我始终未敢忘却他的临终遗训。父亲走后，我终于重回北大学习。某种程度上，我再次回到北大学习，也是为了兑现我向父亲曾经的承诺。

父亲只是小学毕业，母亲几乎不识一字。但是，他们对于人生价值的理解，他们对于知识的崇敬，却丝毫不亚于在学校生活了数十年的我。母亲一生的至善、向善，给了我极大的影响；她对于祖辈们的孝敬则是我终身的楷模和榜样。孝，不能等待，能够多给老人一天的孝就多给一天；善，不图一时，能够多做一点好事就多做一点。这就是我从母亲身上得到的人生启发和体会。尤其是母亲的乐观和执着，对我和全家人来说，都是最为宝贵的财富。正是母亲的执着，激励着我们全家积极上进，鞭策着我的女儿顺利考上了中央音乐学院的研究生。母亲至今还坚持每日习画一幅，累积的数百幅画作，凝聚的是不息意志，展读的是执着精神。

帮助我重新走进北京大学的第一人，则是我的硕士生导师陈学飞老师。我始终有重回北大学习的愿望，他则始终认为我有重回北大学习的必要。所以，他一直鼓励我再考北大，并且鼓励我不论何时何地，都别忘记了自己的研究和思维的训练。1999 年，我读北大高等教育学硕士学位时，从陈老师那里受到的研究和思维模式的训练，使我受益匪浅，并且一直促使着我学业的增进。

支持我走进北大的，则是当时担任着笔者所在大学要职的诸位领导：他们是孙金锋书记、时明德院长和张宝明副书记，还有赴任南阳师范学院院长的王利亚教授等。没有他们的理解、鼓励和支持，我就很难会有专门的时间在北大安心学习。我的同事刘振中、郭黛键、翟丹、张昊远等，也给我的研究以多方支持和帮助。

帮助我完成博士研究生论文的，是一批我敬重的知名学者和访谈对象。他们是中国对外贸易大学副校长张新民教授，河南省特聘专家、郑州大学汪振军教授，河南大学文学院院长李伟昉教授，河南师范大学宋晔教授、河南科技大学田虎伟教授、新乡学院张丽伟、刘春梅等教授，洛阳理工学院丁悟秀教授等。还有一些不愿透漏自己姓名的专家、学者和友人。他们的思想和见地，给予了我诸多的启发和灵感！借此机会，对各位专家为本研究付出的努力表示由衷地感谢！

我的妻子刘英丽副教授，对我再次回到母校读书，十分给力。不论她的教学工作多么繁忙，始终支持我外出学习。即使她曾经在医院卧床不起的数月时间里，也仍然不让我扶持床前，坚持让我到北大安心读书。我在北大的学习收获，蕴含着她一半的辛劳与奉献。还有我的女儿杨浏祎，在我居于北大学习期间，经常会抽出时间，时不时地会从她的母校天津音乐学院来到北大陪我一天半载。她那充满着理想主义的天真烂漫，驱散了我所有的忧愁和寂寞。

借此机会，我向所有指导、支持、关心、帮助并且爱着我的人，再次表示由衷的谢意！

2012 年 5 月 23 日初写于北大
2016 年 3 月 23 日修改于洛阳